# 板凳要坐
# 十 年 冷

内部解密华为人才管理

"士兵"如何成长为"将军"

庞金玲 蒋国强
著

中信出版集团|北京

图书在版编目（CIP）数据

板凳要坐十年冷：内部解密华为人才管理："士兵"如何成长为"将军"/庞金玲，蒋国强著. -- 北京：中信出版社，2021.5
ISBN 978-7-5217-2316-8

Ⅰ.①板… Ⅱ.①庞…②蒋… Ⅲ.①通信－邮电企业－人力资源管理－深圳 Ⅳ.①F632.765.3

中国版本图书馆CIP数据核字（2020）第190802号

**板凳要坐十年冷：内部解密华为人才管理——"士兵"如何成长为"将军"**

著　　者：庞金玲　蒋国强
出版发行：中信出版集团股份有限公司
　　　　　（北京市朝阳区惠新东街甲4号富盛大厦2座　邮编　100029）
承　印　者：河北鹏润印刷有限公司

开　　本：880mm×1230mm　1/32　印　张：15　字　数：300千字
版　　次：2021年5月第1版　　印　次：2021年5月第1次印刷
书　　号：ISBN 978-7-5217-2316-8
定　　价：79.00元

版权所有·侵权必究
如有印刷、装订问题，本公司负责调换。
服务热线：400-600-8099
投稿邮箱：author@citicpub.com

# 推荐序

华为的前同事庞金玲说她想写一本书，分享华为良将如云背后的故事，解析华为人成长的奥秘，为想学习华为的企业提供行之有效的工具和方法，为迷茫的大学生提供职场引导，于是我们看到了庞老师的心血之作《板凳要坐十年冷》。

看到"板凳要坐十年冷"这几个字，我的第一反应是李小文院士穿着布鞋讲课的样子，青衣布鞋的李小文院士，从事地学与遥感信息科学研究数十年，创建了 Li-Strahler 几何光学模型，他与团队的系列研究成果有力地推动了定量遥感研究的发展，并使中国在多角度遥感领域保持着国际领先的地位。

2014年6月,华为发文《华为坚持什么精神?就是真心向李小文学习》。那么李小文精神是什么?是言冷心热、心怀天下(科学网年度人物候选人推荐理由);是技术第一,高效极简。

华为在技术创新上的不断追求,和李小文院士有着异曲同工之处,李小文院士这种板凳要坐十年冷的刻苦钻研精神是这个喧嚣的时代所欠缺的,也是华为必须要学习和坚持的。

华为在不断地坚持优秀的精神,很多企业希望取得华为成功的真经。但华为真的没有秘密,华为的管理也没有秘密,《华为人力资源管理纲要2.0》在定稿之初就向社会公布了。

研究过华为的人会发现:华为的成功更多是基于对常识的尊重。比如2015年修订的《致新员工书》就提道:华为多年来铸就的成就只有两个字——诚信,诚信是生存之本、发展之源,诚信文化是公司最重要的无形资产。诚信也是每一个员工最宝贵的财富。

……

公司要求每一个员工,要热爱自己的祖国,热爱我们这个刚刚开始振兴的民族。只有背负着民族的希望,才能进行艰苦的搏击,而无怨无悔。

我经常被问到两个问题:作为职业经理人,如何实现年薪百万?作为管理者,如何打造一支战无不胜的铁军?

作为华为前全球高端招聘总监,如果说华为的管理有什么可以迅速借鉴和应用的，我个人认为，一是任正非的格局，二是华为的企业文化，三是华为的人才管理机制。

任正非的格局，在以下几个小故事中可见一斑。

2017年2月，任正非在前往艰苦地区考察工作时发言："我承诺，只要我还飞得动，就会到艰苦地区来看你们，到战乱、瘟疫地区来陪你们。我若贪生怕死，何来让你们去英勇奋斗。"在2019年，任正非说："我们牺牲了个人、家庭，是我们为了一个理想，为了站在世界高点上，为了这个理想，跟美国迟早就是会有冲突的。"

关于企业文化，任正非认为物质资源终会枯竭，唯有文化生生不息。一个高新技术企业，不能没有文化，只有文化才能支撑它持续发展，华为的文化就是奋斗的文化。因此华为在产品开发、客户服务以及企业的人才选拔、人才发展、人才保留、人才激励和干部管理上，处处体现着以客户为中心，以奋斗者为本，长期坚持艰苦奋斗的核心价值观，比如我们经常听到的："给火车头加满油、重装旅与陆战队、'之'字形成长……"

我曾被问及在华为的6年对全球科学家和高管进行招聘的经历给我最大的收获是什么？我想最大的收获不是年薪百万，也不是全球化视野以及由此而来的资源和光环，而是价值观的塑造。我在华为的成长和收获，我在华为接触的奋斗者，让我坚定地相信做事做人"小胜靠智，大胜在德"。

关于管理机制，任正非说过人才不是华为的核心竞争力，对人才的管理能力才是。华为在人才成长上有哪些优秀实践？"士兵"是如何成长为"将军"的？相信你能在《板凳要坐十年冷》这本书里找到答案。

庞老师以自己在华为的亲身经历为蓝本，对华为各项制度进行深度解读，对员工的发展进行细致的观察和全方位的访谈，加上生动温情的文字，为您剖析华为的人才管理机制。这本书的逻辑和方法，既可以是职业经理人职场进阶的法宝，也可以是企业家搭班子、带队伍的指南，还可以为大学生的职业规划提供引导。祝愿每一个阅读此书的人都能有所收获！

吕昕蔚　华为前全球高端招聘总监，创业导师
写于 2020 年 1 月 13 日深圳

# 自序

大学毕业后，我有幸加入华为，在那儿工作了6年。在很多人的印象中，华为人是年纪轻轻却拿着高薪的奋斗者。但作为华为的一个基层员工，我深知在华为光环之下每个员工的酸甜苦辣，我们远没有人们想象中的那么风光。

如今，我离开华为已6年有余，每当我经过位于深圳坂田的华为基地时，内心仍然激动不已。2018年，我带着女儿去深圳旅游，当经过华为时，我在车上指给女儿看并告诉她："这就是华为！"

在这里，我曾经用整整一天的时间反复打磨一份PPT（演示文稿），曾经熬夜到天明，只为做好一个活动策划，曾经哭着鼻子跟上司汇报工作……

在这里，我曾经在某个阳光灿烂的下午，透过办公桌前的落地窗看窗外蝴蝶飞舞，心生羡慕，脑海里闪出这样一个问题：我现在工作的意义是什么？

在这里，我曾经在十几条餐线前纠结要吃些什么，粤菜、川菜，还是日式料理？多少次，我和同事坐在餐桌前谈笑风生，尽情释放工作的压力。那时我总担心自己每天面对这么多好吃的会吃胖。如今，我最怀念的还是华为的食堂……

华为犹如我的"母校"，身在其中的时候，我偶尔会觉得烦闷，一旦离开了，就会特别想念它。我曾经和朋友戏言，华为就像我的"前男友"，我只允许自己说它不好，外人不能说。

经常有一些即将毕业的大学生和准备跳槽的年轻人在私信里问我："我要不要去华为工作？"

从我个人的角度来说，刚毕业就进入华为工作的人和在华为工作三年以上的人，他们的行为举止、思维模式、工作习惯，甚至是人生观、价值观，都会烙上华为的印记，带着鲜明的华为标签。

华为是一个"生产"奋斗者的地方。每一个项目的成功都是由无数的程序员、工程师、销售员等各级奋斗者早出晚归、披星戴月、风餐露宿换来的，他们之中有的远离家乡，奔波在世界各地，有的正经历着疾病、战争……

选择华为,就意味着选择一种人生,选择一种活法。要不要来华为,取决于你想拥有什么样的人生。

虽然我离开华为已6年有余,但华为的精神和企业文化早已融入我的骨髓。

每个在华为工作过的人,在回忆起当时的工作劲头时,脸上都会透着"年少纵马且长歌,醉极卧云外山河"的意气。

作为职业撰稿人,我写了近百本经管类图书,却没有写过一本有关"华为"的书。曾经有编辑找我写华为的书,被我拒绝了,我怕自己写不好,辜负了"华为人"这三个字。

2019年年初我去深圳出差,见了几个华为人,在聊天时,大家谈及现在带着"华为"二字的书已经数也数不过来了。有的写"华为的管理",有的写"华为的企业文化",有的写"华为的人力资源"等,却没有一本书是写给华为人看的。

由此我萌生了创作此书的念头。所谓"追本溯源",华为的管理也好,华为的企业文化也罢,这些都必须仰赖华为人"胜则举杯相庆,败则拼死相救"的精神,各个因素相互碰撞才能创造出辉煌的成果。

无数的华为人在华为的赋能和成长体系中汲取养料,行走天涯,就像执剑的侠客,看过繁华,一点一点把轻狂放下,成为一个个骁勇善战的"将军"。

用鲁迅的话来说："我正有写一点东西的必要了。"历时多年，《板凳要坐十年冷》终于打磨出炉。在本书中，我将详细讲解华为人的职业发展路径："士兵"（基层员工）—"英雄"（骨干员工）—"班长"（基层管理者）—"将军"（中高层管理者）。

在本书中，你将看到一个一文不名但充满雄心壮志的大学生，在华为的培养及赋能下，如何从一个"预备兵"，进阶为一名"将军"。

老实说，我加入华为 6 年，从一个初级秘书晋升到高级秘书，没能成为"将军"，但我的导师老蒋、老余，以及很多同事都是"将军"，所以，在这本书里，"我"不只是我，"我"代表了无数奋斗的华为人。

为了给读者展示一个真实的华为人如何"板凳要坐十年冷"，为了清晰再现华为人的成长历程，本书从华为的招人观、新员工培训、传帮带、人才培养、做奋斗者、绩效管理、激励机制、干部选拔、干部培训等方面梳理了华为人的职业理念、工作方法和行动法则，用显微镜一般的目光探索华为人的成长奥秘。

此外，本书从不同的视角再现了华为员工方方面面的工作情境和他们的精神世界，人物、情节更加饱满，希望帮助读者树立良好的工作观、人生观。

在本书中，你将获得：

> 一套正宗的华为人职业成长体系；
> 基于实战，拿来就能用的方法论；
> 一线实战案例的全面分析与应用；
> 华为良将如云背后的真实故事。

在华为的工作经历托举起我更大的梦想，我把在华为经历、沉淀的经验总结出来，希望能够帮助像我一样追求梦想的年轻人和管理者。

为了写好这本书，我先后拜访了近60位华为人、前华为人，广泛听取大家的意见。这些人身上最显著的标签是：怀抱梦想在华为奋斗的年轻人。

很多企业不明白为什么华为的年轻人甘愿去艰苦的地方，很多人不懂华为的淘汰机制到底有多狠，更鲜有人理解为什么华为人总是在加班……

也许有关华为人的一切，都在这本书里。

任正非曾说："市面上很多关于华为的书都来自网络资料，很多不真实……"如果任正非能看到这本书，我想对任正非说：本书是真实的。本书记录了许多华为人的真实故事，他们拓荒海外市场的勇气与信心，他们在枪林弹雨中的坚守和奉献，他们不为人知的笑和泪，他们的成长和收获，这一切无不让人感动落泪。

让我们一起寻找华为在成长的路上坚守的那些东西，让它们帮助每个人在职场上不断突破，成为更强大的自己。

翻检当下，标识里程。让我们于文字中体会华为是如何培养热血沸腾的"职业奋斗者"的，华为人又是如何从垫子上爬起来，奋斗不止的……不得不说，本书的创作是一段令人心潮澎湃、酣畅淋漓的经历。

每当夜幕降临你会看到华为的办公室灯火通明，华为人陆陆续续从公司的门禁岗走出，他们三五结伴，有的神色匆匆，有的闲庭信步，有的疲惫不堪，有的激情万丈。谨以此书，献给那些在华为工作岗位上默默无闻、甘心奉献的基层工作者，他们没有得到过鲜花和掌声，但正是他们创造了华为的奇迹。

茨威格说："一个人生命中最大的幸运，莫过于在他的人生中途，即在他年富力强的时候发现了自己的使命。"所以，特别感谢正在阅读本书的你，你的选择和认可已然让我实现了自己的使命。

而我，就此别过。

庞金玲

写于 2019 年冬

目录

# 第1部分 "预备兵"(1~6个月)

## 第1章
## 华为欢迎雄心万丈的穷小子

你现在一文不名没关系,只要你有雄心壮志　005
要在全世界"抢"人才　014
想进华为,先过5步面试　033
华为,你好　050

## 第2章
## 培训士兵就教炸药包怎么捆，不用讲怎么当元帅

致新员工书　061

融入"狼群"的三个阶段　071

不像大学的华为大学　085

"磨刀式培训"的三大"利器"　098

## 第3章
## 导师制：给每位新员工配备"指导员"

我的第一位导师　111

全员导师制：熟悉引领陌生，传承经验　122

转正答辩通过：我成为一名正式"士兵"　130

# 第2部分　"士兵"（1~3年）

## 第4章
## 不让一个新士兵变成一个"兵痞"

你见过凌晨两点的华为吗？　141

尽快完成角色转换的三个工具　149
华为的工作目标管理法　159
新员工职场大忌　166

# 第5章
# 华为人除了艰苦奋斗还是艰苦奋斗

第一次感受"垫子文化"　177
区分奋斗者：内化于心　183
强化奋斗者行为：外化于行　192
打造事业共同体：实化于行　200
传承奋斗者文化：显化于物　204

# 第6章
# 钱给多了，不是人才也能变成人才

都说华为工资高，华为员工一年赚多少　211
以岗定级，以级定薪　222
人岗匹配，易岗易薪　230
给火车头加满油　237

# 第 3 部分 "英雄"（3~5 年）

## 第 7 章
## 让奋斗者分享胜利的果实，淘汰惰怠者

"活力曲线" 245

绩效面谈 255

## 第 8 章
## 跑到最前面的人，就要给他两块大洋

为什么给——不让"雷锋"吃亏 269

股权激励该给谁 277

华为"分钱"的逻辑 292

## 第 9 章
## 要么成长，要么被淘汰

板凳要坐十年冷 305

华为不相信眼泪 308

"英雄"倍速成长机制 313

# 第 4 部分 "班长"（5~7 年）

## 第 10 章
## 猛将必发于卒伍，宰相必起于州郡

华为绝不会提拔一个没有基层工作经验的人做"将军"　329
赛马文化：提拔在竞争中跑在最前面的　334
7 年升 7 级的"少将连长"　341

## 第 11 章
## 苗子是自己蹿出土面的，不是用锄头刨出来的

品德与作风是干部的基本要求　351
以绩效为"分水岭"　355
不想当将军的士兵不是好士兵　361

## 第 12 章
## 让想跑的马有机会跑，让能跑的马跑得快

如何把"秀才"塑造成"将军"　369
干部的"转身"与培养　374

# 第 5 部分 "将军"（7~10 年）

## 第 13 章
## 将军不是培养出来的，要早点上战场

用鸡毛掸子掸灰尘　395
让听得见炮声的人来决策　404
干部每年要保持 10% 的淘汰率　412

## 第 14 章
## 加快干部的 "之" 字形成长

干部的 "之" 字形成长　421
如何培训高级干部　428
建设后备干部队伍　434

## 第 15 章
## 笑傲江湖，十年荣辱锤炼出华为人

当人们认不出你是华为人的时候，你就是华为人　441
《基本法》要融于每一个华为人的行为和习惯　443
华为人的纠结　449

## 再见了，华为　459

# 第 1 部分

## "预备兵"（1~6 个月）

# 第1章
## 华为欢迎雄心万丈的穷小子

我们非常欢迎雄心万丈的穷小子,你现在一文不名没关系,只要你有雄心壮志,未来一定能衣锦还乡。

——任正非

## 你现在一文不名没关系，只要你有雄心壮志

在这里我要给大家讲一个 14 年前的故事。14 年前，大洋彼岸的纳斯达克号角正唤起多少青春的激情，那时，无数的青年精英正忙着爬上淘金的快车；那时，只要站在稍高一点的大楼上，迎风吼出一句话，你就可能会被人们拥戴为"新经济英雄"。

14 年前，也就是 2007 年，一位 23 岁的湖北姑娘刚刚走出大学校门，来到深圳。在踏出火车站的那一瞬间，她突然发现自己的个性并不适合自己原来想成为张爱玲的理想，为了生计，一文不名但有着雄心壮志的她来到深圳。

这个姑娘就是我。

14 年前，我不会想到，我的一次选择，竟然改变了自己的人生轨道。进入华为，看似意外，又像是命中注定。

在距离深圳市中心不到 10 千米的龙华新区景乐新村，有一个叫作"三和人才市场"的地方。2007 年，在这栋破旧的大楼周围，密集地居住着几万个像我一样，从全国各地来到深圳找工作的年轻人。我们在这里日复一日地测探着生存的最低标准，希望有一天能抵达自己梦想的彼岸。

三和人才市场附近低廉的物价，支撑着这个扭曲的生态。在村民私自开设的旅馆里，30~50 元就能租到一个简单的床位，两元就能吃上淋着酱油的肠粉，再加两元，就能买到一碗放有两根青菜，偶尔能发现肉丝的清汤面，充当一天的伙食。

我和几个大学同学在三和人才市场附近的旅馆里住着,每天早上去各个企业的招聘柜台前递简历,希望能得到面试的机会。

那时的华为对于我们这些找工作的年轻人来说,犹如一块甜美的蛋糕,让人垂涎欲滴。那时的我虽然不了解华为,但坂田华为基地优美的环境,里面穿着职业装,透露出专业、活力的华为人,让每一个刚毕业的大学生心向往之。环境好、待遇好,这些使得三和人才市场里的华为招聘柜台前,常常被围得水泄不通。

在旅馆住了一周后,我终于穿越人海,把简历递到了华为HR(人力资源)的手上,HR在大致问了几个问题后,给了我一个盖着华为公章的面试单,上面写着:

×××，请你于××××年××月××日到华为研发大楼进行初试。

拿到华为初试单的我，兴奋得一晚上没有睡好觉，不停地在镜子前面进行自我介绍的演练，希望第二天的初试能够顺利。

在10多年后回忆起来，当时一文不名的自己，没有工作经验，没有很强的专业能力，是如何被华为选拔上的呢？我想，大概就是因为我符合了任正非的那句话和华为人才标准的核心"雄心万丈"。

在任正非看来，现在的你一文不名没关系，只要有雄心壮志，你就符合华为的人才选拔标准。

### 有着这样特质的年轻人能"自燃"

对于华为的人才选拔标准，我感触颇深。外界都说华为选人只看学历（只要"985""211"的毕业生和海归人士）和丰富的工作经验。这是一种错误的认知。

在我进华为工作一年后，我碰到了当初在三和人才市场给予我面试机会的HR——夏姐，我问她："你为什么愿意给没有任何工作经验，也没有高学历的我一个面试机会？"夏姐望着我说："英雄不问出处，你瞧，你现在不就成'英雄'了吗？"

这么多年来华为一直坚持"英雄不问出处"的人才选拔理念。华为坚定地认为，改变世界的都是年轻人，敢于创新的90后不但不是"非主流"，还将主导智能社会的发展。

人才的选拔从来不是"一把尺子量到底"。有个段子说：70后觉得80后"不靠谱"，80后认为90后"非主流"，90后认为00后"二次元"，而在60后看来，这些人统统不靠谱。

事实上，时代赋予每代人别样的风采，不同时代的人拥有截然不同的价值观与世界观，就像你永远无法向祖辈解释你为什么可以足不出户而知天下。华为就是这个时代最具标志性的剧场，它的大门永远向敢于拼搏和不断奋斗的年轻人敞开。

人才聚集才会产生价值，华为正是人才的好"聚处"。无论你来自偏僻的乡村小镇还是繁华的现代都市，只要你有一技之长，敢拼，敢闯，听见枪声就想冲锋，华为就会给予你最好的机会。对责任心强，成长潜力大的年轻人，华为会给予最好的待遇，华为要的就是"一文不名，但胸怀大志"的精兵强将。一文不名意味着虽然穷，但能吃苦，能拼命。胸怀大志意味着有梦想，求改变，想成功。为什么华为秉持这样独特的人才选拔标准呢？华为认为有着这些特质的年轻人能"自燃"。稻盛和夫曾经说过，人分为三种：第一种是自燃型，自我驱动，自我燃烧；第二种是点燃型，需要别人在背后推一把；第三种是阻燃型，怎么点都点不着。

华为招进来的一文不名但胸怀大志的年轻人，都属于"自燃型"员工。"自燃型"员工主要有三大特点。

## 要求极致，永不满足

没有绝对的成功，更没有永远的成功。华为人永远用极致的标准要求自己，有些要求在外人眼中显得严苛甚至"变态"。这就是一种永不满足于现状的精神——"我还可以做得更好！"。所以，华为在招人时常常说一句话："我给同比1.5倍的薪水，寻找能干两个人的活，产生三个人的结果的人。我能给你5倍的成长，但我希望你是不满足于此，渴望10倍收入的人。"

**内心强大，拒绝玻璃心**

一个优秀的华为人从不需要别人督促他工作，勤奋努力，自觉完成工作任务是做好一件事的基本前提。遇到一点挫折或打击就一蹶不振，那显然不是华为人的风格。当然，遇到挫折难免会有失落、沮丧，但我们最需要的是及时调整状态，吃一顿饭、看一场电影，就能满血复活的强大内心。

**善于反思，勤于学习**

盲目的努力是无效的，在实践中发现问题并通过学习、反思不断地改进才是点燃自己、纵情燃烧的正确打开方式。所以在华为，还有一句话："以奋斗者为本。"华为人都是奋斗者，奋斗者就是一直燃烧着的人。

在总结这三个特质时，我在心里想："自己是不是一个'自燃型'的人？"我的回答："是，我绝对是一个'自燃型'的人。"这也验证了为何夏姐会在茫茫人群中选中我，因为我就是即使一贫如洗，也胸怀大志的女孩，这是华为的人才选拔标准，也是我们年轻人该有的价值观。

2019年9月3日，华为公司高级副总裁、企业沟通部总裁彭博在其母校哈尔滨工业大学分享了自己的奋斗经历，并在现场向同学发出了"到华为去"的邀请，下面一段话选自他的演讲：

> 你在人生中坚持了什么？成就了什么？达成了什么？为了成功你经历了什么样的风景？经历可能是人生最宝贵的财富。站在山腰和站在山顶上看风景的人，人生阅历自然不同。

彭博鼓励年轻人都要站到山顶上去看风景，同时勉励大家："你未必一贫如洗，但一定要胸怀大志，胸怀天下。"在演讲的最后，彭博满怀激情地向有志青年发出了邀请："暴风雨下的华为公司，将发挥所有人的聪明才智，大家英勇作战，努力向前冲！华为公司未来靠什么？靠年轻人！"

年轻人，拖着世界往前走！

## 大学之大在大师，企业之强在强人

华为青睐"一文不名但有雄心壮志"的年轻人，除了这些年轻人具备成为"自燃型"员工的潜力外，这还与华为的人才理念有着莫大的关系。

1931年12月2日，梅贻琦在出任清华大学校长的演讲中提出："大学之大，非大楼之大，乃大师之大。"意思是说学校的强大不在于这所学校有多少高楼，而在于这所学校有多少个好老师。企业也是如此。

华为常务董事、CFO（首席财务官）孟晚舟在清华大学百年讲堂与800名清华学子进行对话时也提到了这一点。她强调："大学之大在大师，企业之强在强人。"一个企业的强大，不在于它能不能提供高薪，也不在于它是不是世界500强，而在于它能不能凝聚全球最顶尖的人才。

很多企业想不通，华为的100位研发人员可以创造16亿元的产值，而自己公司的100位研发人员可能连1亿元的产值都创造不出来。两者之间的差距就在于企业对人才的重视度不够，很多企业似乎一直在说"重视人才"，但"既想马儿跑，又想马儿不吃草"的思维还根植于企业的灵魂深处，它们不愿面对高额的人才成本。

华为之所以能成为"华为"，正是因为任正非和华为管理者对人才非常重视并用实际行动组建了一支高素质、高效能的人才队伍，培养了一群积极向上、热血奋斗的华为人。

在我进华为不久与公司的前辈一起吃午饭时，他们给我讲了一个关于任正非招揽人才的故事：

在华为成立之初，大学生非常稀有。任正非经常亲自到人才市场招人，有的大学生甚至还没毕业就被任正非招了过来。为了吸引大学生，他甚至还会为学生垫付路费。

华为现任轮值董事长郭平就是这样被任正非招进来的。有一次，任正非为了解决通信设备的技术难题，背着一台交换机到华中科技大学（原华中工学院）向一位教授请教，就在这次咨询中，当时20岁出头的研究生郭平结识了任正非。

后来，郭平又随导师到深圳华为公司调研，在那次见面中，任正非为了留下郭平，给他详细讲述了关于在通信设备市场"华为将三分天下"的伟大前景，就是这一席话，让郭平有了惺惺相惜的感觉。于是，当时还在读研的郭平毅然放弃深造的机会，加入了华为，成为产品开发部的一名项目经理。

1989年，郭平又拉来了自己的师兄郑宝用，当时郑宝用已经考上了清华大学的博士，他禁不住郭平的一再劝说亲自到深圳华为公司看了看，结果这一看就没回去，连清华的博士也放弃了，直接加入了华为。他在公司内部的昵称是"宝宝"，还被誉为华为的"2号员工"。

关于任正非爱才如命的故事不胜枚举。我的导师老余还给我讲过这样一个故事：

1999年，任正非到华为北京研究所视察，所长刘平出于成本的考虑，并没有招很多人。任正非就问刘平："你这里怎么才这么一点儿人呢？不是叫你多招吗？"刘平表达了自己的想法，说招来了也没有那么多活干，太浪费了。任正非不由勃然大怒："我叫你招你就招，没活干，招人过来洗沙子都可以。"

窥一斑而知全豹，由这些故事可见任正非对人才的重视程度。

2021年，任正非先生在市场工作会议做了一次激励人心的演讲，下面节选一段他在这次演讲中关于人才选拔的片段：

> 我们要加强对骨干员工的评价和选拔，使他们能在最佳的角色上、在最佳的时间段，做出最佳的贡献并得到合理的报酬，这些与他们的年龄、资历、学历无关。我们要适应评价的多元化。天底之下有杆秤，但刘罗锅只有一个秤砣。我们在给人力资源岗位称重时，要多用几个秤砣，分类应用，电子工程师只是其中的一个秤砣。

企业管理者和创始人可以把这句话多读两遍，好好地加以领悟，这句话体现的是华为和其他企业在基因、性质层面上的根本不同。

我们再来回顾一下华为的发展历程：首先大力招聘人才，致力于科研开发，然后投入生产并迅速占领市场，紧接着再大力招聘人才，致力于科研开发……就是在这样一个循环往复的过程中，华为一点一点发展壮大起来。

这种方式就像滚雪球一样，一层一层，越滚越大。柳传志曾经感慨道："我还挺佩服任正非的，任正非走的就是一条直接往上爬坡的路。上珠穆朗玛峰的时候，我每走100米就让大家停下来喘喘气，任正非捡一条更险的路直接就上去，这点魄力我不如他。"

在华为，任正非始终强调：人才是第一生产力。只有人才能创造价值，提供源源不断的生产力，才能带动资本迅速增长。

在20世纪末，中国的通信市场被摩托罗拉、诺基亚、西门子、爱立信、北电网络等国际巨头垄断，中国本土的通信公司被它们压制得毫无生存空间，而华为能在如此严峻的市场之中占得一席之地，靠的就是公司储备的大量的人才。

华为创立伊始，任正非就曾说过，人才和管理制度是华为的根基：在时代的大潮中，那些人中精英更会被众人团结合作抬到喜马拉雅的山顶。希腊大力神的母亲是大地，他只要一靠在大地上就力大无穷。我们的大地就是众人和制度，我们相信制度的力量会使大家团结合作把公司抬到山顶。

从来就没有依靠单打独斗成功的将军，只有士兵共同杀敌，大家用身体筑起的胜利高墙。

对此，我深信不疑。

## 要在全世界"抢"人才

历史不会重来，但会惊人的相似。

在华为内部，任正非最爱讲一个美军的故事：

在二战刚结束的时候，盟军进驻柏林，开始大肆争夺地盘和资源，德军的武器装备、金银珠宝等被抢夺一空。这时，美军却在四处寻找德国各大领域的科学家，并将大量的专家带回了美国。

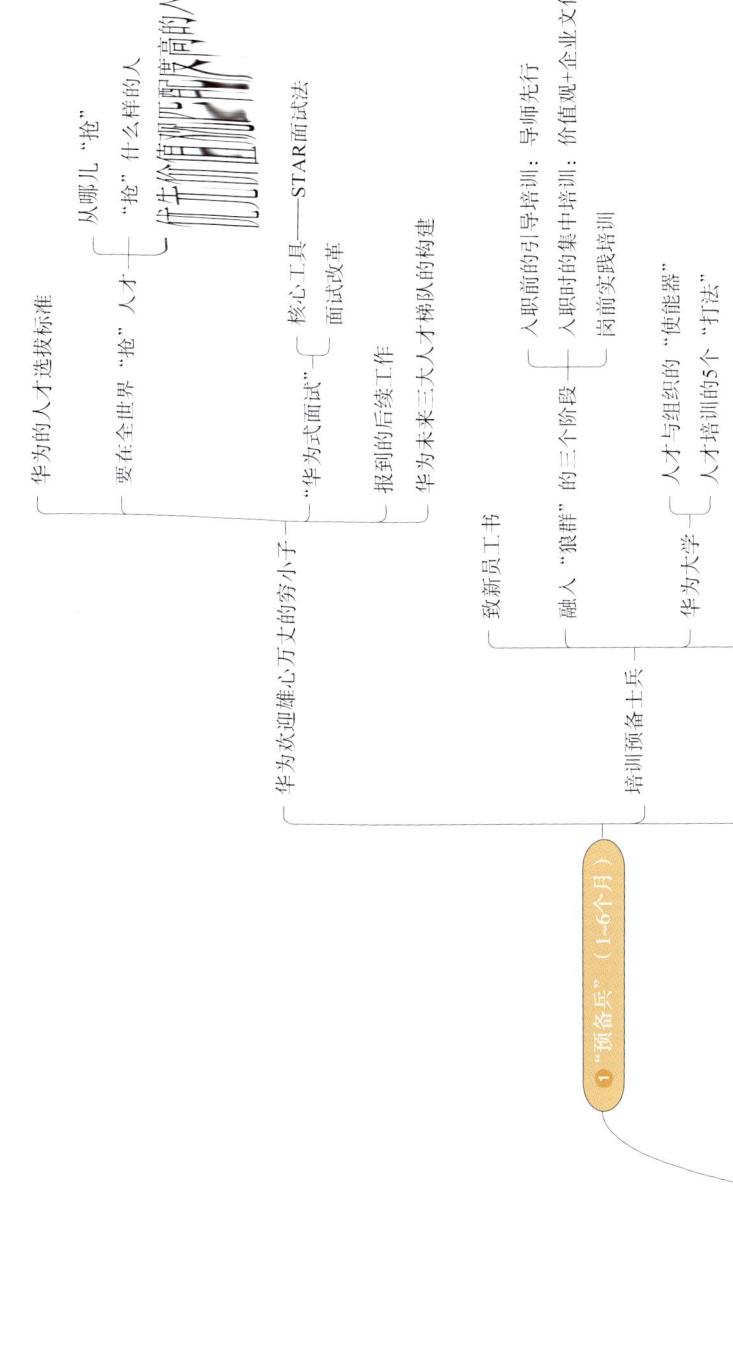

相信这个故事很多华为人（特别是老华为人）都听说过。美国明白，德国最值钱的是德国的科学家，正因如此，美国后来依靠强大的科学技术，走上了世界霸主的地位。国家之间的较量，实质上是人才的较量，企业之间的竞争也是如此。

在华为，从任正非到各个部门高管，再到基层管理者，大家对于招人都很重视。我在华为时，导师老蒋给我讲过一个关于华为"抢人"的故事：

> 一位北电网络的技术专家接到单位的辞退信，但还没等他进家门，就在自家门口碰见了一位猎头，猎头带着一份合同，见到他就立刻递上去，上面赫然印着华为公司的字样。猎头接着说道："这是一家国内的公司，这家公司的管理者非常敬重您，希望您能去他们的公司。"
>
> 专家一时愣住了，他看完合同后，猎头继续说道："如果合同没有什么问题，您就在这里签字。"
>
> 合同没有任何问题，上面的薪酬让人无法拒绝。签完合同，猎头拿出一张纸条和一张门禁卡，对专家说道："这是华为公司研发中心的地址，您的办公室在办公楼四楼东南角，明天您可以先到办公室熟悉一下环境，这是一张临时的门禁卡，明天您过去的时候别忘了带一张一寸的免冠照，行政会帮您办理入职手续，并给您一张专属的门禁卡。"猎头的语气不容置疑，带着从容和淡定。

第二天早上，当专家坐在全新的办公室内，环顾周围的一切，阳光从窗户里透过来，打在他的脸上，他觉得一切仿佛梦境一般。专家闭上眼回想，前天自己还在替之前的公司上台发言，出席媒体访谈，昨天却突然失业，沮丧又焦虑，可今天，自己又来到一个新的公司，而这家公司给的报酬比之前的公司多不少，这简直令人难以相信。

这是一个真实的故事，华为总是用丰厚的报酬招揽优秀的人才，将对手的人才纳入麾下。例如，在北电网络做到了全球网络技术实验室主管的童文博士，在2009年北电网络破产后，他被华为公司重金聘请进入华为渥太华研究所工作，成为华为无线通信首席科学家。他现在的身份更加为人所知——华为5G（第5代移动通信技术）首席科学家。

当然，这些故事绝不仅仅是过去式，抢人才的策略在华为永远都是现在进行时。

2019年年初，任正非对华为人力资源部下命令，要在全世界抢人才："对于全世界高效的竞赛能手，我们用同级公司的5倍以上的年薪把他们招来。让这些'沙丁鱼'激活我们的组织与平台。一杯咖啡吸收宇宙能量……就是要广交朋友，不能闭门造车。"

华为前段时间发布了关于"鸿蒙系统"的相关消息，消息一出便引发了全国范围内的讨论热潮，将华为的影响力推向了新高。"鸿蒙系统"的开发需要大量人才，那么华为是如何"抢"到如此多的人才的呢？

接下来，我们来了解一下华为甄选人才的方法，一则给想要选择华为的年轻人提供一个参考，看看你是否真的适合华为，二则帮助企业的管理者提高辨别人才的准确率。

## 从哪里"抢"

选择正确的招聘渠道，不仅能够快速招到合适的人才，还能降低招聘成本；一旦渠道选错，比如在招聘有经验的管理人员时选择校园招聘，或者在招聘基层人员时去找猎头，公司最终不但招不到合适的人才，还有可能让之前付出的努力和花费的成本失去意义。

那么，华为从哪里"抢"人呢？

与谷歌异想天开的招聘不同，华为的招聘渠道总体来说比较中规中矩。华为公司的招聘渠道有两个，根据招聘对象来划分，分别是社会招聘和校园招聘。

华为对每个招聘渠道有着不同的选人标准。针对应届毕业生和有工作经验的人的不同特点，华为在这两种渠道的招聘方式上也有所不同。

### 社会招聘：专业能力是第一板斧

如果你现在要了解华为的招聘信息，只需要打开华为的官网，点击网页下方"业务入口"里的"招聘"，就可看到有"校园招聘"和"社会招聘"两个入口，如图 1-1 所示。

图 1-1　2019 年 9 月华为官网的招聘窗口

打开"社会招聘",我们就可以看到华为的岗位需求,包括技术、销售、服务、供应链、财经、法务、人力资源、管理等。在点击"技术"岗位后,页面会出现可供选择的岗位,如图 1-2 所示。

在点击"JS&Web 引擎首席 SE"后,我们就能看到这个岗位的职责和要求,其中的介绍非常清晰,如图 1-3 所示。

从 2019 年 9 月华为官网的社会招聘来看,在进行社会招聘的时候,华为主要侧重于考察应聘者对专业技术的掌握程度和实际操作能力。这也意味着华为在社会招聘渠道上选拔人才时专业能力是第一板斧。

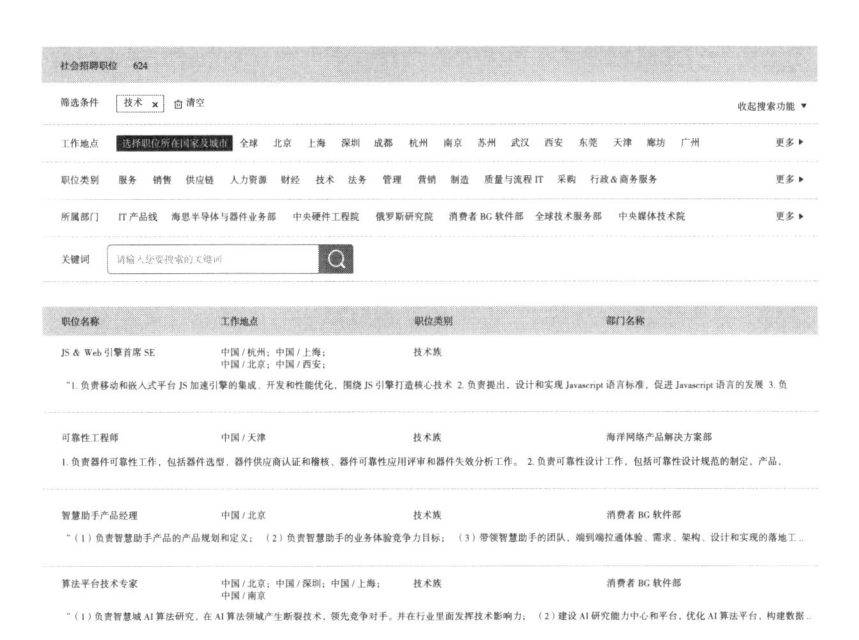

图 1-2 华为官网"社会招聘"中"技术"所需岗位

图 1-3 华为"JS&Web 引擎首席 SE"的岗位职责和岗位要求

比如，在应聘技术支持岗位的时候，华为的 HR 会拿出多套题目，应聘者可以根据自己的特长选择题目，其中 OS（操作系统）和数据库是必考的。对于在外资企业工作过的应聘者，华为一般都会先安排其进行外语交流，很多题目也是用外语来提问的。

一般来说，华为面向社会的招聘主要通过各大人才市场或者在互联网上发布招聘广告进行。这种模式可以迅速而广泛地召集到各类人才，不管是有一定资历还是刚步入社会的人才，甚至高管型人才也可以通过这种方式来招聘，相当于人才"海选"。然后华为会对应聘者进行严格的筛选和考核，从一大群"海选选手"中选出华为需要的人才。

在社会招聘流程上，华为沿用的是目前比较普遍的招聘流程，并不烦琐高深，如图 1-4 所示。同时，华为会对即将入职的应聘者进行背景调查。如果应聘者在之前的工作经历中存在严重渎职或违反职业操守的问题，那么无论该应聘者专业技能如何出众，华为一般不会予以录用。

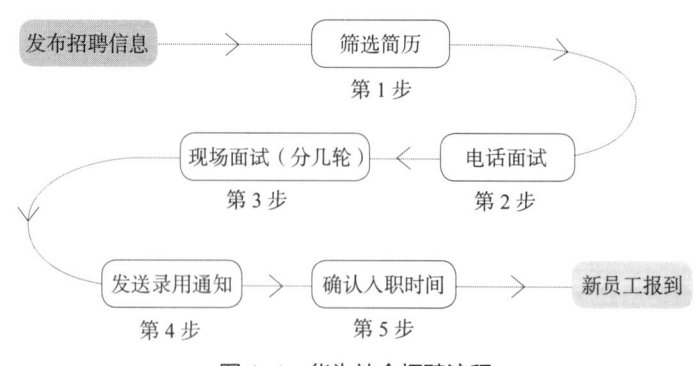

图 1-4　华为社会招聘流程

## 校园招聘：可塑性，能够与华为共成长

一年一度的校园招聘是华为非常重要的一个招聘渠道。相较于社会招聘，在招聘基层员工时，华为更热衷于从大学校园里进行选拔。

相关统计数据显示，华为已成中国高校毕业生的热门去处。这么多年的校园招聘经验已经让华为形成了一套自己的专业校园招聘模式，如图 1-5 所示。

**校招流程**

投递简历 → 参与宣讲会 → 面试 → 录用 → 入职

图 1-5 华为校园招聘流程

资料来源：华为官网

### 参与宣讲会

"校园宣讲会"是华为与各大高校联合举行的校园招聘，每年的 11~12 月是校园招聘季，一般华为的校园宣讲会会在全国高校比较密集的城市举行。

如今很多企业也在做"校园宣讲会"，华为与大多数企业的不同之处在于：华为的校园宣讲会宣讲人是高层管理者。比如，2019 年在大学做过宣讲会的华为高层管理者有孟晚舟、余承东等。

在校园宣讲会中，宣讲人首先会对华为的基本情况做一个介绍，比如华为的产品、公司现状、企业文化等。然后会上会邀请个别新员

工做一个演讲，讲述其在华为的工作经验，同龄人的号召往往有比较大的影响力。

华为是一个优秀且富有人情味的公司，每场招聘会华为都会为每一个应聘者准备一瓶矿泉水，这个举动非常贴心，能够很好地提升华为的企业形象。

**面试**

校园招聘的面试会根据应聘者应聘的岗位不同改变面试内容，例如，对于应聘华为技术部的大学生，其面试内容会涉及专业的程序设计知识、个人技能掌握情况、个人基本的性格和业务素养等。在专业知识水平比较符合华为要求的情况下，华为往往更看重吃得了苦、努力好学并且能够尊重和包容他人的大学生，这也与华为的企业文化不谋而合。

通过一场面试往往无法全面了解一个大学生，华为的面试设定了初试、复试等多个环节。一般情况下，前两次面试的面试官会由华为HR担任，最后进行面试的是直属部门的中高层管理者，他们决定了该大学生最终能否进入华为工作。整个面试过程一般需要持续2~5天，有时时间可能更长，这也充分考验了大学生的耐心和心理素质。

校园招聘的主体是应届毕业生，他们初出茅庐还未步入社会，他们的价值观、人生观还在持续建成中，因此，华为会重点考察他们的潜力和未来的可塑性。专业技能是可以培养的，但要具备良好的专业素养并不简单。华为非常善于挖掘大学生内在的潜能及其素养，为公司的良性发展提供人才动力。

华为对于应届生的招聘与其他企业不大相同，一般企业需要优秀的"学徒"，也就是模仿者，而华为需要优秀的"学生"，也就是创造者。对此，孟晚舟曾说过这样一段话：

> 以前，我们是按学历定薪。从今年起，华为将按价值定薪，充分考虑优秀学生的潜在贡献价值，年薪不封顶。简言之，你有多大雄心、有多大能力、有多大潜力，我们就给多高薪酬。

华为之所以投入更大的精力在校园招聘上，是因为这些初出茅庐的年轻人蕴藏着无限可能。他们勇于拼搏、甘于奋斗、不怕吃苦、充满激情，更为重要的是，这些应届毕业生身上具有巨大的潜力，他们正是我在前文所说的"自燃型"员工。

当然，华为每年把精力放到大学校园招聘大学生，还与华为坚持"不论资排辈，年轻也能当将军"的人才理念有关。这也给了年轻人更大的冲劲儿，让他们从进入职场的这一刻起，就开始发光发热，在成就自己的同时也成就华为。

作为一个"前华为人"，一个从华为成长起来的年轻人，我想给年轻人几句提醒：金子本身并不是发光体，把一块金子放在黑屋子里，哪有光辉？你在选择工作时，平台往往比天赋更重要。华为会把人才放到全球的平台去打磨，这样金子折射光亮的机会就更大了。

所以，加入华为，大有可为。

## "抢"什么样的人

2019年6月,华为宣布在世界范围内高薪招募20~30名"天才少年",此后每年的招募名额将陆续增加。一个月后,华为总裁办公布了目前已经确认进入华为的8名"天才少年",他们的年薪在89.6万~201万元不等。

华为高薪聘请的"天才少年",究竟"天才"在哪里呢?我以钟钊为例,简述一下。

钟钊,1991年生人,本科就读于华中科技大学软件工程专业,他在大三时就获得了全国大学生数模竞赛湖北赛区的特等奖,在大学毕业后他进入中国科学院自动化研究所攻读硕士、博士学位。

钟钊的导师刘成林是中科院自动化研究所的副所长,他是当代文档识别算法领域的领军人物,被称为"计算机的导师"。钟钊是刘成林的得意门生,一提起钟钊,刘成林就赞不绝口。他说道:"钟钊多年来致力于人工智能领域的算法研究,研究刻苦而且深入,其研究成果已经超越了当前人工智能领域的发展。"对科技公司来说,只有招募到顶尖的人才,才能让公司走在世界的前列。

任正非提出"天才计划"的初衷是希望这些天才少年像泥鳅一样钻进企业中枢,激活华为的科研队伍,激发团队最大的潜能。

毋庸置疑,像钟钊这样的"天才少年"就是华为要"抢"的人。但我们大多数人生而普通,没有钟钊这样的天才技能,那么是不是意味着我们就不是华为要"抢"的人呢?当然不是。

## 华为需要什么样的人才

**胸怀世界**

敢于迎接世界性的问题与挑战,并通过不断地挑战自我、突破自我,不断地拓展自己的视野、扩大自己的胸怀,这就是"胸怀世界"。一个贪图安逸、追求安稳、虚度光阴的人不会成为真正的人才。

**坚韧平实**

心态浮躁的人很难做成一件事,这不仅不利于员工的发展,还会给 ICT(信息与通信技术)行业带来巨大的隐患。

**洞察新知**

VUCA(不稳定、不确定、复杂、模糊)时代要求员工懂得洞察新知,通过不断学习跟上时代的步伐,员工只有不断地提升认知,才能更好地改变世界。

## 华为的人才观

**打开组织边界:炸开人才金字塔尖**

传统战争是士兵冲锋陷阵,集体作战;现代战争却是"班长的战争",即精兵组织的战争。华为力争让一线的班长高效地完成任务,让一线的市场人员"稳、准、狠"地抢订单,贡献利润,而班长作为一线的管理者,更要激发团队成员的作战积极性和能动性,让听得见炮声的人呼唤炮火。

**跨越专业边界:让人才循环流动**

人才不是一成不变的，精于化学的天才有可能在物理学上开出一朵灿烂的花。通过人才的有序流动、跨岗轮换，培养面向未来的"之"字形人才，是华为的人才培养机制。不同专业之间的碰撞，可能会擦出更多的火花，更多的创新点也可能在这些碰撞中迸发出来，而华为正需要无限的创新。

**突破发展边界：以责任结果为导向**

之前提到的华为"不论资排辈，年轻也能当将军"的口号，并不是一句空话，华为选拔干部没有年龄和资历要求，只以责任结果贡献为考核标准。

## 华为的各个岗位需要什么样的人才

岗位需要什么样的人，这是企业需要明确的"硬条件"，由用人部门决定。也就是说，管理者需要通过职务分析明确应聘该岗位的人需要具备的学历、经验、技能等，"硬条件"主要考察应聘者的能力、素质等。

在华为，每个岗位都有相应的岗位能力素质模型。以我应聘的岗位"秘书"为例，表1-1所示就是华为秘书任职的资格标准模型。

表 1-1　华为秘书任职的资格标准模型

| 华为秘书任职的资格标准模型 |||||
|---|---|---|---|---|
| 核心内容 | 级别 | 基础类秘书 | 初级行政助理 | 行政助理 |
| 必备知识 || 时间管理/有效沟通/人事管理指南/文档管理/组织气氛建设/公司产品介绍/成本控制/秘书任职标准 | 问题调查与解决/团队建设/计划与监控/财务基础知识/秘书任职标准/考评员培训 | 人力资源管理/有效激励/项目管理/培训者培训 |
| 行为标准 || 基础类行为标准 | 初级行政助理行为标准 | 行政助理行为标准 |
| 技能 | 计算机操作 | 掌握计算机操作技能,包括 Word（文字处理程序）、Excel（数据处理软件）、PPT 等 | / | / |
| 技能 | 会议纪要 | 掌握会议纪要撰写技能 | / | / |
| 技能 | 英语 | 较强的阅读及理解能力，通过使用词典或相关工具阅读与工作相关的外文资料且无重大歧义；能用英文书写邮件；能进行简单的会话，沟通不流利但仍可以接受 |||
| 素质 | 服务精神 | 2 级 | 2 级 | 3 级 |
| 素质 | 团队合作 | 1 级 | 2 级 | 3 级 |
| 素质 | 成就导向 | 1 级 | 2 级 | 3 级 |
| 素质 | 影响力 | 1 级 | 2 级 | 3 级 |
| 素质 | 主动性 | 1 级 | 2 级 | 2 级 |

华为用 30 多年的实践，创建并完善了带有华为个性的人才观，让每一位员工都能将华为的使命与目标视为自己的使命，并为之艰苦

奋斗，无怨无悔地付出。

对即将毕业的大学生或正在为未来做规划的年轻人来说，大家可以参照以上华为的人才观进行自查，看你是否是华为要"抢"的人。

对管理者来说，华为"人才观"是华为的业务、文化、环境综合作用下的产物。如果管理者问我有没有什么快捷的方式，可以迅速总结出自己公司的"人才观"，进而培养人才，我会肯定地说：人才培养没有捷径可走，你只能持续认知，持续精炼之。

## 优选价值观匹配度较高的人

如果你认为自己符合华为的人才观，就意味着自己一定会被华为录用，那就大错特错了。

在华为，不仅有岗位能力素质项，还有核心价值观项——企业对候选人做价值观判断，筛选出那些与企业价值观一致的人才。只有当个人岗位能力素质与核心价值观高度匹配时，这个人才是华为首先要"抢"的人才。

说到这里，很多企业的管理者会提出这样一个问题：如果一个人有着天才技能、业绩高，但价值观与企业不匹配，那么这样的人能否录用？

对于这一问题，华为在选拔人才时也走过不少弯路。2000年，华为曾一次性从名牌大学招聘了300多名应届毕业生，但不到一年的时间，这些人才流失大半。任正非自己也承认，他曾多次在招聘人才时"看走了眼"，也因此给公司造成了很大的损失。

但是，在经历了无数次教训之后，任正非和华为进行反思：在面对岗位素质能力匹配度和价值观匹配度的衡量时，优选价值观匹配度较高的人才，如图1-6所示。

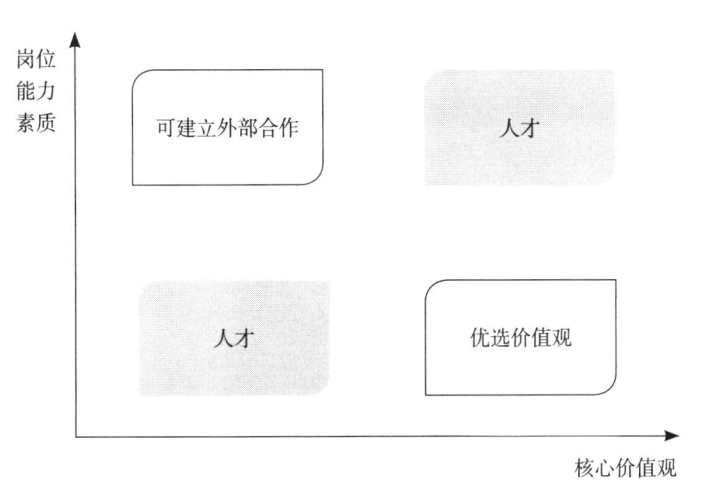

图1-6　优先价值观匹配度高的人

同样的做法也发生在阿里。对于业绩好但与企业价值观不匹配的人才，关明生（阿里电子商务网站原总裁兼首席营运官）说过这样一句话：姑息可以养奸。一味地以业绩为导向，不考虑团队、客户利益的人，被称为"野狗式员工"（业绩好但与企业价值观不匹配的人），一旦你的团队里出现更多的"野狗式员工"，你的整个团队就毁了。所以，阿里对这一类员工的做法是：直接开除。马云明确表示：对于"野狗式员工"，无论其业绩多么优秀，无论公司多么舍不得，都要坚决清除。

前人之鉴,后人之师。对于业绩好但与企业价值观不匹配的人,管理者应该不予录取。正是华为这么多年一直坚持优选与企业价值观匹配度较高的人,才保留了华为纯粹的文化与价值观。图1-7所示为华为的核心价值观。

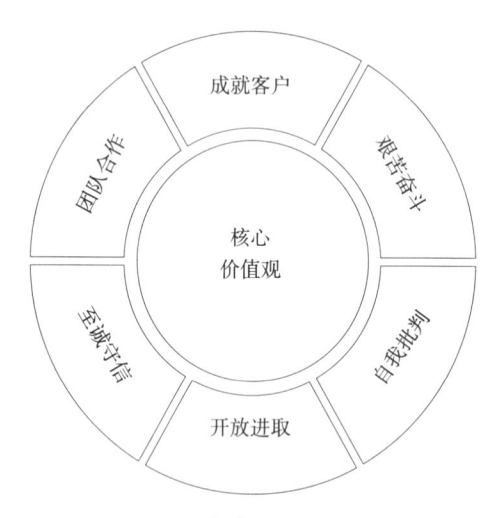

**图 1-7 华为的核心价值观**

核心价值观:成就客户、艰苦奋斗、自我批判、开放进取、至诚守信、团队合作

资料来源:华为官网

华为在招聘时,会通过问"你喜欢什么样的工作氛围""什么样的事情会给你带来巨大的压力"等与技能水平无关的问题,来判断求职者的价值观是否与华为相符。比如,我在三和人才市场进行初试时,夏姐问我的问题是:"你觉得什么才是年轻人该有的样子?"当时我的回答是:"坚持不懈地奋斗。"

依靠这样的方式,华为招进一批吃苦耐劳、能共进退且有使命感的储备人才，并打造出具有华为特色的奋斗者文化。

华为曾经做过一个内部调查：艰苦奋斗的意义是什么？调查结果表明，高素质的人才认为艰苦奋斗是为了促进自己成长，使自己从事的工作有意义。他们认为，薪资福利水平，通过工作让家人与自己生活得更加幸福，这些并不是艰苦奋斗的主要意义。通过自己的工作，不断地挑战自己，战胜自己，实现自身的价值，促进公司使命的达成，这些让他们感到自豪与兴奋，这些才是艰苦奋斗的价值所在。

华为在2017年对愿景做出了调整，新的愿景是："把数字世界带入每个人、每个家庭、每个组织，构建万物互联的智能世界。"认同华为价值观与文化的员工都深信，他们的工作都将为改变世界贡献一份力量。在世界面前，每个人都十分渺小。但这时如果有人说，只要你跟着我努力，就能创建世界新秩序，你怎么可能不会为这样的梦想而感到热血沸腾？又怎么不会为这样的事业艰苦奋斗？

虽然华为的价值观得到了许多员工的认可与拥护，但在推广企业价值观的过程中华为还遇到了两大挑战：90后员工与外籍员工。这两者关系到企业未来的主力军与海外发展的问题。如今，华为的90后员工已经超过40%，不用多久，他们将会成为华为的主力军。如何管理这些追求个性的90后员工？华为认为，公司要在尊重他们个性的基础上，激发他们的集体奋斗精神。

做事先做人，这是华为在培养90后人才时所坚持的原则。任正非在2011年阐述的"胜则举杯相庆，败则拼死相救"的集体奋斗精神就是对这一原则的体现。他认为群体奋斗是华为的核心企业文化与价值观，企业只有让员工懂得如何做人，才能让他们懂得如何去做事，让他们不论胜败，都与团队、企业共进退。

集体奋斗精神要求员工要将集体利益放在首位，但这并不影响员工的个人利益。集体奋斗与追求个性应该是相辅相成的关系，而非对立冲突。在华为，每一个员工的努力都会为公司的发展贡献一份力量，这样华为才能够为员工创造更好的奋斗平台。也许有些90后员工在华为工作时，感受不到这样的关系，但他在去其他企业工作后，就会发现华为平台在员工的自我提升的过程中发挥着巨大作用。

除了获得90后员工的价值认同是一大挑战外，外籍员工的管理也同样面临挑战。华为基于中国传统文化而创建的企业文化和价值观，要想得到具有不同文化背景的外籍员工的认可，就要实现全球化与本土化的结合。

总之，招到合适的人是通往业绩和文化的第一步，企业只有把岗位能力素质和价值观挂钩，才能明确招什么样的人，用什么样的人，提拔什么样的人，解雇什么样的人。

管理者需要借鉴华为的这一人才选拔理念去挑选合适的人，年轻人在选择公司时也要将价值观摆在第一位，哪个公司的价值观与你匹配度最高，你就要优先选择这样的公司。在不缺吃穿的年代，薪资水平或许不再是员工择业时考虑的首要因素，大家更应注重精神与心理上的满足感。

## 想进华为，先过 5 步面试

这么多年过去了，参加华为面试的场景依然在我脑海里回荡，记忆犹新。

面试当天，我特意提前一小时来到等候室，令我吃惊的是，已经有很多人等在那里了。清一色的年轻人，身着正装，连头发都梳得一丝不苟，有的口中还在默念着什么，神情看起来非常严肃。不一会儿，整个等候室就坐满了，足足有 300 余人。

和我一起竞争秘书岗位的约有 30 人，我们被分成两组，参加"一面"。

"一面"流程烦琐而又严谨，面试官对每个人都提出了很多问题，整场面试持续了近两个小时。轮到我时，面试官虽然已经面了好几个人，却依旧"威力"不减，一个个问题像炮弹似的向我砸来。比如"你觉得你身上的哪个特质是最让你欣赏的？"，"就秘书一职来说，你的核心竞争力是什么？"，"如果你不得不和一个你相处不来的人一起工作，你会怎么做？"，"关于加班你怎么看？"……

时至今日，我已经记不清自己对每一个问题的回答了，但我相信当时令人印象深刻的一定是我关于自身核心竞争力的回答。我结合自身的优势——写作能力及较强的逻辑思维能力，对这个问题进行了回答，并列举了部分我在大学时取得的成绩，写文章获得的奖项等。

在"一面"结束后，面试团队马上公布了进入"二面"的人员名单。我和其他20个人进入第二轮较量。"二面"主要是候选人对自己的专业知识进行阐述，向面试官展示个人的专业能力。这就需要候选人平时学好专业知识，提高自己的核心竞争力。说到这里，我也感谢自己在大学里的努力，我有充分的时间阅读各类图书和学习专业知识，所以，这一关我顺利地通过了。

"三面"时，候选人只剩下5个，压力小了很多，但这一步如果失败，也是最令人沮丧的。"三面"由部门负责人，我的直属上司进行面试，他在见到我时，连简单的寒暄都没有，低头看着我的简历，直接开门见山道："我们抓紧时间，你先介绍一下你自己吧。"

我挺了挺身板，吸了口气，理了理思绪，开始介绍自己，并重点阐述了我在大学时的学习和获奖情况。当我说到毕业后为了深度学习Word、Excel、PPT（华为的秘书对这三个软件的操作熟练程度有着严格的考核）这三项技能，专门去一家公司零报酬实习了整整三个月，终于将这三项技术练习得炉火纯青时，面试官才抬起头，注视着我，问了下面这几个问题：

- 你有没有不喜欢的同学，为什么不喜欢？
- 说说自己的特长，用一些实例证明自己。
- 如果我在周五晚上临时让你加班，你怎么办？如果你在陪男友看电影，你该怎么和男友说？
- 你有没有对自己未来的职业做规划？
- 为什么来华为？

这几个问题看似平常，却"危机四伏"，处处是"坑"。我现在都不知道自己当时的回答是否合适。不过我觉得在回答面试问题时，首先要肯定自己，并且真实、真诚地阐述自己的优势，保持自信、沉着、冷静，再用一些实例来证明自己，就这样我获得了面试官的青睐。

最后我作为求职者也向面试官提出了几个关于华为的问题，面试官一一作答，这场面试便结束了。按照常理来说，我应该回去等通知，但面试官非常直接，结束后便立即告诉我："你被录取了，从现在开始，你就是我这个部门的秘书。但从你刚才的表现中我可以看到，社交方面是你的弱项，你回去再好好学习一下，希望正式报到那天，我能看到你的进步。"

我就这样拿到了华为的录取通知。这也是我在华为的全部面试过程（与现在华为新的面试程序有些不同）。不得不佩服华为的办事效率，300余人，三轮面试，在一天内就完成了，面试工作井然有序，这也让我更加期待加入这个团队。

华为，我来了。

### "华为式面试"

事实上，企业的面试流程大都相差无几，首先是面试者进行自我介绍，阐述自己的优势及个人基本情况，然后由面试官对面试者进行提问，问题的具体内容视该公司的具体情况而定，大多是用这些问题来评判面试者能否胜任该岗位，个人价值观与企业文化是否一致等。

一般企业的面试分为初试和复试两部分,而华为在面试中加入了自己的特色,其面试通常分为 5 步,如图 1-8 所示。

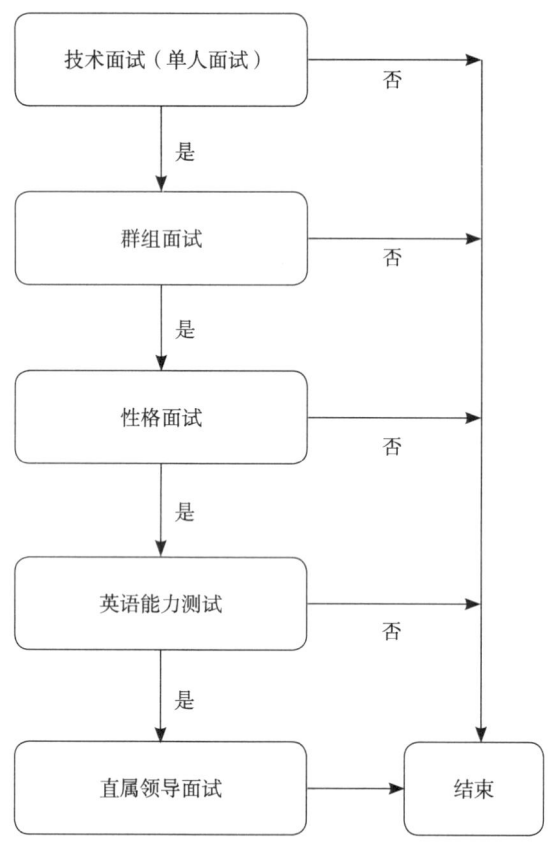

```
技术面试(单人面试) ──否──→
        │是
        ▼
    群组面试 ──否──→
        │是
        ▼
    性格面试 ──否──→
        │是
        ▼
   英语能力测试 ──否──→
        │是
        ▼
   直属领导面试 ─────→ 结束
```

图 1-8 华为 5 步面试示意图

## 技术面试(单人面试)

技术面试(单人面试)通常包括自我介绍和成绩描述。为了给面试官留下良好的第一印象，建议面试者在此轮面试中详尽地介绍自己的过往经历，最好是与岗位工作相关的，比如在校的学习成绩、专业技能和社会实践经历。这些内容往往在简历上也会有所反映，面试官一般会采用一问一答的形式去初步了解面试者。

虽然是单人面试，面试官和面试者是一对一进行的，但是整个面试过程一般安排在一个大型会议室，所有面试者同时进行面试，会议室中并排放置几排长桌，将面试官和面试者分开。这就导致面试者能够非常清晰地听到周围人的讲话，面试者的注意力需要非常集中，才能实时跟上面试官的面试节奏，稍有不慎，面试者就会被其他人干扰。

这是华为考验面试者意志力和抗干扰能力的一种方法，这个过程看似简单，实则能够清晰地观察到每个面试者的基本素养，这一轮会淘汰近一半的面试者。

**群组面试**

群组面试通常有三个面试官和一个主持人，面试者6个人一组分开，随机组成一个团队。群组面试一般按以下6个步骤进行：

第一，面试者用白纸写下自己的姓名，将白纸折好后展示出来；

第二，面试者简单介绍一下自己；

第三，根据6个人的共同兴趣点为小组起个名字；

第四，面试官给出一些内容，面试者在思考后对这些内容进行排序并递交上去，大家再通过小组讨论得出统一的结论，并选派代表向面试官进行展示；

第五，小组之间两两分组，根据面试官给出的话题展开辩论；

第六，每个人根据自己小组内成员的表现对每个人进行排名，并写出排名靠后的两位组员的排名原因。

这一环节对于面试者的抗压能力、沟通能力、团队精神和判断能力都是不小的考验，同台竞技，大家既是队友也是对手。

根据我的经验，在群组面试中，面试者不要表现得过于张扬，也不要过于沉默，清晰地表达自己的观点即可。

面试官还会问一些比较尖锐的问题，比如，假如你们组现在必须淘汰一个人，你觉得应该淘汰谁？有些面试者为了展现自己谦虚的一面，或为了照顾别人的面子而"牺牲"自己，但华为需要有狼性的人，淘汰自己在华为看来并不是一种谦虚，而是顶不住压力的表现。

**性格测试**

性格测试是整个面试过程中最简单的一环，面试者只需要坐在计算机前做一些测试性格的选择题即可，这一环节也是压力最小的，一般不会淘汰面试者。

**英语能力测试**

英语能力测试就是对于面试者英语水平的考验。首先要求面试者对指定的英语材料进行朗读，然后是听力测验，最后是面试者对于面试官给定的两个话题用英语表达自己的观点。整个过程有点像英语考试，这也能很直观地看出一个人的英语水平。

## 直属领导面试

这是最后一个环节，通常由部门管理者或人力资源部总裁来面试。面试内容还是以对话为主，在面试者简单的自我介绍之后，面试官会询问面试者对于职业的理解以及职业规划等相关内容。

如此严苛的一套面试流程下来，能留到最后的，必然是专业素养、心理素质各方面都过硬的人才。华为挑选人才的第一步是挑选招聘专员，这些招聘专员本身就经过了严格的训练，自然也非常了解如何帮助企业挑选出最合适的人才。

华为通过自己独特的面试方式，使得每年都有高品质的新鲜血液注入，这既激发了员工的积极性，也为华为的后续发展提供了强劲的动力。

## 核心工具——STAR 面试法

关于面试工具，华为采用的是"STAR 面试法"。

在大多数面试中，HR 或管理者提出的问题总是千篇一律，比如，你的优势是什么，你的缺点是什么。这些套路也早已被面试者看清，为了获得工作机会，有些面试者会夸大自身的优点，说出很多令面试官青眼相加却与自己真实情况不符的"标准答案"。

其实，这也不能全怪面试者不真诚，如今就业压力大，为了谋得一份好工作，应聘者可谓绞尽脑汁。所以，作为面试官，问对问题很重要。

为了避免这样的尴尬，华为在面试时多采用STAR面试法。"STAR"的每一个字母都代表一种类型的问题，这可以帮助管理者进行有效提问，如图1-9所示。

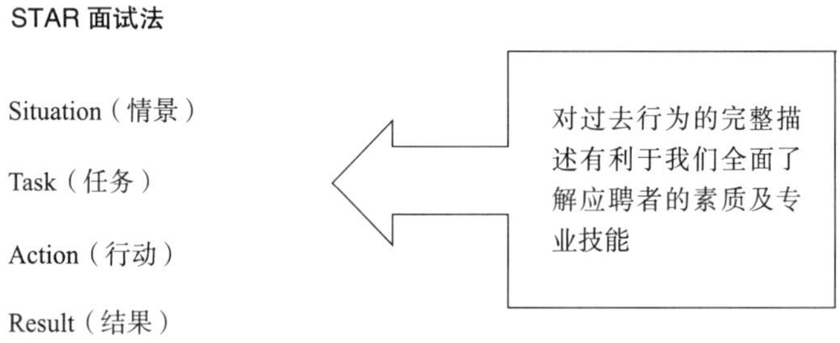

**STAR 面试法**

Situation（情景）

Task（任务）　　← 对过去行为的完整描述有利于我们全面了解应聘者的素质及专业技能

Action（行动）

Result（结果）

图1-9　STAR面试法

S指情景：这件事发生的时间、地点、人物等背景介绍。

T指任务：这件事情发生在什么场景下，你要完成什么任务，面对什么抉择或者困难？

A指行动：你扮演什么角色？做了哪些事情？

R指结果：事情的结果如何？你收到了什么反馈？

华为根据这4个方面提出的问题的实用价值非常大，这些问题能让HR通过面试者对过去行为的描述，全面地了解面试者的素质及专业技能。尽管不同岗位的面试内容不同，但大体离不开如下几个方面：

- 我们面对的需求是什么？
- 需要解决的问题有哪些？
- 解决方案是什么？
- 关键举措是哪几项？

通过对面试者过往经历的层层剖析，面试官能够直观且全面地了解其思维方式、判断能力、反应速度等各项能力。

时代在不断地进步，华为的 HR 也在不断挖掘更合适的面试方法，保证华为能够招聘到行业内的顶尖人才。

## 人才价值观几问

在考核面试者的价值观时，华为是如何通过 STAR 面试法来提问的呢？

价值观是一种观点、一种态度，但观点和态度最终会影响一个人的行为。当一个人拥有某种价值观时，他一定会体现出长期的、频繁的相关行为。观点和态度是很容易伪装的，但行为尤其是长期的、频繁的行为很难伪装。

例如 HR 在面试时，问面试者"你喜欢加班吗"，面试者可能会为了获得这个机会而隐瞒真实想法，明确表达出"加班使我快乐"的观点。

这种浮于表面的想法与观点并不能代表一个人的价值观，而行动是由价值观直接延伸出来的，其最能代表一个人的价值观，这也是大部分公司设置试用期的原因。除了试用期外，企业要怎样做才能快速判断面试者的价值观是否与公司相符呢？下面我用自己在华为面试的真实例子来具体说说怎样面试。

我所在的大部门属于"华为大学"，部门准备招聘三名优秀的讲师。从华为的价值观出发，我根据STAR面试法设计了以下几个问题来进行面试：

- 你最喜欢的作品是什么？你喜欢它的原因是什么？（了解讲师的偏好与风格）
- 你能分享一下自己的作品吗？（考察讲师的专业技能水平）
- 这个作品你是怎样设计出来的？（了解该讲师在设计课件时是否洞察了学员的需求点）
- 你是如何洞察学员的痛点与需求点的？（判断讲师对学员的洞察是否真实有效）
- 在设计课件的过程中你遇到过哪些难题，是如何解决的？（考察讲师解决问题的能力与抗压能力）
- 在设计课件过程中你做过哪些取舍或决定？（判断讲师在设计课件时是否有多余的修饰，是否使内容全而不精，是否会为了内容的完整性而降低学员的满意度等）
- 你在设计课件前会和团队讨论内容吗？你们在设计课件内容上有不同的观点吗？（考察讲师的团队协作能力和团队沟通能力）
- 你设计的课件是否得到了学员的好评？（从结果判断讲师的洞察是否真实有效）

我将所有面试者的回答整理成文件,并在上面批注了自己的观察结果,然后交给部门领导。最终,部门成功招到了三位优秀的讲师。

在设计面试问题时,我们还可以加入一些比较尖锐的问题或者具体场景让面试问题更具有话题性。通过尖锐的问题与特殊的场景营造想法与观念上的刺激,从而引出面试者最真实、最能表现其价值观的观念与想法。

比如,你招聘的岗位特别需要员工能吃苦。如果你简单明了地提问:你能吃苦吗?相信没有人会告诉你"不能"。但如果你换一种方式去提问:在你的经历之中你认为最苦的事情是什么?相信通过他的回答,你能更准确地判断他是否能吃苦。具体的问题设计,可以参考表1-2。

表1-2 华为基于价值观的面试问题示例

| 类型 | 问题 | 红牌警示(危险信号) |
|---|---|---|
| 责任 | (1)描述一次你的团队没有按时完成项目的经历。如果你再拥有一次机会,你会有哪些不一样的做法?<br>(2)如果你不得不和一个与你相处不好的人一起工作,那么你会怎么做? | 不能支持自己的论点:在面试过程中,大多数面试者会声称自己是"优秀的团队工作者",或者拥有"强烈的职业道德"。但是如果他们不能给你举例证明这些价值观,那么他们可能只是在用流行语来打动你 |
| 社会责任感 | (1)如何在保持低成本与对产品进行全面质量控制之间取得平衡?<br>(2)你建议采取哪些公司政策,使我们的业务更环保?你如何确保员工理解和应用这些指导方针? | 价值观与职位要求不符:拥有开箱即用思维的员工可能非常适合寻求吸引新客户的产品开发或营销团队。但是,他们可能很难留在流程驱动的公司或团队中 |

（续表）

| 基于价值观的面试问题示例 |||
|---|---|---|
| 类型 | 问题 | 红牌警示（危险信号） |
| 创新 | （1）描述一次你遇到技术问题并且你的常规故障排除方法不起作用的情况，你是如何做的？<br>（2）你能给我一个设计好的产品的例子吗？什么特点使这个产品与众不同？ | 难以适应：新员工可以（尝试）适应新的工作方式，只要他们愿意这样做。但如果他们有强烈的意见，不符合企业的核心价值观，这将不利于未来合作 |
| 以顾客为导向 | （1）描述一次你设法让一个愤怒的顾客冷静的经历。你是如何设法保持专业性并处理他的投诉的？<br>（2）当你的轮班正好结束时，你将如何回复进入商店或打电话的顾客？ | 傲慢的态度：对批评表现消极或展现出专横的态度是对自己的价值观优先于别人的价值观的标志。这些人可能长期不遵守公司的政策，最终营造一个"有毒"的工作环境 |

## 核心素质与能力提炼

除了价值观等基本项的考核标准是类似的，每一个岗位的考核标准都不尽相同，面试时当然也有技能的侧重区分。为了提高面试效率，使得面试者素质与岗位要求相匹配，华为针对不同的岗位，提炼出了岗位素质与能力项，如表1-3所示。

表1-3 华为核心素质与能力项

| 华为核心素质与能力项 ||
|---|---|
| 专业素质项 | 工作技能项 |
| 1 | 1 |
| 2 | 2 |
| 3 | 3 |

在华为的面试体系中,公司将专业素质项拆分成25种,分别是责任心、原则性、成就导向、目标导向、坚韧性、严谨细致、全局观、创造力、商业思维、决策能力、培养人才、团队协作、客户导向、人际理解、沟通表达、监控能力、组织协调领导能力、学习能力、系统思考、逻辑思维前瞻性、信息收集、诚实正直、开放包容、关系建立、审美能力。

针对这25个素质项,华为又会根据面试者的经验设置不同的面试问题参考题库。

比如针对"责任心"这一素质要项,华为的拆解情况如表1-4、表1-5所示。

表1-4 华为素质要项拆解

| 素质要项名称 | 素质要项别名 | 素质要项内涵 | 素质要项标准分级定义 |
| --- | --- | --- | --- |
| 责任心 | 责任感 | 认识到自己的工作在组织中的重要性,将实现组织的目标当成自己的目标。积极主动完成职责内的工作,并且愿意接收临时突发性工作,敢于承担工作风险 | (1)需要在反复督促下,才能完成职责内的工作<br>(2)能积极主动完成职责内的工作<br>(3)在积极主动完成分内工作的同时,愿意承担各种临时性、突发性的工作<br>(4)在遇到很大的困难时,依然能够积极主动地承担工作任务<br>(5)不计个人利益得失,在职权范围内敢于承担各种风险与责任 |

表1-5　华为面试问题设计参考

| （应届生）面试问题设计参考 | （有经验者）面试问题设计参考 |
|---|---|
| （1）除了完成在校学习任务之外，你还做了什么重要的事情？为什么？<br>（2）除了学校规定的课程外，你还主动学习了哪些东西？为什么？<br>（3）为了更好地踏入社会，你做了哪些重要的准备工作？ | （1）你能说出一件你被要求做的超出自己工作范围或能力要求的事吗？你当时是怎么想的？你是怎样处理的呢？<br>（2）你在上一份工作中的关键职责是什么？你采取了哪些行动来确保关键职责的履行？<br>（3）你曾经遇到的风险最大的一项工作是什么？为什么？你是如何应对这份风险和压力的？ |

针对工作技能的问题，公司则需要根据不同岗位设置不同关键项。比如针对销售经理，华为的问题设计如表1-6所示。

表1-6　华为销售经理面试问题设计

| 华为销售经理面试问题设计 ||
|---|---|
| 关键工作技能 | 面试问题设计（参考） |
| 市场开拓 | （1）请举例说明你最难的一次市场开拓经历，你是如何做的？<br>（2）请你介绍以前承担过的一项市场开拓任务，你是如何制订拓展计划的？解决了哪几个关键问题？<br>（3）请举一个例子说明成功开拓一个市场需要采取哪些关键措施？ |
| 产品销售 | （1）与竞争对手相比，我们产品的优势并不明显，在这种情况下你是如何把产品销售出去的？请举例说明。<br>（2）请讲讲你最困难的一次产品销售经历，你是如何应对处理的？<br>（3）新产品销售往往比较困难，你是否可以举一个这方面销售成功的案例？你是如何做到的？ |
| 客户关系管理 | （1）请介绍你印象最深的一次与客户（或渠道）建立合作关系的经历。<br>（2）对于第一次打交道的客户（或渠道），你是如何快速建立良好关系的？请举例说明。<br>（3）请举例说明你处理过的最棘手的一次客户投诉，当时的情况如何，你是如何处理解决的？ |

以上即为华为面试使用的主要方法。谈恋爱的时候最怕对方说一句："对不起，我们不合适。"而在面试的时候，面试者最怕的就是好不容易过了笔试，在面试时，HR轻描淡写地说一句："对不起，你的性格与本公司不太契合。"

所以，如果你想加入华为，那么提前了解和熟悉华为的面试方式会让你在面试过程中更加得心应手。对企业管理者来说，仔细地看一看华为的面试技巧，可以帮助企业招到更合适的人才。

## 面试改革：大规模招聘对员工的青春太不负责

2019年4月，华为面向全体员工发出了2019年第45号电邮文件，内容是转发华为轮值董事长徐直军撰写的《关于公司高端精英类、软件类人才面试方法调整的建议》一文。

这封邮件主要阐述了大规模招聘的弊端，呼吁企业进行面试改革。

邮件里的一句话："一个青年的青春是有限的，耽误人家几年，对得起人家吗？"让人特别感动。这让我想起了和我一起找工作的同学霞，霞刚毕业那会儿去面试了几家企业。有的企业面试很简单，两三分钟就完了；有的企业面试很复杂，分好几轮面试。有一家企业面试完以后，让霞第二天就去上班。结果在上了两个月班后，霞发现自己的价值观与这家企业完全不符，果断离职。

然而，此时已经过了毕业招聘的旺季。霞后来花了很长时间才找到工作，而那时我已经在华为工作一年了。

做企业就像做人一样，懂得设身处地为别人着想，才是一个企业的大格局。华为，就有这样的大格局。

我们来回过头再思考一下：为什么华为会做相关的面试方法调整呢？

这一点，我们可以通过徐直军先生的一些话了解一二。徐直军表示，公司当前的面试方法是基于过去大规模招聘，为快速补充业务发展而建立的，对高端精英类、软件类人才并不适用。如果录用一个不合适的员工，将会对公司业务带来损失，不仅贻误战机，还会有损公司品牌。

因此，华为针对高端精英人才和软件类人才的招聘，参考了业界做法，对面试进行了改革。

华为新的面试流程，将会分为"三步走"：

第一步：针对高端精英类人才，成立面试"专家顾问团"，由主面试官和多个专家组成一个4~5人的面试小组，用人部门或上级部门的资深专家以及部门主管必须参与面试。

候选人做主题演讲，专家顾问团对候选人进行30~45分钟的提问沟通，最后由专家顾问团集体合议面试结果。

第二步：加强对程序员编程技术的考核要求。

我们来看一下在华为面试改革后，程序员的面试规则：

（1）参与应聘的人员首先要签署NDA（保密协议），承诺不泄露网上笔试和面试的内容。

（2）应聘人员进行网上编程，时间为90分钟，网上编程符合要求者进入面试环节。

（3）应聘人员可以选择一种编程语言，进行两轮面试，每轮面试约45分钟，为一对一面试考察。面试官会提前根据岗位要求设计编程考察题目，通过当面或视频编程的方式，考察应聘人员实际编程能力及对相关知识技能的掌握程度。应聘人员编程30分钟，面试官提问与讨论15分钟，每位面试官给出独立评价意见。

（4）经过两轮面试后，面试官的意见若一致，则给出相应的面试结论；若意见不一致，则追加一轮面试，面试官在给出独立评价意见后，再集体评议给出最终结论。若有面试官坚持认为应聘人员不符合要求，按"一票否决"的原则处理。

（5）建立软件类人才选拔官管理机制，由真正懂软件的编程高手来把关人才选拔质量。在全公司范围内按软件编程能力选拔面试官，与现行的面试官任职资格要求脱钩。实行名单管理，由公司统一使用。首批软件类人才面试官由软件单板王、committer（对系统和代码非常熟悉的技术专家）、优秀的软件架构师担任。

根据华为程序员新的面试规则，单笔试加两轮技术面试，已用时三小时。所以，准备前往华为面试的程序员要做好充分的知识储备和心理准备。

第三步：加强芯片专家的招聘。

在看完华为新的面试规则后，可能很多人会感到纳闷：为什么成为华为人需要"过三关斩六将"？

这是因为华为招聘的既是战友，也是"老板"。华为人必须努力去工作，不但员工自己很努力，也会要求、监督同事甚至他的领导努力工作。所以，华为人在挑选自己的"战友"时，才会设置严格的人才面试制度。

时代在变，优秀的人才大家都在抢。如果只是孤立地去看人才、去招聘人才，结果可能人招到了，他却与公司岗位不匹配。就像徐直军先生在邮件里所说的：

企业需要不断充实队伍，要选对需要的人，但作为员工，也需要选对人生的道路。

## 华为，你好

我记得很清楚，2007年7月5日，那天下着小雨，烟雨朦胧，宛如梦境。就是那一天，我入职了华为。初到华为，初遇百草园，让前一晚激动得彻夜未眠的我生出一丝紧张，心里虽有隐隐的担忧，但更多的是对未来的憧憬。

接下来，拍工卡照、领工牌、办理工资卡、领培训服装、分班分组、听教官训话，这是华为通过多年摸索形成的流程。整个流程清晰地写在一张表单上，一切井井有条，按部就班，效率极高。

我的直属上司Sam是一个经历过华为冬天的奋斗者，也是一个把青春献给了华为的"老兵"。报到那天，HR带我去见他，我心里想的是"Sam，你好"，说出口却成了"华为，你好"。但这个因为紧张而产生的口误，却让我在报到的第一天就与同事们拉近了距离。以至于很多年后，部门的老华为人还在拿我这句"华为，你好"开玩笑。

Sam 是一个非常严格的上司，他要求我每件事都要做到完美，这让我几度被压得喘不过气来。但多年之后我才发现，我所有的工作习惯都是从那时候逐渐养成的。

虽然 Sam 在工作上非常严苛，但他在生活上非常关心我。刚毕业时，我经济拮据，常常入不敷出。有时加班到很晚需要打车回去，虽说打车费可以报销，但拿到报销费是下个月的事情了。有一次，Sam 特意把我叫到办公室，给了我一笔钱，说道："你刚毕业，没什么钱，先拿去用，算我借你的。"一代一代的华为人，用他们的行动，将华为精神传承下来。

我入职后第一位同事也是第一个陪我吃华为食堂的同事是小露，那天中午我点了一份凉面，13 元。小露问我："食堂好吃吗？"我点头如捣蒜，觉得那份凉面格外与众不同，味道好极了。她捂着嘴笑，说："一个月后再问你这个问题。"

现在回想起来，在华为的工作虽然忙碌，却异常美好。华为，是我挥洒青春的地方，它也教会了我成长。

### 报到的后续工作

把合适的人才招进公司并不意味着招聘工作的结束，后续华为会积极地帮助和指导新入职员工顺利度过试用期，愉快且迅速地融入华为这个大家庭。

新员工初来乍到，往往对公司环境不太熟悉，和新同事之间也比较陌生，很难在短时间内适应业务和工作需求。这就使得新员工常常处于一个被动的位置，无法完全发挥自己的个人能力和潜质。

尤其是刚刚走出校园的大学毕业生，他们并未在职场中受过锻炼，缺乏职业化的工作方式和行为习惯，常常在工作中陷于手足无措的尴尬境地。这时候就需要HR和管理者给予他们适当的关怀和引导，对于新员工来说，即便只是几句简单的话语，也能给他们带来莫大的鼓励。

在新员工入职的同时，HR、直属领导、导师会为其量身打造一个"试用计划"，确保在最短的时间内，充分调动新员工的潜能，使之达到甚至超出所在部门和人力资源部门的绩效考核标准。这样做有利于新员工在试用期就获得极大的成就感，并及时通过转正考评。

总的来说，华为招聘的后续工作包括4部分内容：做好职业顾问、拟订试用计划、月度绩效管理、予以转正考评。

**做好职业顾问**

华为对招聘专员的要求非常严格，在招聘工作中，招聘专员必须站在应聘者的角度，为应聘者着想。这样有利于培养应聘者与华为之间的认同感，建立初步的信任。

比如，我在被华为录取后，华为的招聘专员夏姐会认真地解答我的疑虑，包括公司的业务情况、未来发展方向以及薪酬待遇等各方面问题。

除此之外，夏姐还需要担起"职业顾问"的角色，帮助我梳理职业方向，让我能够将自己的优势和最好的一面展示给我的上司。这样一来，夏姐和我建立起了一种互相信任的"伙伴关系"，让我在这个过程中充分感受到华为的关心和认同。直到现在，夏姐仍是我职业上的"导师"。

## 拟订试用计划

新员工到部门报到后，用人部门和 HR 会共同为新员工拟订一个试用计划，制定月度阶段性目标。同时，华为会为每一位新员工安排一个导师，予以监督和帮扶，导师往往会深刻地影响徒弟。

除此之外，华为还会为新员工提供有针对性的培训，以帮助新员工迅速掌握岗位技能，顺利度过试用期。

试用期期间，华为的 HR 会定期走访，非常细致地考察每一位新员工的情况。除了到新员工的工作现场了解其工作状态之外，HR 还会了解其住宿、饮食等生活问题，同时通过新员工的主管和部门经理，进一步了解新员工的工作情况。HR 还会提请老员工对新员工予以关照和帮助，积极协调新员工在工作上遇到的问题或困难。

这些工作能够让 HR 真实而迅速地掌握新员工的适应状态，降低新员工初入新环境的不适感，从而创造一个良好的工作氛围和沟通渠道。

## 月度绩效管理

没有规矩不成方圆，既然是试用期，肯定是存在考核的。试用期期间，华为会根据新员工的职位，从通用能力和通用素质这两方面给予员工综合考评。

通用能力包括计划能力、沟通能力、组织能力、学习能力、执行能力以及解决问题能力等，通用素质包括诚实正直、进取心、责任感以及团队意识等。试用期期间，华为的考核密度较大且范围较广，通过各项考核，引导新员工在工作中发挥自身最大的潜质，在接下来的工作中更加得心应手。

HR还会按照新员工的序列岗位视情况增加管理能力、技术研发专业能力、生产工程专业能力、市场销售专业能力等考评指标，通过一系列专业测评和绩效考核，完成新人的月度绩效管理。

**予以转正考评**

当新员工能够逐渐成熟地处理一些团队工作，甚至能够独当一面时，HR会及时提醒管理者对新员工予以转正考评。这能够帮助新人在入职时形成正确的企业价值观，并获得强烈的企业归属感和工作自信心，进而促使其在未来的工作中朝着正确的、积极的方向发展。

通过这些细致而人性化的后续工作，HR可以清晰地检视自己的招聘结果，检查自己对于人才的选择是否合理。

招人是一项复杂而烦琐的工作，华为并不仅仅将招人当成流程性的工作，而是不断地在一场又一场招聘活动中创新招聘方式，优化人力资源开发，扩展思维空间。招聘工作是企业业务开展的重中之重，能否挑选到合适的、能够和企业契合的人才是非常关键的。

招聘的根本目的就是为企业创造更多的价值，招聘并不是结束，而是开始，在新员工入职后做好试用期辅导、培训等工作，充分挖掘新员工的潜能，为企业创造更大的价值，才是华为招聘工作的最终目的。

## 加入华为，不负青春

2019年5月，我看到浙江大学官方微信公众号号召浙大学子"到华为去"的帖子，深受感动。本来，这只是一场普通的招聘：华为只是招聘大军中普通的一员，浙大学子选择华为只是一个工作选择。但放在特殊的时点之下，"到华为去"显得格外瞩目。

作为前华为人，我也在这里发出呼吁：英雄不问出处，出处不如聚处，你现在一文不名没关系，只要你有雄心壮志，加入华为，不负青春。

前段时间，我在去深圳采访一位企业家时，顺路与Sam见了一面。聊天之中谈及华为现在的发展。Sam说，他认为华为成功的关键在于人才。华为炸开了封闭的人才金字塔模型的顶尖，仰望星空。未来的华为将不再依靠塔尖上那些人的视野，而是成批的天才聚拢而来，真理将引导华为的未来发展。对此，任正非说："让天下英雄尽入吾彀中。"

目前，华为正在构建未来三大人才梯队，分别是"黑天鹅"梯队、预备梯队、能工巧匠梯队。

## "黑天鹅"梯队

技术日新月异，工作中经常会出现技术上的"黑天鹅"。比如，曾经的手机巨头公司诺基亚在短短几年时间里轰然倒塌。以史为鉴，在任正非看来，"黑天鹅"可以出现，但是必须出现在华为的"咖啡杯"中，不能在别人的湖里游泳。所以，华为构建"黑天鹅"梯队，是为了预防有可能发生的科技跳变。

而构建"黑天鹅"梯队的方法就是扩大"蓝军"的编制，不仅集团有研究战略的蓝军，各大业务线和产品线也都要有自己的蓝军。在华为，"蓝军"的角色就是与"红军"（华为公司主流观点）对抗，也就是站在客户、竞争对手的立场，审视华为，指出华为的不足和缺陷，专职"唱反调"。华为的"蓝军"部门直属集团最核心的职能平台——"战略与Marketing（营销）"。

华为扩大"蓝军"编制的目的就是让其与华为"唱反调"，颠覆和打败"红军"。华为认为，当华为在努力自己颠覆自己的时候，它就不会被别人颠覆。

## 预备梯队

预备梯队主要是指未来接班的年轻人队伍。在华为的未来人才计划中，管理层和骨干层至少要有两个梯队：第一梯队的人员忙于公司业务，缺乏时间学习，不能及时补充能量，容易陷入疲惫和思维僵化；这时，第二梯队的人员就会替补上去，用新的思维和想法打破陈规，使企业内部保持高度的活力。只有多路径、多梯次，人员才不会僵化惰怠。

**能工巧匠梯队**

能工巧匠，顾名思义，就是擅长做技术活儿的人才。华为有意扶持技术人才，提高大学生的起薪，生产系统以技术为中心，招收大量的高端技师。这个梯队的招聘范围是全世界，华为计划在全球制造业的两大高地（日本和德国）建立精密制造中心，只要是能工巧匠都要高薪招进来。

如果华为把这三大人才梯队构建好了，是不是就能领先世界了？

任正非认为这远远不够，他特别强调，华为要把科学家队伍翻几番。对于有研究成果的科学家，如果他们愿意加入华为，那么华为非常欢迎；如果不愿意加入华为，那么华为非常欢迎他们拿着自己的研究来华为讲课，目的就是培养华为员工对未来的敏感性。

对此，任正非说过这样一句话："我们唯一的武器是团结，唯一的战术是开放。既团结又开放，怎么能不世界领先呢？"

从这句话中，我们可以听出任正非的大格局和大气魄。不过，我认为，任正非的人才战略到此仍然不是终点。

当年，唐太宗看到熙熙攘攘进京赶考的人群，不禁喜形于色："天下英雄尽入吾彀中矣！"如今，当华为张开臂膀广纳人才的时候，它是不是已经具备了领先世界的能力？

2019年9月27日，华为消费者业务云服务总裁张平安在他的母校浙江大学做校园招聘的宣讲，他寄语广大学子："大气蓬勃的智慧未来，既有冲上云霄的顶尖科技，也有超出想象的光怪陆离，这注定是一次有趣的好奇探索之旅，我们要有'玩家'的心态，敢于尝试，敢于创新，敢于挑战！"

　　加入华为，过有意义的人生。

# 第 2 章

**培训士兵就教炸药包怎么捆,不用讲怎么当元帅**

培训要从实战出发,学以致用,急用先学。培训士兵就教炸药包怎么捆,怎么拉导火索,不用讲怎么当元帅。

——任正非

## 致新员工书

在没有进入华为之前,"任正非"这三个字我只是偶尔在新闻里听到,对他的印象也仅仅停留在"他创建了华为""他很厉害"这些较浅的层面。关于他是一个什么样的人,又是如何把华为做强做大的,有着怎样的管理思想等,我一概不知。

我第一次真正了解任正非,是在我入职华为的第一天,参加新员工培训时。

新员工培训是华为企业培训的一个重要组成部分,新员工培训的第一个事项,就是让新员工阅读和理解任正非写的《致新员工书》。

在第一次读到这封书信时,我的内心极为震撼。因为这并不像一个世界 500 强企业创始人写给员工的话,它更像一位长者在和我进行面对面的沟通交流,从世界观、人生观、价值观等多个方面对我进行语重心长的教诲,内容详尽而真诚,语言质朴而贴切。

更让我敬佩的是,这篇书信是任正非从公司创立初始就坚持自己起草和改动的,从未假借他人之手。在此后的许多年里,我见过不少公司的新员工手册,内容大多千篇一律,更多是站在企业的角度,用文字讲述冰冷的公司规章制度。更有甚者,高喊利益至上的口号,以利润作为衡量个人工作价值的唯一标准。而华为的《致新员工书》,没有大量的利益讲述,只有温馨的叮咛和嘱托。这也让我更加坚信来到华为的决定是正确的。一流的公司,即使培训也一定是一流的。

下面我将和大家分享华为的《致新员工书》,这是 2014 年 12 月

19日任正非做的最新修订版。它最早刊登于1994年12月25日第11期《华为人》，多年来任正非亲自修订了数次。这封书信内容详尽，明确解答了以下众多问题：

华为的"英雄行为"是什么？
在华为，如何改变自己的命运？
制度不合理，怎么办？
什么样的人可以成为专家、高管？
离开华为后，还可以回来吗？
华为人可以免费参加培训吗？
……

如果你想了解华为的企业文化、价值导向，建议读一读这封信；如果你期待自己公司的培训更上一层楼，建议好好研究一下这封信。许多公司在研究了华为的《致新员工书》之后，也相继出台了自己的《致新员工书》。

### 致新员工书

您有幸加入了华为公司，我们也有幸获得了与您合作的机会。我们将在相互尊重、相互理解和共同信任的基础上，与您一起度过在公司工作的岁月。这种尊重、理解和信任是愉快地进行共同奋斗的桥梁与纽带。

华为公司共同的价值体系,就是要建立一个共同为世界、为社会、为祖国做出贡献的企业文化。这个文化是开放的、包容的,不断吸纳世界上好的优良文化和管理。如果把这个文化封闭起来,以狭隘的自尊心、狭隘的自豪感为主导,排斥别的先进文化,那么华为一定会失败的。这个企业文化黏合全体员工团结合作,走群体奋斗的道路。有了这个平台,您的聪明才智方能很好发挥,并有所成就。没有责任心、缺乏自我批判精神、不善于合作、不能群体奋斗的人,等于丧失了在华为进步的机会,那样您会空耗宝贵的光阴。

公司管理是一个矩阵系统,运作起来就是一个求助网。希望您成为这个大系统中一个开放的子系统,积极、有效地既求助于他人,同时又给予他人支援,这样您就能充分地利用公司资源,借助别人提供的基础,吸取别人的经验,很快进入角色,很快进步。求助没有什么不光彩的,做不好事才不光彩,求助是参与群体奋斗的最好形式。

实践是您水平提高的基础,它充分地检验了您的不足,只有缺点暴露出来,您才会有进步。实践再实践,尤其对青年学生十分重要。只有实践后善于用理论去归纳总结,才会有飞跃的提高。要摆正自己的位置,不怕做小角色,才有可能做大角色。

我们呼唤英雄,不让雷锋吃亏,本身就是创造让各路英雄脱颖而出的条件。雷锋精神与英雄行为的核心本质就是奋斗和奉献。雷锋和英雄都不是超纯的人,也没有固定的标准,其标准是随时代变化的。在华为,一丝不苟地做好本职工作就是奉献,就是英雄行为,就是雷锋精神。

实践改造了也造就了一代华为人。"您想做专家吗？一律从基层做起"，已经在公司深入人心。一切凭实际能力与责任心定位，对您个人的评价以及您应得到的回报主要取决于您的贡献度。在华为，您给公司添上一块砖，公司给您提供走向成功的阶梯。希望您接受命运的挑战，不屈不挠地前进，您也许会碰得头破血流，但不经磨难，何以成才！在华为改变自己命运的方法只有两个：一是努力奋斗，二是做出良好的贡献。

公司要求每一个员工要热爱自己的祖国，热爱我们这个刚刚开始振兴的民族。只有背负着民族的希望，才能进行艰苦的搏击而无怨无悔。我们总有一天，会在世界舞台上占据一席之地。但无论任何时候、无论任何地点，都不要做对不起祖国、对不起民族的事情；不要做对不起家人、对不起同事、对不起您奋斗的事业的人。要模范遵守所在国家法规和社会公德，要严格遵守公司的各项制度与管理规范。对不合理的制度，只有修改以后才可以不遵守。任何人不能超越法律与制度，不贪污、不盗窃、不腐化，严于律己，帮助别人。

也许有时您会感到公司没有您想象的公平。真正绝对的公平是没有的，您不能对这方面期望太高。但在努力者面前，机会总是均等的，要承受得起做好事反受委屈。"烧不死的鸟就是凤凰"，这是华为人对待委屈和挫折的态度和挑选干部的准则。没有一定的承受能力，今后如何能做大梁？其实一个人的命运，就掌握在自己手上。生活的评价，是会有误差的，但绝不至于黑白颠倒，差之千里。要深信，是太阳总会升起，哪怕暂时还在地平线下。您有可能因为不理解公司而暂时离开，我们欢迎您回来。

世上有许多"欲速则不达"的案例，希望您丢掉速成的幻想，学习日本人踏踏实实、德国人一丝不苟的敬业精神。现实生活中能把某一项业务做到精通是十分难的，您不必面面俱到地去努力，那样更难。干一行，爱一行，行行出状元。您想提高效益、待遇，只有把精力集中在一个有限的工作面上，不然就很难熟能生巧。您什么都想会、什么都想做，就意味着什么都不精通，做任何一件事对您都是一个学习和提高的机会，都不是多余的，努力钻研兴趣自然在。我们要造就一批业精于勤，行成于思，有真正动手能力和管理能力的干部。机遇偏爱踏踏实实的工作者。

公司永远不会提拔一个没有基层经验的人做高层管理者。公司遵循循序渐进的原则，每一个环节对您的人生都有巨大的意义，您要十分认真地对待现在手中的任何一项工作，十分认真地走好职业生涯的每一个台阶。您要尊重您的直接领导，尽管您也有能力甚至比他更强，否则将来您的部下也不会尊重您，长江后浪总在推前浪。要有系统、有分析地提出您的建议，您是一个有文化者，草率的提议，对您是不负责任，也浪费了别人的时间。特别是新来者，不要下车伊始，动不动就哇啦哇啦，要深入、透彻地分析，找出一个环节的问题，找到解决的办法，踏踏实实地一点一点地去做，不要哗众取宠。

为帮助员工不断超越自我，公司建立了各种培训中心，培训很重要，它是贯彻公司战略意图、推动管理进步和培训干部的重要手段，是华为公司通向未来、通向明天的重要阶梯。您要充分利用这个"大平台",努力学习先进的科学技术、管理技能,科学的思维方法和工作方法,培训也是您走向成功的阶梯。当然,您想获得培训,并不是没有条件的。

物质资源终会枯竭,唯有文化生生不息。一个高新技术企业,不能没有文化,只有文化才能支撑它持续发展,华为的文化就是奋斗文化,它的所有文化的内涵,都来自世界、各民族、事业伙伴甚至竞争对手的先进、合理的部分。若说华为有自己的核心文化,那就剩下奋斗与牺牲精神算我们自己的吧!其实奋斗与牺牲也是从别人那里抄来的。有人让我描述一下华为文化,我也不能形象地描述什么叫华为文化,在看了电影《可可西里》,以及残疾人表演的《千手观音》后,我想他们的精神就叫华为文化吧!对于一个新员工来说,要融入华为文化需要一个艰苦的过程,每一位员工都要积极主动、脚踏实地地在做事的过程中不断去领悟华为文化的核心价值,从而认同直至消化、接纳华为的价值观,使自己成为一个既认同华为文化,又能创造价值的华为人;只有每一批新员工都能尽早地接纳和弘扬华为的文化,才能使华为文化生生不息。

华为文化的特征就是服务文化,谁为谁服务的问题一定要解决。服务的含义是很广的,总的是为用户服务,但具体来讲,下一道工序就是用户,就是您的"上帝"。您必须认真地对待每一道工序、每一个用户。在任何时间、任何地点,华为都意味着高品质。希望您时刻牢记。

华为多年来铸就的成就只有两个字——诚信,诚信是生存之本、发展之源，诚信文化是公司最重要的无形资产，诚信也是每一个员工最宝贵的财富。

业余时间可安排一些休闲，但还是要有计划地读些书，不要搞不正当的娱乐活动，为了您成为一个高尚的人，望您自律。

我们不赞成您去指点江山，激扬文字。目前，在中国共产党的领导下，国家政治稳定、经济繁荣，这就为企业的发展提供了良好的社会环境，我们要十分珍惜。21世纪是历史给予中华民族一次难得的振兴机会，机不可失，时不再来。"21世纪究竟属于谁"，这个问题的实质是国力的较量，国际间的竞争归根到底是在大企业和大企业之间进行。国家综合国力的增强需要无数大企业组成的产业群去支撑。一个企业要长期保持在国际竞争中的优势，唯一的办法便是拥有自己的竞争力。如何提高企业的竞争力，文章就等你们来做了。

希望您加速磨炼，茁壮成长，我们将一起去托起明天的太阳。

文 / 任正非

## 我对《致新员工书》的理解

参加新员工培训的各位同事在读过任正非的这封信之后，不说醍醐灌顶，却也是受益良多。我们年轻，我们热血沸腾，我们有万丈豪情等着书写，我们就像在沙漠中徒步了几天几夜的赶路人，而华为就是道路尽头那一汪甘甜的清泉，我们渴望一头扎进去，补充水分，汲取养分。

对于我们这个阶段的年轻人来说，激励无疑是最有效的促进方式，打击和磨砺，生活会慢慢教给我们。

当然，刚进华为的我虽然被这封信感动，但对于里面的大部分内容其实不能完全理解，更做不到完全感同身受。此后在华工作的 6 年里，我才慢慢读懂（不能说是读懂，只能说是略懂）这封信。

任正非的这封《致新员工书》实际上是一篇"奋斗者之书"。华为最主要的企业文化，就是奋斗者文化。它宣扬的内容主要体现在以下 4 个方面：

### "烧不死的鸟是凤凰"

凤凰涅槃，浴火重生。华为公司一直秉承一个原则：公司不会迁就任何人。所以华为的管理层一直在不停地流动，并且末位淘汰制度一直贯彻于每个华为人的职场生涯。华为始终坚持"以客户为中心、以奋斗者为本"的文化价值观，不奋斗就没有出路，不奋斗就无法前进，提倡员工要在失败中获取经验，要屡败屡战，越战越勇，无论遇到任何困难，都要迎难而上，不计任何代价拿下山头。

在励志电影和节奏强烈的课外活动的熏陶下，不管你来自哪里，性格如何，都会被这句口号注入华为人炙热的血液。道阻且长，不畏艰险、迎难而上，才会有所大成。

### "不让雷锋吃亏"

从来就没有斤斤计较的聪明人，只有心胸宽广的"傻瓜"。千万不要觉得自己付出的比别人多，就耿耿于怀自己得到的报酬和别人一样。在华为，有无相存、虚实相依，看似你多付出了，实则你的回报也多。华为公正地对待每一位员工，凡是你做过的，一定会有回报。在华为这片土地上，你使多大劲儿，就产多少粮，不存在旱涝不保收的可能，就看你是不是能够大胆无畏地去做、去付出。

在当下的体制下，"不让雷锋吃亏"这个看似简单的口号，极高明且极大地鼓舞了华为人的工作热情。

**"胜则举杯同庆，败则拼死相救"**

华为实行的是矩阵式管理模式，要求企业内部的各个职能部门相互配合，透过互助网络，对任何问题都能做出迅速反应。这时候团队协作就显得非常重要了。在企业内部，各部门、人员之间，看似存在一定的竞争关系，实则更多的是互相依存和帮扶。就像是在一个战壕里打鬼子的亲兄弟，打赢了皆大欢喜，举杯同庆；打输了也别推卸责任，得以死相拼、万众一心、拼命补救。

这句话非常生动形象，烙在了每个华为人的心里，并且华为人也是按照这个准则去做的，只有众人拾柴，才能架起熊熊火焰。

**"板凳要坐十年冷"**

我曾参与过华为大学组织的一场"干一行，爱一行"的辩论赛。当时为了赢得这场比赛，我们组绞尽脑汁查阅了各个资料，终于赢得了比赛。如今，回过头再看这个命题，我有了不同的思考。

大多数人都想做自己喜欢的工作，也就是"爱一行，干一行"，但一则能找到一份自己喜欢的工作很难，二则很多人其实并不知道自己喜欢什么。所以，如果你能找到一份自己喜欢的工作，那么你无疑是幸运的。如果你的工作不是你喜欢的，那么别着急，努力把手头的工作做好，在"干一行，爱一行"中发现自己的热爱。

当你决定在一个岗位上工作时，你就要做好为它奉献青春的准备。哪怕你只是一颗非常细小的螺丝钉，也要时刻督促自己拧紧身体，千万不能松懈下来。每个人都希望一帆风顺，年轻人常常计划在一年内稳定，两年内加薪，三年内升职，5年内走上人生巅峰。有目标是好事，但人生从来就不是这么容易。

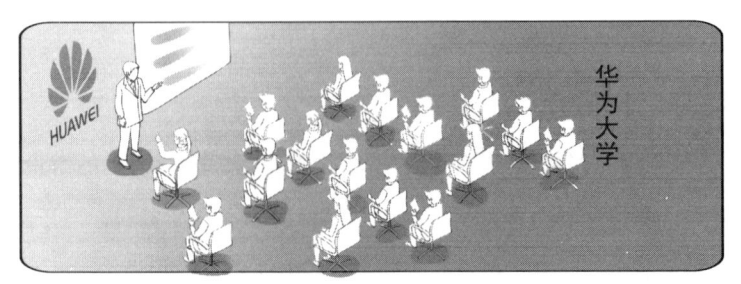

如今，站在华为公司的角度，我终于读懂了"板凳要坐十年冷"这句话，一个普通秘书通过几年的努力，进阶成为高级秘书，这是"板凳要坐十年冷"；在离开华为后，我开始做职业撰稿人，经过几年的积累，有了自己的好口碑和团队，这也是"板凳要坐十年冷"。

从踏进华为大门开始，"胜则举杯同庆，败则拼死相救"，"烧不死的鸟是凤凰"这样的口号就一直在每个华为人耳边回响。这些口号时时刻刻激励着我们，也鞭策和警戒着我们。

彼时年轻的我还不知道未来是什么，但我相信一切掌握在自己手中，那些慷慨激昂的口号，总能激发我的雄心壮志，让我在工作中满怀激情。

在华为，所有人都是饱含热情、积极甚至激进的，不管有没有共事过的同事，都无一例外地感慨："来华为，真的来对地方了。"

## 融入"狼群"的三个阶段

我在华为接受新员工入职培训时，我的同学霞也找到了工作，也在接受新员工培训。

记得那时晚上回到出租屋，我掰着指头算起了三个月到底有多久——华为的新员工入职培训需要三个月（现在华为的入职培训要 6 个月）。霞听到这个消息惊呼："企业文化不就那么几句话吗？居然要讲三个月？我们公司的员工培训只用了一天。"

很多不了解华为制度的人在第一次听到这个消息时，往往会和霞一样,感到难以理解。光入职培训就需要 6 个月,要知道 6 个月结束的时候,这一年都过去一半了。但也正是这长达 6 个月的入职培训,反映了华为对于人才培养的重视程度。

人力资源机构最近的数据统计表明,目前国内近 80% 的企业没有对新员工进行有效的培训,就让新人上岗正式工作了。有的企业虽然做了新员工培训,往往也只是对员工进行了一个浅显的、填鸭式的讲解。这样很可能导致新员工无法融入团队,无法适应新的工作环境,无法认同企业的产品甚至企业文化,并最后直接导致新员工不多久就和企业一拍两散。

那么,华为是如何让大多自我意识超强的 80 后、90 后员工快速融入"狼群"的呢?华为的经验是:通过打造系统的引导培训、集中培训和岗前实践培训,快速解决新人的融入问题,如图 2-1 所示。

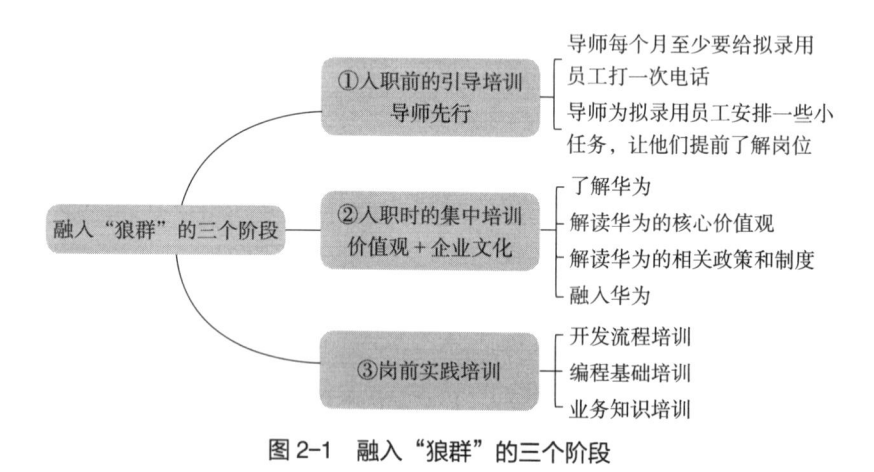

融入"狼群"的三个阶段
- ①入职前的引导培训 导师先行
  - 导师每个月至少要给拟录用员工打一次电话
  - 导师为拟录用员工安排一些小任务,让他们提前了解岗位
- ②入职时的集中培训 价值观+企业文化
  - 了解华为
  - 解读华为的核心价值观
  - 解读华为的相关政策和制度
  - 融入华为
- ③岗前实践培训
  - 开发流程培训
  - 编程基础培训
  - 业务知识培训

图 2-1 融入"狼群"的三个阶段

## 入职前的引导培训：导师先行

每年的 9~11 月是华为的校招季节，部分优秀大学生将作为拟录用人才分配到华为各个业务部门。在这些毕业生还未正式进入华为之前，华为便会提前给每个人分配一名导师。

未入职的大学生存在很多不确定因素，这些导师就是华为与这些人才之间的纽带，担任新人入职前的引导培训之责。

华为对这些导师有着如下明文规定：

导师每个月至少要给拟录用员工打一次电话，通过沟通，了解他们的个人情况、精神状态、毕业论文的进展、毕业离校安排等，实时跟进拟录用员工的状态；

如果有大学生明显表现出加入华为的意愿，导师会根据他们想要应聘的岗位，安排一些小任务，让他们提前了解岗位，比如读一些图书和一些岗位任职资格的资料，以便他们在上岗后快速进入工作状态。

## 入职时的集中培训：价值观 + 企业文化

很多人对于华为人的评价是"低调、务实、吃苦耐劳"。事实上，这些评价也体现了华为的特点，或者说是华为的核心价值观和企业文化精神。

众所周知，华为是一家非常重视企业文化和价值观的公司，因此华为非常重视对员工进行企业文化和价值观的培训。新人进入华为的

第一堂课就是"价值观＋企业文化",其中包括了解华为、解读核心价值观、解读相关的政策制度、融入转身这4个模块。

**了解华为**

新员工在入职培训的第一天主要是阅读《致新员工书》,观看关于华为的影片和任正非的讲话视频。这是一个了解华为的重要过程。

华为的新员工指定要学习的材料,除了之前提到的《致新员工书》,还有一篇任正非指定的文章《把信送给加西亚》,它讲述的是一位士兵为了兑现承诺,穿过重重障碍,最终完成任务的故事。

在必看电影中,《那山,那人,那狗》一直占据着重要的地位,影片讲述了一位乡村邮递员数十年如一日地坚守自己的岗位,他的儿子最后接替了他的工作的故事。从这两个故事中我们不难看出华为对于通信行业感情之深,也希望每一个华为人都能够学习这种重信守诺、不忘初心、艰苦奋斗的精神。

关于华为的故事不都是轰轰烈烈的壮志豪情,而是平凡质朴的日常工作,它们传递给我们的道理往往是平凡中的伟大。只要员工兢兢业业,尽全力将自己的本职工作做好,就会获得应有的回报。

在华为,文化是一个平面的、基础的东西,文化要普及所有人,特别是新员工。表2-1所示是华为新员工培训中关于华为的企业文化和价值观的讲解。

表 2-1 华为新员工培训课表

| 项目 | 新员工 | | | | 时间 |
|---|---|---|---|---|---|
| 文化培训课程 | 致新员工书、服从组织原则、团结合作、集体奋斗、责任心与敬业精神、创业、创新与严谨做实、自我批判与不断进步、客户化服务 | | | | 7天 |
| 工作基本常识培训课程 | 电信技术基础、公司产品介绍、公司组织人事制度介绍、办公软件常识、成本意识、保密意识、企业礼仪、沟通技巧 | | | | 5天 |
| 行为规范培训 | 每日早操<br>集体活动：旱地龙舟、拔河、接力赛、跳绳、排球比赛、义务服务、种树篮球比赛、校外活动<br>观看录像片：《中国华为》《被告山杠爷》《甲午风云》《鸦片战争》《极度恐慌》《山崩地裂》《孔繁森》《焦裕禄》《离开雷锋的日子》《九九迎新春大合唱》<br>辩论赛<br>新老学员联欢晚会 | | | | 3周内进行 |
| 职业技能培训课程 | 研发新员工 | 营销新员工 | 管理新员工 | | 技术支援新员工 | |
| | 中国公网/产品一体化流程/项目管理/BO知识/产品可生产性常识/文档意识/产品物流管理简介 | 中国公网/演讲技巧/营销体系介绍/市场人员行为规范/个人成长 | 计划管理/时间管理/流程与信息/技术初步/业务性工作常识/建立良好的合作关系/MRPD普及常识 | 秘书课程计划管理/时间管理/文档管理/公文写作/会务管理/考勤管理/秘书任职资格 | 中国公网/产品一体化流程/项目管理/市场人员行为规范/个人成长 | 3天 |

作为一个新员工，想要迅速融入华为，第一步就是学习和了解华为文化。学习华为文化是一个漫长而艰苦的过程，不能一蹴而就，员工只能脚踏实地，在实践中体会和领悟华为文化的核心内容。

华为的文化培训大约需要一周的时间，所有参加培训的新员工会被随机分入不同的班级，每个班级会分配一个教导老师。为了使企业风貌看起来整齐划一，华为还会免费给每位学员分发统一的服装。

每天早上，新员工都要参加晨跑。在每年六七月入职高峰期时，百草园到处都是新员工的身影。一排排新员工围绕着百草园和生产中心晨跑，大家像是回到了大学校园。

**解读核心价值观**

文化是一个比较宽泛的概念，企业文化代表着企业的核心价值观。一个人的价值观是很难改变的，那么，在新员工的入职培训中华为是如何解读其价值观的呢？

华为的新员工入职培训，并不是一种单向的宣导与灌输，而是采用案例研讨以及情景再现的方式，将员工带入情境，使其能够透彻而清晰地了解华为为什么会有这样的核心价值观和如何坚持这样的核心价值观。单纯的口头上的宣讲，可能会引起新员工的排斥，不能引起深刻的共鸣，不利于新员工对深入学习核心价值观。

华为的做法是邀请公司高层对核心价值观进行解读，并通过自身的典型案例，让新员工在一种交流和探讨的氛围中学习华为的核心价值观。

新员工如果在技术上暂时无法达到岗位要求，那么可以通过不断学习和练习来加强；但新员工如果在思想层面与华为的价值观不能共通甚至相悖，就很有可能被华为清退，因为无法认同公司核心价值观的人，肯定也无法全心全意地为公司工作。

有一位老华为人分享过这样一个故事：在刚进入华为时，他的第一个项目是跟着前辈一起开发基于交换机的排队机，那时候的工作环境比较简陋，既没有IPD（集成产品开发）流程，也没有实验室管理员，连开发工具都是最原始和简单的C语言（程序设计语言）。在写完程序之后，自己导入CPU（中央处理器）运行，然后等结果出来，看显示结果是正常还是宕机，整个过程就像在黑暗中摸索着前进。

如果显示结果是宕机，就需要一个环节一个环节地寻找其中的漏洞，因为不能确定是哪个环节出了错，他必须逐个调试。白天机器的使用量非常高，他只能等到晚上，那段时间，他几乎天天都是上半夜在机房打地铺睡觉，等到凌晨两三点，其他同事都休息了，他再开始慢慢调试自己的程序。

那段时间里，他忙得昏天黑地，饮食作息极不规律，心里时刻挂念着手上的项目，连吃饭都在考虑如何修复漏洞。与安静闲适的大学生活相比，这显然是社会给他上的第一堂课。但事情也在往好的方向发展，这个项目逐渐走向正轨并顺利完成。做完这个项目，他惊喜地发现，自己的编程能力得到了很大的提升，工作越来越熟练，公司也给予了非常丰厚的报酬，所有这一切让他觉得之前的付出非常值得。

现如今，他已经是华为的"将军"（高层管理者）了。他坦言："我非常感谢当年那个拼命努力的自己，正是那些年的辛苦，才成就了今天的我。这不仅仅是薪资上的回报，更有一种非常特殊的成就感，它让我觉得，我是一个有用的人。"

不得不提的是，在很多企业，公司的高层是非常忙碌的，他们往往没时间与新员工交流，所以很少能看到他们出席新员工的入职培训，一般都是公司的人力资源部门代表公司进行企业文化的宣讲。而华为的企业文化宣讲大多都是华为的核心高管亲自进行的，比如孟晚舟、余承东等人。

这是一个意料之外却也在情理之中的现象，通过高层管理者的影响力来传递华为的企业文化和核心价值观，更能触动新员工的内心，让他们尽快融入华为。

**解读相关的政策和制度**

除了公司的核心价值观之外，新员工对于公司的政策和制度都怀有高度的好奇，比如薪酬福利、股票分配、出差、考勤、职业守则、行业准则等，华为内部称之为BCG（商业行为准则）。

在新员工入职培训中，华为会向新员工传达一些基本的商业准则和道德标准，包括绝对不能触碰的一些红线。这些不只是挂在墙上或者印在纸上，而是真真正正需要每一个华为员工去践行的，否则轻则会影响到个人目前的工作状况，重则对个人的职业前途产生不良后果。

**融入转身**

融入转身是一个承上启下的阶段，是新员工在心理上对公司产生依赖和信任的最重要的阶段。华为为处于这个阶段的新员工准备了新人线路、敞开心扉、总结反馈等融入活动。

初来乍到的新员工对于华为肯定有非常多的疑惑和好奇，华为会围绕新员工最关心的问题展开新人线路活动。华为大学在长期的新员工入职培训工作中总结了若干个新员工最关心的问题，比如怎样快速融入公司、怎样调节工作与生活的平衡、公司的淘汰机制是怎样的、加班情况如何，等等。以这些问题为主题，通过座谈会、交流会等形式，让新老员工充分交流与互动，使新员工在交流中敞开心扉，在了解公司的同时打开自己的心扉。

在交流中，相关工作人员也会将上述问题的答案一一向新员工解释，让其能够尽快适应从校园人到职场人或是从职场人到华为人的转变，进而清晰明确、毫无后顾之忧地融入华为。在交流会结束后，华为大学也会要求新员工就这次培训做一个反馈，了解他们的真实想法，并进行信息的汇总和整理，在下一次的新员工培训中迭代。

华为每年都会招聘超过千名新员工，包括一些高端人才，比如某个行业的专家或是之前就职于某著名公司的高层管理者。针对这部分人群的培训会和普通新员工有所不同。因其在工作经验和专业技术方面比较成熟，所以公司对于他们的培训更侧重于核心价值观的培养。

与刚从大学校园出来的新员工不同，高端人才往往有过若干年的工作经验，之前公司的一些文化深深地影响着他们，要让他们迅速从之前的企业文化中剥离出来，接受华为的核心价值观，肯定需要花费一定的精力。

对于这部分人群，培训内容会调整为"如何在新工作中快速发挥自己的价值""作为一个'新领导'怎么管理老员工"等更加聚焦于高端人才在入职后可能会碰到的实际问题。如果在这个过程中，有些人员不能接受华为的核心价值观，培训负责人就会在培训中快速予以识别并剔除。

华为是一个全球化的公司，有 18.8 万名员工，其中近 1/3 是外籍员工。外籍员工刚开始在华为所占的比例不多，因为文化差异，华为对外籍员工没有做过多的要求。但随着外籍员工越来越多，以及华为对于全球化的理解越来越深刻，现在在外籍员工入职时，华为也会以公司的核心价值观为基础，对员工进行培训。

企业文化是企业的立足之本，无论是中方员工还是外籍员工，都应该熟知和践行华为的核心价值观，这也是华为在全球 170 多个国家顺利开展业务的重要保障，同时使得华为内部员工的交流、沟通都是上下一致、可传承的。

## 岗前实践培训

岗前实践培训是新员工正式上岗前的最后一个培训步骤：新员工要在导师的带领下，真正走向一线，将之前学习的理论知识慢慢付诸实践。针对不同岗位，岗前实践培训的内容和方式会有很大区别。

比如，市场销售类的工作人员，可能会深入基层，切实参与一线销售工作，以此锻炼市场开拓能力；技术类员工的岗前实践培训，从参观生产线开始，通过了解生产线上组装的机器，实实在在地见习产品和生产流程；研发类员工则会在上岗前做很多模拟项目，以快速掌握和熟悉一个工具或一项工作流程。

下面我以研发类员工的岗前实践培训为例，详细讲述一下华为的岗前实践培训。华为研发类员工的岗前实践培训包括三个方面。

**开发流程培训**

华为的新员工在入职的前三个月内，会由质量部组织为期5天的封闭式开发流程培训，这个培训也叫作mini（迷你）项目培训。在这5天时间里，培训讲师会带领新员工完成一个小项目的开发，在开发过程中切实地对公司的开发流程和质量文化进行讲解，在培训结束后公司还会对新员工进行闭卷考核。

通过开发流程培训，新员工能够对公司的开发流程和质量控制体系有一个基本的了解，也能够在这5天内学到处理问题的方式和方法，从而快速融入项目组。

**编程基础培训**

华为对于新员工的考核比较严格，在三个月试用期结束时，新员工必须通过两门基础知识的考试：一是编程基础，二是编程规范。这两门考试以答辩的形式举行，答辩成绩分为A、B、C、D这4个等级，得到D档成绩的员工即表示其未能通过试用期，会被延期转正或者直接淘汰。

编程基础考试：编程基础考试每月举行一次，每人有三次机会，根据语言分为 C/C++ 类（通用程序设计语言）和 java（编程语言）类，考试成绩必须达到 100 分（满分 100 分）才视为通过。

内容主要包含数据结构、C/C++ 编程以及公司总结的在开发过程中容易出错的知识点，如拷贝 / 构造函数、运算符 / 函数重载、虚函数 / 多态、继承、类成员访问控制、对象模型、模板、内存操作等内容，考查点多，试题要比面试时的笔试题难。考试题型为选择题（含单选、多选）、判断题、填空题，试题主要从公司题库中抽取。

新员工在入职的一个月内，会接受 C++ 基础知识培训，主要由研发部门的技术骨干来讲解。平时新员工主要靠自学，考试前部门技术骨干会集中进行一次答疑，解决新员工在自学过程中难以自行解决的困难。

编程规范考试：编程规范考试也是每月一次，每人有三次机会，考试成绩达 90 分（满分 100 分）及格。

华为有专门的编程规范图书，涉及排版、注释、标示符命名、可读性、变量 / 结构定义、可测试性、程序效率、质量保证、代码逻辑 / 编译、代码测试 / 维护、宏等规范，涵盖内容比较多，有 50 多页，相当于员工学习编程规范的专用图书。考试题型为选择题（含单选、多选）、判断题，考试以"编程规范"为依据出题。

就像每个作家拥有独特的行文风格，每个程序员写代码的风格也是不一样的。统一的编程规范能够提高代码的可读性，降低维护成本。有的新员工可能之前编程的基础不牢固，在编写时不注意规范，通过这两个考试，新员工能够巩固基础知识、培养良好的编程习惯，让华为内部的编程方式达到统一，这样更有利于团队之间交流学习。

编程基础考试也是检验员工是否有能力胜任工作的一个重要方式，这是硬性考核条件，这就要求新员工必须主动学习，否则可能面临被淘汰的风险。这项考试的目的不是淘汰员工，而是希望新员工勤奋学习，形成良好的学习习惯。

## 业务知识培训

业务知识就是与项目相关的知识，由经验丰富的项目骨干担任导师进行培训。培训内容主要有三项：一是熟悉项目知识，二是学习经典案例，三是漏洞修复训练。

### 熟悉项目知识

导师带着新员工熟悉整个项目的流程和整体知识，参考项目组的培训资料，然后重点学习某一模块，该模块一般为该导师负责的模块。学习之后，新员工将定期接受检查，每两周或一个月输出学习汇报胶片，并在项目组中进行汇报讲解。

### 学习经典案例

华为的经典案例资源是非常丰富的，有专门的案例库。经典案例都是员工在实际开发过程中遇到的问题和解决方法，通常分为不同类别。通过经典案例学习，新员工可以有效地吸取前人经验，避免和减少同类错误的出现。

**漏洞修复训练**

新员工的工作一般是进行项目维护，项目维护最需要掌握的技能就是修复漏洞。这是一个发现问题并解决问题的过程，在这个过程中，员工通常是带有目的地学习，这样往往更有效率，也更能激发学习的欲望，在一个漏洞被修复后，员工会产生巨大的成就感。在实际的工作中我们发现，修复漏洞对于熟悉项目整体，深入理解模块是非常有效的，经过漏洞修复训练，新员工都能很快独立修改一个模块。

通过三个月的试用期培训，大部分员工能够掌握规模开发软件所需要的基础知识，并养成良好的编程和学习习惯，为以后的工作打下坚实的基础。华为历代新员工的培训结果表明，现行的培训制度是可行的、有效的。

在经过检验之后，华为会组织新员工进行一次交流会谈，让员工明白自己在知识的掌握上还存在什么漏洞，与别人相比有什么差距，以此促使新员工学习，来达到岗位的标准。

比如小王的C语言能力很弱，公司就会安排他通过iLearning平台（一款学习平台）进行专门训练，并在工作中有意识地训练他这方面的能力。一段时间之后，小王会逐渐达到一级水平，然后慢慢向二级进发，这就是一个刻意训练的过程，也是任职资格管理的一个具体表现。

华为的绩效管理机制其实是很残酷的，一切都是看成绩说话。A

和 B+ 之间看起来只差很小的一个档次，在奖金上却相差甚远。华为就是要挑选出最优秀、最努力的员工，一分耕耘才有一分收获，付出得越多，在资源、发展机会、薪酬、股票等各个方面得到的就越多。

在华为的新员工培训理念里，要想让新员工快速融入组织，首先要解决两个问题：一是推动员工产生高绩效，二是让他们认可企业文化。

华为通过三个阶段的"入群"培训，很好地降低了新员工对新环境的不适应性，让员工快速融入团队和工作中。

**不像大学的华为大学**

在华为，每一个员工在进入工作岗位以前，都要接受华为大学的培训。

在成为撰稿人后，我去过很多培训机构，见过不少培训师，但与华为大学相比，它们还是有所区别。不得不说，华为大学作为华为的培训机构，做得非常成功。有些夸张地说，来华为大学之前你就像一堆干柴，在这里很快就能熊熊燃烧了。

关于华为大学是如何对新员工进行培训的，我在前文已经详细叙述过，这里不再赘述。下面，我着重说说华为大学是如何对华为人进行培训与赋能的。

我是 2007 年加入华为的，彼时华为大学刚成立两年，早期华为大学的机制并不像现在这样完善,也是一步一步摸索着前进,而我有幸见证了华为大学一路走来的种种。

目前华为的员工已经超过了 18 万,他们来自不同的国家、不同的种族甚至有着不同的宗教信仰,如何协调这些员工,让他们更好地融入华为这个大家庭,非常考验华为的人才培养部门。不光要让这些员工拥有与华为一致的核心价值观,还要针对他们的个人特点因材施教,这也是一个不小的挑战。

华为大学对于人才的培养,由生疏到熟练,由青涩到专业,不是一蹴而就的,而是经过了一个从量变到质变的过程。针对不同学员,华为大学的培训方式是不同的,在一届又一届的学员身上,华为大学总结了一些独特的培训方式。比如"训战结合""项目制""重装旅""战略预备队"等,这些都是华为大学多年经验总结出来的具体"打法"。

### 人才与组织的"使能器"

华为在人才培养上也经历了一个摸着石头过河的过程。

华为大学每年培训新员工接近两万人,新员工培训工作就像是给一面洁白无瑕的墙壁,画上不同的色彩,俗称"刷颜色"。

为了更好地帮助学员学习,华为大学自主研发了一个专门的学习平台——iLearning 平台,内容涵盖近年来华为积累的几万门课程,包括人才培养项目、干部发展项目和部门自发学习项目等,如图 2-2 所示。

### iLearning 平台：随时随地、简单愉悦

- 15 年在线学习 600 万人次
- 绝大部分项目是混合式学习项目

- 移动学习，装机用户 50 000 人
- MOCC（慕课）实践，20 节课程，开班 80 个，学习人数 20 000 人，参与率 70%

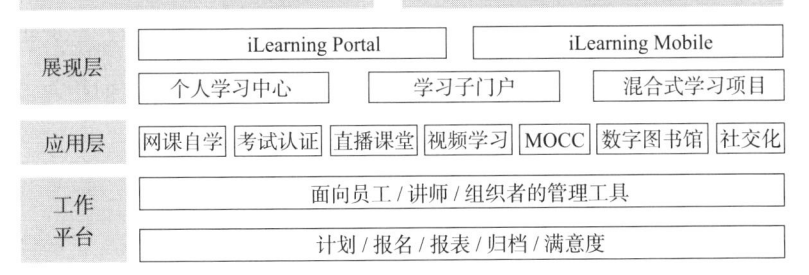

| 展现层 | iLearning Portal | iLearning Mobile |
|---|---|---|
|  | 个人学习中心 | 学习子门户 | 混合式学习项目 |
| 应用层 | 网课自学 \| 考试认证 \| 直播课堂 \| 视频学习 \| MOCC \| 数字图书馆 \| 社交化 |
| 工作平台 | 面向员工/讲师/组织者的管理工具 |
|  | 计划/报名/报表/归档/满意度 |

图 2-2　iLearning 平台

从图 2-2 中我们可以看到，华为大学的培训量是非常巨大的。华为大学以东莞为中心，在全球建立了若干个培训学院，用于开展全球员工的培训工作。

2007 年之后，华为在人才培训方面开始初露锋芒，并逐步形成了自己的方法论，包括一些具体做法，这些对于企业具有一定的借鉴意义。

华为大学于 2005 年挂名成立，成立之初，任正非就要求："华为大学一定要办得不像大学，因为我们的学员都接受过正规教育。你们的特色就是训战结合，给学员赋予专业作战能力。"

同时，任正非将华为大学定位成华为的"西点""黄埔"以及"抗大"。这些都是非常著名的军事院校，培养了大量的军事人才。参照这几所学校的目的很明确，就是要为华为培养成千上万的"将军"。

在培养了这么多届华为人以后，华为大学逐渐在实践中清晰了自己的定位——基于公司战略，作为人才与组织的"使能器"，传承文化、提升能力、总结萃取知识资产，助力公司持续商业成功。

使能器，英文是"enabler"，通俗地说，就是"赋能"，这是近年来比较火爆的一个词。使能器就是赋能过程中使用的工具，而华为大学就是整个华为的"使能器"，对整个华为赋能。

如何赋能呢？华为大学主要从以下三个方面入手：

（1）传承文化。文化是企业的根基，华为非常重视企业文化的宣导，华为大学通过日常培训，向员工传输华为的企业文化，承担起文化传承的重要使命。

（2）提升能力。这里的能力主要是指公司的整体实力，通过个人能力的提升，带动整个组织的能力；通过组织能力的提升，推动公司持续性的商业成功。

（3）对公司知识资产进行总结萃取以及妥善管理。知识和经验是整个公司最为宝贵的资产，如果因整理、收集和管理的缺失造成知识的浪费，那么将是非常可惜的，当年IBM（国际商业机器公司）的顾问就说过，华为最大的浪费就是经验的浪费。华为大学就是提取和保管知识的"使能器"。

华为大学作为"使能器"的工作如图2-3所示。

```
人 →     营养液        → 人（价值观一致、能力合格的人）
知识    （精神、能力）
         使能器           知识（系统化、易学易用的知识）
```

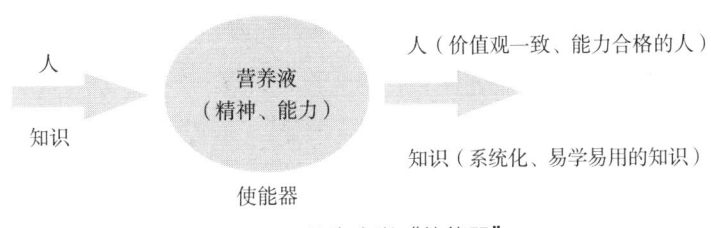

图 2-3 华为大学"使能器"

在进入华为大学之前，人和知识只是单纯的人和知识，而在进入华为大学这个使能器后，经过"营养液"的滋养，人就变成了价值观一致、能力合格的华为人，知识就变成了系统化、易学易用的知识。

在人才培训方面，华为大学所做的事情就是用多年积攒的经验和方法，为新人赋能，使之成为一个价值观一致、能力合格的华为人。首先，个人和企业必须在核心价值观上保持高度一致，才能促进而不是阻碍企业的发展。其次，企业要求个人能力合格，个人能力是工作顺利开展的基础，需要每个人不断精进。

一堆杂乱无章的汉字是没有任何文学价值的，只有把它们按序排列，放在对应的位置，才能变成一篇优美、吸引人的文章。华为大学在知识上的作用也是如此，它将零散、浅显的知识进行系统化、升华式的处理，并对其进行分类管理，这也是对知识最好的尊重。

从华为的组织架构上来看，华为大学是一个提供有偿服务的服务业务集团（Service Business Group，SBG）。BG（业务集团）是华为的组织架构单位，除了华为大学之外，还有像运营商BG、企业网BG、消费者BG等。华为大学从组织架构上也是一个BG，如图2-4

所示，它并不像有的公司一样处于业务部门或者是人力资源下面，而是直接向公司的最高层进行汇报。

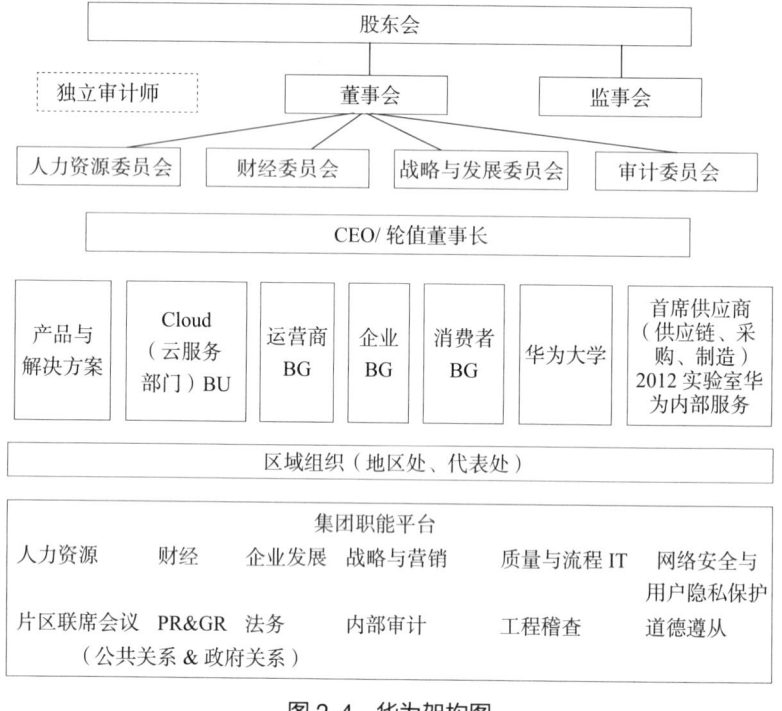

```
                    股东会
                      │
    ┌─────────────────┼─────────────────┐
 独立审计师          董事会            监事会
    ┌──────────┬──────────┬──────────┐
人力资源委员会  财经委员会  战略与发展委员会  审计委员会

              CEO/ 轮值董事长

┌──────┬──────┬──────┬──────┬──────┬──────┬──────────┐
产品与  Cloud  运营商  企业   消费者  华为    首席供应商
解决方案 (云服务 BG    BG    BG    大学   （供应链、采
        部门)BU                           购、制造）
                                         2012实验室华
                                         为内部服务

         区域组织（地区处、代表处）

                集团职能平台
人力资源    财经    企业发展  战略与营销   质量与流程IT   网络安全与
                                                    用户隐私保护
片区联席会议 PR&GR  法务     内部审计     工程稽查     道德遵从
（公共关系 & 政府关系）
```

图2-4　华为架构图

图片来源：华为官网

华为大学内部有一个指导委员会，指导委员会的委员由任正非、华为轮值董事长以及总裁担任。华为大学主要是向内部提供服务，这种服务都是有偿的，比如高管研讨班，学费还比较昂贵。

华为大学进行有偿赋能的目的主要有两个：

一是保证业务部门不会因为无偿利用资源而不认真学习；

二是通过收取费用，强化员工对能力提升的重视。

无偿的资源往往会被滥用，学员不会珍惜学习资源，收费的学习反而更有效果。华为不会考核华为大学的收入，一般这些收入会再次投入使用，用于教师的工资、教学条件的改善、开发能力的提升等。

同时，收费服务也可以检验华为大学的培训质量。华为内部是自主选择培训机构的，可以选择华为大学，也可以自行去外部采购培训。如果华为大学的收入没有增长，那就说明业务部门对其不买单，对其培训不满意，也可能是其培训内容偏离了公司的主航道。如果华为大学的赋能培训能够为员工能力带来显著的提升，那么员工肯定是愿意花钱来购买这份培训的，这也表明华为大学为公司提供了有效的培训，与公司步调保持一致。

## 人才培训的5个"打法"

拳击手在赛场上采用各种各样的打法，有的力量充沛，一举摆倒对方；有的身体灵活，以巧劲制胜。华为在人才培训方面，也总结出5个最适合华为的"打法"。

### 聚焦关键岗位和关键人群

培训对于每个公司来说都是耗费大量人力、物力、财力的"支出型"活动，在华为内部，培训同样属于"稀缺资源"，并不是公司内部的每个人都能得到参加各个培训的机会。对于关键性岗位和关键性人群，华为会着重去培养。

华为大学的"高研班"就是针对中高层管理者人群设立的。这个培训项目一直以来非常受欢迎，很多人甚至请事假、停薪去参加，其培训流程如图 2-5 所示。

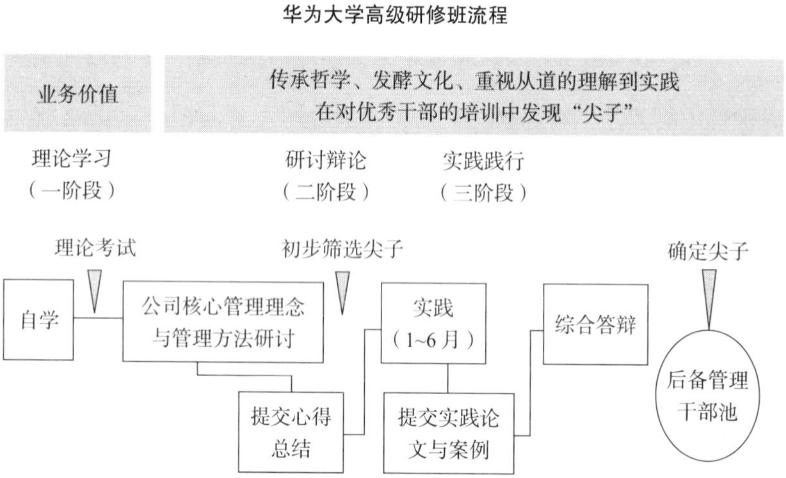

**华为大学高级研修班流程**

| 业务价值 | 传承哲学、发酵文化、重视从道的理解到实践<br>在对优秀干部的培训中发现"尖子" |
| --- | --- |

理论学习　　　　研讨辩论　　　　实践践行
（一阶段）　　　（二阶段）　　　（三阶段）

理论考试　　　　初步筛选尖子　　　　　　　　　　确定尖子

自学 → 公司核心管理理念与管理方法研讨 → 实践（1~6月）→ 综合答辩 → 后备管理干部池

提交心得总结　　　提交实践论文与案例

图 2-5　华为大学"高研班"培训流程

图片来源：华为心声

"高研班"为期 9 天，培训内容除了学习工作知识这样的脑力活动，还有高强度的体力训练活动。在进入正式的学习课程之前，训导员会组织员工分成小团队，进行 15 千米徒步活动。这对于平常待在写字楼里不怎么运动的管理者来说，是一个不小的考验，但几乎没有人放弃，不管是风和日丽还是狂风暴雨，他们都坚持了下来。

紧接着是非常考验学员之间信任度的"风雨人生路"活动，这个活动除了第一个员工之外，其他员工都要蒙着眼睛，在第一位员工的带领下，穿越丛林，走过独木桥等高难度区域，全队成员只有互相协作，团结一致，才能到达终点。

在体力考验之后，就是此次培训的重点——学习阶段。这里的学习可不是之前由培训讲师进行的授课式学习，而是类似于"头脑风暴""开放式会议"的自主学习，学员在课堂上没有别的学习方式，只有"吵架"。高层次的学习往往是思想的碰撞，"高研班"要求学员以公司的核心管理理念及管理方法为切入点，通过自学、小组研究、案例演讲、集体辩论、引导交流等多重方式，最大限度地拓展自己的思维，掌握公司管理的精髓。

在培训结束后，公司会要求每一位学员至少撰写一篇有真实案例为依托的文章，以加强理论学习在现实生活中的分析和应用。文章会在华为内部进行分享，这些文章往往具有深刻的现实意义，对于现存的管理问题、管理漏洞都有很好的揭示及反思，具有很强的可读性。

华为在最初进行人才培训时，追求的是大而全，但经过一段时间的检验，公司发现培训效果不佳。不同岗位的发展序列不同，对于岗位人才培养的优先级也不同，所以培训资源最优化处理的方式，一定是有针对性、有优先级的。关键岗位和关键人群的培养，是整个人才培养战略中最重要的一环。

关键岗位和关键人群包括哪些呢？比如重要项目负责人、人力资源部门的 HR、紧缺型项目对口人才等，范围非常广泛。同时，关键岗位和关键人群随着企业业务发展方向的变动，是不断调整的。华为大学每年都会在作战版图上进行一系列调整，以契合公司当前的发展方向。

### 提升对于管理者群体的培养

管理者群体在华为的发展过程中承担着非常重要的责任，是华为逐渐向更高、更远方向发展的中流砥柱。管理者群体承上启下，管理素质、业务能力跟不上，或是核心价值观念掌握不到位，这些都会对企业产生非常不好的影响。华为从成立之初就非常重视对管理者群体的培养，因此针对这个群体的培训课程也举办得更加频繁。

华为具体的管理者培养体系和培养方法，会在之后的章节中着重探讨，在此不做详细阐述。

### 采用项目制人才培养方略

"项目制"，也叫项目制管理，意思就是像管理项目那样去管理企业或部门。华为有一个"市场青训战略预备队"，其按项目的运作逻辑对跨部门员工进行培训，加强彼此之间的相互了解。

传统的项目开发通常是在设定一个项目后，财务部门、技术部门、人事部门等多个部门共同参与进来，不同部门之间出于自身利益考量或者因为成员之间的不熟悉，不可避免地会存在一定的摩擦，这就提高了管理的成本，降低了管理效率。

而项目制管理会将不同部门的特定人员编进一个团队，在团队经理的带领下，共同完成一个项目。项目管理更注重对项目的范围、时间、成本、质量的管理。

华为将学习、培训当作项目，运用项目管理的逻辑，组建专门的团队来进行某个阶段的人才培养。这样做的好处非常明显：能够全过程集成管理，出现问题马上纠正；各个组成人员权责分明，分工明确；有利于公司控制人才培养的成本；有利于对各责任人进行实时考核……

**加大案例教学力度**

华为大学在员工培训上广泛地采用了案例教学。

华为大学在创办之时，其实并没有贯彻这一宗旨，而是聘请了大量专职老师到华为大学进行授课。专职老师的授课能力很强，但下课后学员普遍反映：课堂上好像听懂了，但回去之后感觉对我的工作没有什么帮助。这就是因为专职老师缺乏实际工作经验，对理论知识研究得很透彻，但没有生动形象的案例来帮助学员理解，脱离了实际业务。

所以在后期不断的发展过程中，华为大学对于人才的培养更加注重案例和实际问题的解决。比如在上课之前，导师会将容易理解的理论知识先放到 iLearning 平台上让大家自学，然后对其进行理论考试，在理论考试通过后员工才能进入课堂学习。这就是一个为课堂上案例学习打基础的过程，在课堂上，老师就不再过多讲解理论知识。

案例教学法的优点主要表现为三个方面：

一是实践性比较强，比如对于软件开发教学，导师可以安排学员先进行自主开发，然后根据学员的开发情况讲解开发方法，这样能够给学员更强的参与感。

二是案例教学法能充分调动员工的学习热情和学习积极性。华为大学的所有教学案例都源于真实工作，说服力强，在教学过程中由学员进行案例讲述，以学员为主角，使学员从被动接受知识转向主动探索知识。

三是有利于提高教师的教学水平。之前照本宣科式的教学方式已经不适用了，这就要求培训教师在日常工作中加强案例的整理和积累，并学会通过案例分析出对应的学习方法，加强总结和点评能力。

华为内部有一个非常庞大的案例库，是华为成立以来慢慢积累的宝贵的学习资源。案例库内容全面而丰富，为华为大学的课堂培训提供了有力的支撑。

**以多种形式助力人才培训**

华为的人才培训形式，除了前文提到的让员工阅读和观看相关图书、电影之外，更多的是采用课堂授课或者自主讨论等形式，以及一些课堂之外的补充教学方式。

很多企业都有自己的 iLearning 平台，主要用于员工之间的学习交流，但有些企业的 iLearning 平台缺乏生气，只有零星的一些学员参与。华为的 iLearning 平台别具特色，它并不是单独运营的，而是结合了华为大学的很多业务活动，有效提高学员的参与度。

比如，有的培训师在课程开始之前，会提前将课程内容放到 iLearning 平台上去，供学员自行下载预习。在课程结束后，有的培训师会将讨论作业发布到 iLearning 平台，供学员在讨论区表达自己的观点。学员也可以将自己工作中遇到的问题发布到 iLearning 平台集思广益。此外，iLearning 平台上也会有许多导师撰写的精品文章供大家阅读学习。这样一来，华为的 iLearning 平台想不活跃都难。

如果说 iLearning 平台是日常教学的一种补充手段，那么 LVC（虚拟教室）就是一个非常好的远程面授工具。线上教学通常效果不如实际教学，因为它采用的是一个单向的互动模式，学生与老师无法实时交流。虚拟教室则解决了这个难题，它将面对面的讲课放到了线上，实现了跨区域的教学资源共享。

华为的员工已经遍布全球各地，公司很难将他们全部集中起来共同学习，虚拟教室打破了时空限制，使华为的人才培养方式更加多元化。

华为在人才培训体系上拥有自己的一套方法，这套方法值得其他企业借鉴学习，但企业应该选取适合自身实际情况的方面去学习，切忌照搬照抄，因为企业只有实现内部吸收和转化，才能将所学转化为自身的硬核武器。

## "磨刀式培训"的三大"利器"

任正非曾在其文章《华为的红旗到底能打多久》中这样写道："华为公司十分重视对员工的培训工作，为此每年的付出是巨大的。原因一是中国还未建立起发育良好的外部劳动力市场，不能完全在市场上解决；原因二是中国的教育还未实现素质教育，毕业生上手的能力还很弱，需要培训；原因三是信息技术更替太快，老员工要不断地充电。公司有多少种员工培训中心，我也不清楚。总之，员工的培训已逐渐形成制度。"

现在很多企业陷入了一种恶性循环：招人—让你做—看你做—发现你不会做—不再让你做—再招新人。在这个循环里，缺乏"指导你做"这一重要环节。

新人在入职企业后如果没有得到及时有效的指导甚至根本没有得到指导，会大大降低工作效率，而企业因没有培训导致新人不能适应岗位需求而对新人予以淘汰，这些都会使得人力资源部门的招聘成本提高，并浪费公司资源。"磨刀不误砍柴工"，华为非常重视"磨刀"这个动作，对人才长期的"磨刀式培训"，能够确保每个华为人能够高效地工作。

华为的"磨刀式培训"主要有三大"利器"："721"法则、照着"镜子"主动学习、7%的时间用于培训，如图2-6所示。

```
                              ┌─ 70% 依靠实践学习
                ┌─ "721" 法则 ─┼─ 20% 通过导师帮助
                │              └─ 10% 来自课堂学习
"磨刀式培训"的三 │                      ┌─ 学习成了华为的一种工作方式
大 "利器"      ─┼─ 照着"镜子"主动学习 ─┤
                │                      └─ 以任职资格为镜子来学习
                │                      ┌─ 平均每年有 7% 的时间用于培训
                └─ 7% 的时间用于培训 ──┤
                                       └─ 不是在培训就是在去培训的路上
```

图 2-6 "磨刀式培训"的三大"利器"

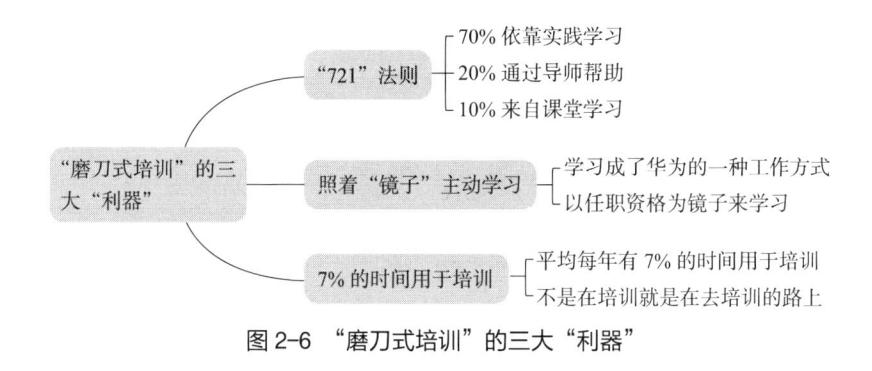

## "721"法则

华为对于员工的培训，向来坚持从实践出发，"实践是检验真理的唯一标准"，最好的人才一定是从实践中培养和磨砺出来的。就像任正非所说："培训要从实战出发，学以致用，急用先学。培训士兵就教炸药包怎么捆，怎么拉导火线，不用讲怎么当元帅。"

单纯的授课式教学在华为的新员工培训中已经不具备竞争力，华为也打破了传统的员工培训体系，在脚踏实地地不断摸索中，引入了新员工培训的"721"法则，如图 2-7 所示。在华为的新员工培训中，70% 依靠实践学习，20% 通过导师帮助，剩下的 10% 来自课堂学习。

70% 需要员工亲身体验学习，比如一堂 C 语言课程，华为通常是找一个小项目，让员工自行开发，在实践中发现和解决问题；20% 是寻求导师的帮助，在看、问、听的过程中收集相关经验，并把这些经验转化为自己的；10% 是课堂学习，这也是非常重要的一个环节，它将大量的实践案例系统化、理论化，帮助新员工建立知识框架。

图 2-7 新员工培训的"721"法则

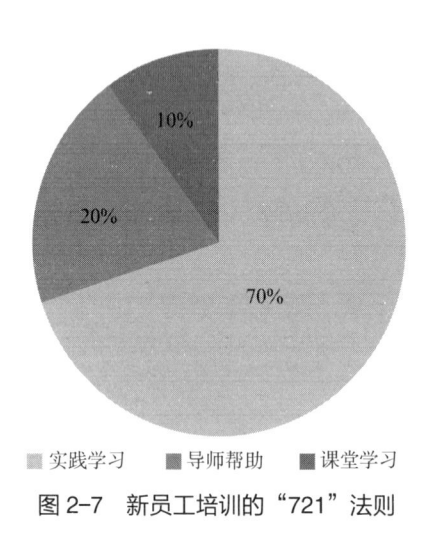

华为的"721"法则并不是死板地要求新员工非要进行70%的实践活动,而是可以在特殊情况下根据各方面的变化做出调整,选择合理的符合该阶段要求的培训内容。

很多企业在新员工入职后,迫切地要求其投身工作岗位,却没有对新员工进行精细的、实践性的培训,这就导致新员工在上岗后,什么都不会做,"721"法则很好地解决了这一问题。

以我的个人经历为例,当年,作为华为即将上岗的秘书,我也经历了"721"法则的洗礼。当时我已经结束入职培训进入试用期了,但在每次开展一个新项目之前,华为都会对我们进行培训。

首先,我会收到该项目的相关指导图书、材料,在三天之内自学完这些材料,然后会有导师在课堂上进行案例教学。在经过自学和观摩这两个阶段后,我被安排用三天的时间进行实战演练,这也就是"7"

的部分。最后公司会对我进行考核检查，看看此次培训是否有成效。

秘书岗位对技巧要求不算特别高，对于技术性人才，实践在培训中所占的比重会更大。任何一门学习，如果只是空谈理论，或者只照搬别人的经验，都是无法落地的。只有实践才能出真知，正是华为的这种培养方式，让我脚踏实地地掌握了秘书一职所需的技能和知识。

新员工就像刚出生的小马，渴望在草原上奔驰，向往快速奔跑时世界都被甩在后头的成就感，但现实是它们连站起来都很困难。眼高手低是现在年轻职场人的一大通病，但这通常不是他们主观选择的。一大原因是他们没有得到真正对实践具有指导意义的培训。想要在任何一个岗位上获得一定成就都是不容易的，无论是秘书、程序员、销售员还是工程师，都需要不断学习，加强自己的基本功，才能成为一个工作思想和实际业务水平相匹配的合格的职场人。

那么，华为的实践培训究竟是培训什么呢？

## 岗位职责和职业化精神的培训

岗位职责，就是从事一个职位所需承担的基本职责。人岗合一、权责合一是华为对于员工的基本要求。岗位职责从表面看似乎是约束了职场人的行为，实则是在激励员工严格要求自己。

职业化精神是一个人在自己所从事职业活动中所表现出来的价值观与态度，其最基本的要求就是不折不扣地完成自己的本职工作。刚入职的新员工或许能够践行明面上的岗位职责，但他们的职业意识往往不是很强，在职业道德和职业素养上需要不断提升。华为在日常工作中，也会潜移默化地向员工传递职业化精神的相关要求。

### 岗位知识和岗位技能的培训

新员工在刚入职场时，往往都是雄心壮志的，迫切地希望能够有一番作为。但由于在岗位知识和技能方面欠缺经验，这时如果硬拼硬撞，必然会磕得头破血流，反而引发畏缩心理，对自己产生怀疑。所以，华为要求每一个员工首先必须"苦练基本功"，只有专业知识扎实，业务能力到位，才能真正在岗位上做到游刃有余。

为此，华为安排了多种形式的培训活动，引导员工与员工之间、员工与导师之间互相学习，互相帮助，力保每一个员工都能稳扎稳打地学好基本功。稳定而高效的工作能力离不开千万次的练习，就像赛场上的运动员，赛场下无数次的练习，才能换来赛场上稳定的发挥。

这种培训方式能够降低企业的人才流失率，提高新员工入职的稳定性，同时能够培养员工脚踏实地、务实求真的工作作风，真正为企业打造一支招之即来、来即能战、战无不胜的"钢铁军队"。

## 照着"镜子"主动学习

除了职业要求之外，华为不会硬性要求员工学习什么，而是提倡员工自觉学习。强迫式的学习往往既浪费时间和金钱，又难以达到预期的效果。任正非曾说过："技术培训主要靠自己努力，而不是天天听别人讲课。其实每个岗位天天都在接受培训，培训无处不在、无时不有。成功者都靠自己努力学习，成为有效的学习者，而不是被动的被灌输者，他们会不断刻苦学习提高自己的水平。"

任正非不光提倡员工自主学习，他自己也是一个非常爱学习的人。作为一家全球500强企业的领导者，任正非每天公务缠身，却坚持每个星期至少读两本书。"逆水行舟，不进则退"，无论是企业还是个人，不学习就面临着被赶超、被淘汰的危机。任正非的好学精神也感染了整个华为企业，正如《华为人》188期中的一篇文章所说："学习成了华为的一种工作方式。"

如何让员工养成自学的习惯？华为的做法是用机制去牵引。就像学生知道高考总有一天会来，运动员知道有一天会站上赛场一样，设定一个目标，会使自学更有动力和效率。盲目地埋头苦学很难凭自觉坚持，而且看不到前景的自学往往更容易半途而废，这时候就需要外界进行一定的督促和干预。

华为的牵引机制，就是华为的任职资格制度。举例来说，华为的软件工程师可以从1级开始做到9级，9级相当于副总裁的级别，享受这一级别待遇。那么员工如何评判自己属于哪个等级呢？华为对每个岗位和级别有着非常详细的任职资格说明。

华为的任职资格说明非常明确地规定了每个级别应该完成的具体任务和具体的工作要求，包括该级别应该掌握的专业知识和技能，以及具体的行为标准和绩效指标。这就相当于在员工面前摆了一个香甜的大蛋糕，激励员工通过自学，不断提升自己的工作能力和素养，不断规范自己的行为方式，向更高的职业要求看齐，从而分到更大块的蛋糕。

以秘书岗位为例，从表2-2我们可以很清晰地看到：华为的秘书分为5级，从1级到5级逐步提升。结合前文我们列举过的秘书任职资格标准模型，我们可以分析得到：初级秘书需要掌握时间管理、文档管理、公司产品介绍等基础的秘书技能，行政助理则需要具备计划与监控、财务基础知识、团队建设等更加深刻、广泛的专业知识。

秘书任职资格标准根据秘书的工作职责分为基础类和助理类。对于每一级别的工作内容、工作要求、绩效表现等，华为的任职资格说明中都有非常详细的介绍，员工可以据此进行自检。比如基础类秘书想向初级行政助理晋升，就需要提升在团队合作、影响力、主动性等各方面的技能水平。

表2-2 秘书任职资格分类

| 标准类别 | 对应行为标准等级 | 对应级别 |
| --- | --- | --- |
| 助理类 | 5级 | 行政助理 |
|  | 4级 | 初级行政助理 |
| 基础类 | 3级 | 高级秘书 |
|  | 2级 | 中级秘书 |
|  | 1级 | 初级秘书 |

任职资格管理的意义在于4点：一是镜子作用，即让员工照出自己的问题；二是尺子作用，即让员工量出与标准的差距；三是梯子作用，即让员工知道自己该往什么方向发展和努力；四是驾照作用，即一旦出现新的岗位，员工可以应聘相应职位。

很多任职要求其实并不是全部通过书本学习获得的，而是在日常工作中锻炼出来的。所以这里我们讲的主动学习并不是要求你待在教室里花大量时间钻研书本，而是通过日常的工作不断总结经验，同样的错误坚决不犯第二次。况且华为的工作非常忙碌，集中的时间并不多，员工要抓住平时可支配的零散时间进行学习。

如何把工作做得更好、如何让客户更满意的过程，其实也是一种学习。以市场销售人员为例，他们每天处理与客户、竞争对手、合作伙伴的关系就足够焦头烂额的，而正是在这个与不同人打交道的过程中，他们会接收到不同方面的讯息，了解不同层面的人的思维方式，也会从别人身上发现不同的闪光点，这不就是一种学习吗？

感恩你遇到的每个人，他们总能教会你一些东西。如果你能够把经历的每件事都当成是一种考验和历练，并主动归纳、总结、反思，就能够通过这些事情，迅速地提升自己的能力。

其实这也是一个良性循环的过程，在工作中，当我们发现问题，带着问题主动去学习时，我们既可以解决眼前遇到的困难，又能通过解决问题的过程加深对知识的理解和应用，让自己在这个良性循环圈内不断上升，使自身的整体实力更上一个台阶。这也正是我们强调的知行合一。

## 7% 的时间用于培训

华为的工作通常忙碌而又充实，每一分钟都非常宝贵。

华为内部的数据统计显示，华为的员工平均每年有 7% 的时间用于培训。这是一个非常惊人的数字，要知道，很多企业每年安排员工的培训时间占工作时间的百分比不到2%。这进一步体现了华为对于人才培养的重视——以绝对的时间占比提升员工的综合能力。

员工的时间其实就是企业的时间，相当于企业的生产力。从短期发展来看，培训貌似耽误了员工当下的工作时间，降低了企业的生产效率。事实上，培训是一种投资，是企业对员工的投资，也是企业对自身发展的投资。这种投资风险小，且回报巨大。员工通过培训，不断地提升综合素质和综合能力，进而不断地提高工作效率，最终促进企业健康、稳步发展。

主动参加培训是华为员工的一大特色，很多企业的员工不太愿意参加培训，一是觉得培训占用了自己当前的工作时间，工作任务无法顺利完成；二是培训多半起不到预想的作用，无法达到立竿见影的效果。

而在华为，员工参加培训似乎是一件特别顺理成章的事情：绩效不达标了去培训，想要升职加薪去培训，想要钻研技术去培训，领导觉得你有潜力也要去培训……以至于很多华为人在私底下会自我调侃：不是在培训就是在去培训的路上。

现在很多人评判一个企业能否令自己长久为其工作的标准通常有两个：一是这个企业能否让自己赚到钱；二是这个企业能否让自己学到东西。为了未来更好的发展，很多员工通常更看重后者。薪水问题是影响人才选择企业的一部分原因，很多企业错误地认为员工提出辞职就是因为钱没给够，因而当员工提出离职申请的时候，企业的第一反应是给员工加薪来进行挽留，但很多时候，员工需要的并不是金钱。

一个企业能否给员工提供良好的学习平台，也是员工选择企业的重要评判标准。80后、90后员工更注重精神层面的发展，更希望通过在工作中不断攻克难关、不断向上攀登，从而更好地实现自身的价值。如果一个企业不能给员工提供相应的学习平台，不能助力员工自我价值的实现，员工很可能会离开企业以寻求更好的发展机会。

与其他大型企业员工流失情况不同，华为的员工对于华为似乎拥有极高的忠诚度。这正是因为华为能够不断地给员工创造"新鲜感"，让员工的求知欲和表现欲都能得到充分的满足。而华为大大小小、各种类型的培训，往往能帮助员工不断地获得突破，发现自身更多的可能，进而满足自身的晋升需求，而且华为的晋升空间是非常广阔的，逐级攀登的成就感也令人着迷。

综上所述，华为占用7%的时间对员工进行培训，非但不是一件吃亏的事情，反而获益无穷，培训虽然投入了人力、物力和时间成本，但收获了更高效的工作产能和更忠实的员工。

# 第 3 章

# 导师制：给每位新员工配备"指导员"

在华为不仅是新员工，所有的员工都有自己的导师。华为员工只要在岗位上一天，就需要别人的帮助。

——任正非

## 我的第一位导师

1993年，对于刚走出象牙塔的我而言，进入华为的那一刻，心情是复杂的，既有刚入职场的欣喜和期待，也有对陌生环境的迷茫和恐惧。然而，在我第一次见到老蒋那张笑眯眯的脸后，陌生环境带来的不好的感觉马上消失殆尽。

在此之前，我只知道相声有"师傅、徒弟"之说，师傅倾囊相授，徒弟韦编三绝。师傅带徒弟是最好的艺术类教学方法。进入华为以后，我也有了师傅，这就是华为的"导师制"。

"导师制"与华为大学培训和岗前培训一样，目的都是帮助新员工尽快从"校园人"转换到"职业人"而专门设立的互帮互助制度。华为有着"一日为师，终身为友"的传统，徒弟和师傅犹如一对"CP"（指人物配对的关系）。师傅不仅关心徒弟的工作，而且还在思想上、生活中帮助徒弟；徒弟对师傅不仅怀有学到技能的感激，而且还在观念上、行为上尊敬师傅。这种师徒关系，精彩地演绎了一代代华为人的工作关系。

在华为，无论你工作多少年，都不会忘记自己的导师，有时候大家在谈论某某人时，也会提及他的师傅是谁、有多厉害，等等。

在句话说得非常好：读万卷书不如行万里路，行万里路不如阅人无数，阅人无数不如贵人相助，贵人相助不如高人指路。的确，对于新员工来说，导师犹如你的职业领路人，一段良善的师徒关系，是你职业观的重要基底。

## 导师选拔的两个条件：绩效好 + 文化好

为了确保华为的新员工在到岗的第一天就有导师带教，华为会在确定好新进人员后提前选拔好导师。华为的"导师制"实行"1+1"，即每个新员工至少有一名导师。这名导师将帮助新员工快速适应工作，帮助他迅速成长为真正的"士兵"。

为新员工找到一位与之匹配的导师并不是一件容易的事，也并不是所有的老员工都能成为导师，因为有两个问题横在新员工和导师之间。

### 老员工不愿意做新员工的导师

大多数员工受"教会徒弟，饿死师傅"思维的影响，认为自己的知识、经验和技能是自己在公司赖以生存的工具，教会了新人就意味着自己没有了竞争力，担心被抢走"饭碗"或者在自己升职加薪时没有核心竞争力。所以很多老员工不愿意带新人，遇到新人来请教问题，总是藏着掖着，不愿意倾囊相授。

对于这一问题，华为采取的方法是"说服教育 + 激励"，奖惩制度双结合。

在说服教育上，华为用了三个"定心针"：

第一个"定心针"是通过宣讲让老员工清楚地知道"导师制"并不是想用新人取代老人，而是为了帮助新员工迅速成长。

第二个"定心针"是通过培训让老员工知道教会徒弟，师傅的成长是双倍的。因为师傅在教徒弟的过程中，自己的视野、格局和能力都会得到提高。一个组织里,永远不缺乏那种掌握了技能的人,缺乏的是愿意分享、愿意提携他人的人。

第三个"定心针"是通过实践告诉老员工,要想当将军,必须从一兵一卒带起,老员工带新员工的过程,就是一个管理的过程,不愿意做或没有做好导师的人是没有资格成为管理者的。管理能力的提升必须从导师工作起步。

同时,华为还要求新员工与导师融洽相处,在请教问题时要虚心、诚心,与导师相处时要用心,以免让导师心生误会。

在这些问题得到解决后,华为再没出现老员工不愿带新人的现象,毕竟,做导师不仅能够提升自己,又能得到奖励,还能锻炼自己的管理能力,何乐而不为呢?

**新人不愿意被老员工带**

如今的员工以90后为主,这些新生代员工中不少人心高气傲,不愿听从前辈导师的指点。有的新员工甚至认为遵循老员工的经验,没有任何创意,毫无成就感。

对于这个问题,华为采取的方法可以用《荀子·劝学》里的一句话来形容:"蓬生麻中,不扶自直。"

首先,华为在给新员工培训时,会强调这份工作的价值,不断地激发新员工的责任感、价值感、成就感,最终帮助他们实现自我管理。很多企业都发三份薪水:第一份薪水是能力薪水,第二份薪水是成长薪水,第三份薪水是价值理念的薪水。

其次，帮助新员工认识到被导师带的好处，比如多了解决问题的途径，使自己的能力更容易得到提高。要知道，一个优秀的人，永远不会拒绝来自别人的指点与帮助。同时，在为新员工介绍导师时，管理者往往会把导师获得的荣誉、取得的工作业绩、优点等一一说给新员工听，目的是让新员工对导师产生崇敬的心理。

这两个方法都是为了给"导师制"创造一个好的环境，让新员工在这样的环境里健康成长。

在顺利解决这两个问题之后，华为开始为每一位新员工选拔导师。导师能够起到言传身教的榜样作用，因此，在导师的选择方面要慎重考虑。在华为，能够被选拔为新员工导师的人必须符合图 3-1 所示的两个条件。

图 3-1　华为导师选拔的两个条件

绩效好主要表现在业务能力上，对于华为来说，绩效好的员工需要具备以下几个条件：

一是诚信和热情，这是华为对员工最基本的也是首要的要求。这种品质之所以重要，是因为它对一个人来说是与生俱来的，如果没有是很难后天培养的。

二是责任心强，有较强的计划、组织、管理、沟通能力，有能力为新员工制订合理的学习计划，安排相应的任务。

三是为人正直，有能力对新员工的工作进行客观评价，能利用各种激励方法引导新员工进步。

文化好主要表现为认同华为文化，能对新员工进行思想引导，愿意听取意见，并为新员工解决思想问题。

只有符合这两个条件的华为人才有资格担任新员工的导师。为什么华为导师的选拔一定要符合这两个条件呢？

这是因为导师相当于新员工的模范，只有绩效好和文化好才能在新员工群体和团队中起到引导与示范作用，为新员工提高工作效率、提升工作能力提供巨大帮助，在工作时传播正能量，传递华为的价值观，推动华为企业文化的建设与发展。

所谓"近朱者赤，近墨者黑"，为了培养出绩效好、文化好的"明星员工"，华为从源头上就开始为新员工选拔绩效好、文化好的导师，用最优秀的人培养更优秀的人，这也是华为设立"导师制"的用心所在。

## 导师要做的三件事：传道、授业、解惑

当新员工在日常工作中遇到困难时，能够最快速、最高效、最有针对性地给他指导，帮助他解决问题的不是人力部门，也不是员工所在部门的管理者，而是直接辅导员工的导师。

### 导师扮演的角色

在华为，导师在新员工的培养中扮演着 7 个角色：

- 教师、教练和辅导员；
- 榜样；
- 能力与潜质的开发者；
- 值得员工信赖的保护人；
- 技术带头人、提携者；
- 提供机会和纠正错误者；
- 思想引导者。

### 导师具体要做的事

在华为，导师要做三件事：传道、授业、解惑。

"传道"主要是指态度层面。通过具体的培训、工作和生活，用职业化的态度引导新员工做一名合格的华为人。具体包括讲解部门的情况，带着新员工认识部门的其他同事；讲解公司的管理制度；乐观、主动、热情，让新员工受到感染；在茶余饭后聊一些公司的历史、趣闻等，帮助新员工全方位了解公司。

"授业"主要指业务层面。向新员工传授技术、技能、流程、工作方法和经验，引导新员工规范做事。具体包括每日沟通和答疑（比如，今天学了什么？有什么问题？）；要求新员工每周总结收获与问题，导师给予反馈；制订试用期辅导计划等。

"解惑"主要指思想层面。做好新员工的思想工作，帮助其解决工作和生活中的一些问题。具体包括缓解新员工紧张和担忧的情绪；解答其业务知识上的疑惑；帮助解决其个人生活中的困难，比如我的导师老蒋在我试用期的时候，帮我解决了租房问题。

## "导师制"的标准化流程

事实上，"导师制"并非华为原创，如今很多企业都在实行"导师制"的培训方式，但能取得明显效果的寥寥无几。为什么华为能够把"导师制"运用得炉火纯青，培养出一批批具有奋斗者文化的华为人呢？

华为的"导师制"之所以能够落实到位，主要是因为华为将"导师制"纳入了标准化流程。

首先，从思想上，全员高度重视。在华为，"导师制"不仅仅是"老员工带新员工"式的培训方法，也是人力资源管理模式中"育才"的关键一环。对于新员工来说，"导师制"能够帮助他们更快地融入华为的团队；对于企业的基层管理者来说，"导师制"能够辅助他们高效地培养出带有华为基因的优秀人才，提高各个层级的执行力；对于企业的中高层来说，"导师制"能够让企业通过导师的决策指挥、管理方法、领导力等，培养大量优秀的管理者。

其次，从操作上，制定一套制度确保"导师制"落地。其中包括对导师的激励制度、奖惩制度、考核标准、导师工作流程等，导师工作流程如图 3-2 所示。

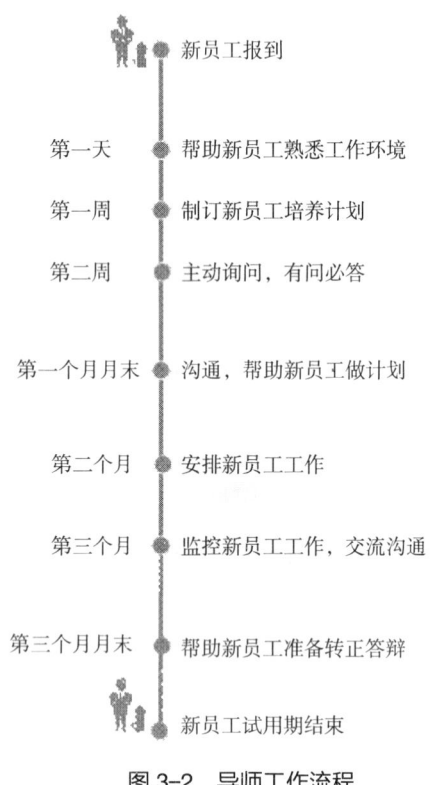

```
新员工报到
第一天         帮助新员工熟悉工作环境
第一周         制订新员工培养计划
第二周         主动询问,有问必答
第一个月月末    沟通,帮助新员工做计划
第二个月       安排新员工工作
第三个月       监控新员工工作,交流沟通
第三个月月末    帮助新员工准备转正答辩
              新员工试用期结束
```

图 3-2 导师工作流程

值得注意的是,华为对导师的考核十分严格。导师必须承担起培训、培养新员工的责任,一旦新员工出了问题,导师必须承担相应的责任。

下面以我的个人经历为例,说说我在"预备兵"阶段,导师老蒋是如何带我的。

## 提醒新员工做好充分准备（前三天）

初次见面时，老蒋提醒我，进入华为后要做好一切准备。比如，每天佩戴好公司发放的工牌，仪容仪表要符合公司的要求等。从报到的第一天起，老蒋每天提醒我要做好哪些细节。他告诉我，虽然这些都是小事，但这也是新员工融入华为的关键所在。

## 帮助新员工了解部门的情况（第一周）

在我进入华为的第一周，老蒋向我逐一介绍了部门的同事、部门的组织结构、工作环境、工作流程、相关业务进度及其他相关业务的同事。

老蒋在为我介绍同事的时候，不只是简单介绍同事的职务、姓名，在每天中午一起吃饭时，他还会向我介绍这些同事的性格、兴趣爱好，与他们相处的方式等。

有了老蒋的这些"小道消息"，我在一周内很快就融入了部门，与同事相处得非常融洽，完全看不出我是一个刚进华为的新员工。

同时，在这一周，老蒋根据部门对工作岗位的需求和我的实际情况，为我制订了详细的月度培养计划，如表3-1所示。

表3-1 月度培养计划

| 时间 | | 学习内容 |
| --- | --- | --- |
| 第一周 | 第一天 | 企业文化，仪容仪表要求 |
| | 第二天 | 熟悉工作环境，熟悉部门同事和组织结构 |
| | 第三天 | 熟悉工作流程，熟悉周围同事 |
| | 第四天 | 每日三问，沟通、检查 |

(续表)

| 时间 | | 学习内容 |
|---|---|---|
| 第一周 | 第五天 | 学习工作内容，演练工作内容 |
| | 第六天 | 对前五天学习的内容进行回顾、演练 |
| | 新员工填写 | 是否完整了解以上内容：□是　□否<br><br>新员工签字：　　　　　　　　日期： |
| | 导师填写 | 对新员工一周表现评价：□A　□B　□C<br><br>导师签字：　　　　　　　　日期： |
| 第二周 | 第一天 | …… |
| | 第二天 | …… |
| | 第三天 | …… |
| | 第四天 | …… |
| | 第五天 | …… |
| | 第六天 | …… |
| | 新员工填写 | 是否完整了解以上内容：□是　□否<br><br>新员工签字：　　　　　　　　日期： |
| | 导师填写 | 对新员工一周表现评价：□A　□B　□C<br><br>导师签字：　　　　　　　　日期： |
| …… | …… | …… |

## 每日三问，有问必答（第一个月内）

为了帮助我迅速成长，尽快适应工作内容和强度，老蒋规定我每天至少要向他提三个问题，他会在每天下班前的某个时间段集中给我解答。为了这三个问题，我绞尽脑汁，把工作中能想到的问题都罗列出来。有时我的问题他回答不上来，他就会和我一起去学习，去寻求解答。

在试用期内，"每日三问"让我的工作能力迅速得到提高。后来，我自己在带新员工时，也把老蒋的"每日三问"用到了新员工身上。这个方法很有效：一是能引导新员工思考问题；二是及时解决了新员工遇到问题不敢问的毛病；三是面对新员工各式各样的问题，导师在解答过程中自身能力也得到了提高。

**修正"培养计划"，沟通检查（第二个月）**

一个月后，老蒋对我的培养进入第二个阶段，他根据我第一个月的学习情况，调整了"培养计划"，并针对我的学习和工作情况进行沟通、检查。

**职业观的形成（1~3个月）**

在刚进入华为时，我就是一个愣头青，只知道认真做事，对于工作的认知几乎等于零。老蒋除了教我工作上的技能，也培养我良好的工作观。比如，老蒋告诉我"先做人，后做事"，在工作中要以诚立德、以才辅德、以微积德，只有这样才能积累自己的人际资源和人品，让自己一直处于良性循环之中，最终形成崇高的品德，成就伟大的事业。

老蒋传递给我的这种工作观一直影响着我,让我受益终生。虽然我现在已经离开了华为,但在创业的过程中,我获得了很多人脉资源,这些都是我在"做人"方面长时间积累下来的。这些都是老蒋带给我的最好的职业观,具有很大的溢出价值。

### 给予新员工鼓励(1~3个月)

在刚进华为时,我有一段时间比较迷茫,觉得自己的能力跟不上工作节奏。这时,老蒋跟我说:"你已经做得很好了,只要再坚持一下,努力一下,很快就能适应的。"正因为有了老蒋的鼓励,我才有信心在华为坚持下来。

### 帮助新员工完成转正答辩(第三个月)

到了第三个月,也就是在试用期快要结束时,老蒋填写"培养工作总结",对我的工作进展做出书面评价,并对我能否上岗转正提出意见。这份书面评价是华为考核评价导师和新员工工作的依据之一。

直到现在,我还记得老蒋给我写的那句转正寄语:"只要你每天都有一点进步,那么等你3年、5年、10年后往回看,你会觉得你的一生是何其精彩。"

## 全员导师制:熟悉引领陌生,传承经验

如果你认为华为的"导师制"仅仅是为了带新人,那你就想得太

简单了。华为的"导师制"和许多企业的"师徒制"有相似之处，又有不同之处。相似之处在于两者都是为了促进新员工迅速成长，从"校园人"转变成"职业人"；不同之处在于华为在传统"导师制"的基础上进行了创新，开发出一种全方位的"全员导师制"。

什么是"全员导师制"？

骏马能历险，力田不如牛；坚车能载重，渡河不如舟。每个人都有自己的长处和短板，所谓"全员导师制"，就是说所有的华为人都有可能成为导师，也都需要导师的指导和帮助。不光是新员工有导师，所有的老员工都有导师。

而且在华为，每个人的导师不止一位。"全员导师制"明确规定：凡是刚刚调整到新工作岗位的老员工或者中高级干部，都要安排一位导师帮扶。有些老员工资历深，工龄时间长，级别也非常高，但只要调动到一个新岗位，华为都会给他们安排导师。这个导师并不一定比这些老员工资历深，甚至有的职位比老员工低好几个等级，但他们一定在这个岗位上拥有雄厚的实力，完全能够教导"新来的"老员工。

我在华为工作的几年里，也担任过不少人的导师。最让我记忆深刻的是，有一次领导安排我带一个职务级别比我高三级、年龄比我大8岁的主管。

一开始我心里有些发怵，担心自己不能教好对方，更害怕自己在什么地方不小心"得罪"了他。事实证明是我多考虑了，在华为"全员导师制"的体系下成长起来的华为人，早就对这一制度习以为常了。在为期三个月的导师帮扶中,他谦虚好学,有什么不懂的地方就会放低姿态来向我请教,快速适应了新的工作岗位,我也从他身上学到了很多其他技能,这是一个共同成长的过程。

总结一下,华为的"全员导师制"主要有如图3-3所示的几大特点。

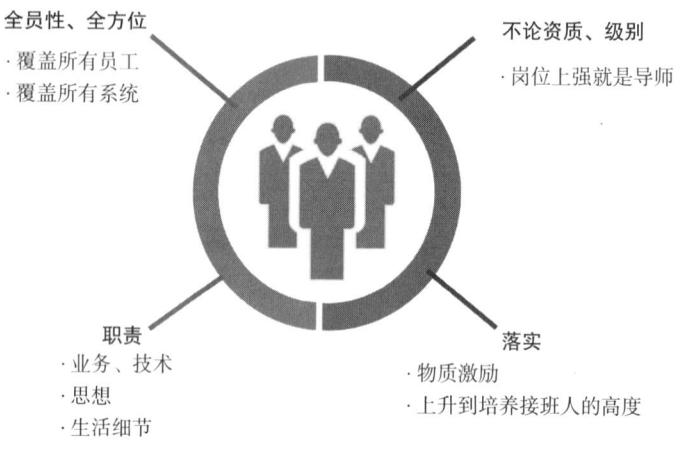

**全员性、全方位**
· 覆盖所有员工
· 覆盖所有系统

**不论资质、级别**
· 岗位上强就是导师

**职责**
· 业务、技术
· 思想
· 生活细节

**落实**
· 物质激励
· 上升到培养接班人的高度

图3-3 华为"全员导师制"的特点

## 公司最大的浪费就是经验的浪费

华为为什么要在传统的"导师制"上进行创新,实行"全员导师制"呢?

事实上,华为的"全员导师制"已经超出了员工培训的范畴,更摆脱了仅适用于新员工的局限,通过这种方式将员工连接起来,成了具有华为特色的人才战略和管理战略。

"全员导师制"最大的意义就是在导师和"学生"之间建立了"导学"关系。

根据学生的需要,对学生的思想、学习和生活等各方面进行指导。导师和学生在"一带一"的模式中交流,自然而然地形成密切的情感联系,在此基础上,导师更容易放下戒备,改变"教会徒弟饿死师傅"的固有观念,愿意将自己掌握的知识和经验倾囊相授。

而学生在学习的过程中,不仅学到了专业知识,还感受到导师勤奋刻苦、专注认真等精神。这就形成了一种华为式的传承,将前人丰富的经验继承下去,并加以创新和扬弃,这正是华为蓬勃发展的不竭动力。

知识、经验和人才相辅相成,如果一个老华为人在离开公司时带走他的所有经验,那么这对于华为来说是一种巨大的损失。而"全员导师制"很好地减少了华为经验和知识财富的浪费。

华为一直以来都非常注重知识的传承,"全员导师制"在教和学的过程中,将华为的精神财富很好地传承下去,使之历久弥新。

"全员导师制"不仅减少了华为内部经验的浪费,还拉动了华为整体水平的提升。并不是每一个华为员工都能够带好学生,这其实对导师有很高的要求。导师是学生的榜样和标杆,为了更好地发挥榜样的作用,导师必须首先提升自己的专业水准,并严格要求自己,这就会使得导师在这个过程中发现自己的不足并加以改正,从而使自己在知识的掌握、经验的总结和理论的应用上更加熟稔。

同时,导师的认真也会影响到学生,学生也会在导师的严格要求下逐渐学会专业知识，掌握工作中的技巧和经验。长此以往，这些学生在成为导师后，也会乐于将自己的经验传授给下一代学生，这就形成了一个非常良性的传递关系。

与我一起加入华为的王丽，经过6个月的新员工培训，正式成了研发部的一名员工。工作初期，王丽缺乏相应的工作技巧，常常不能按时完成工作任务，为此还挨过部门领导的批评，她及时总结经验，跟着导师学习，逐渐成了研发部的业务骨干。

后来，领导开始安排王丽帮带新加入研发部的员工。有的员工接受能力强，能够很快领会她的意思，王丽就放开了让他去干，使之在实践中加强对理论知识的理解；有的员工属于慢热型，接受新事物和人所需的时间比较长，王丽就会转换教学思路，耐心地一步一步引导他尽快进入状态。

在华为，还有成千上万个王丽一样的员工，他们不断成长，由学生变成导师。

如果一个企业的员工都各干各的，从不分享和交流工作经验，也没有任何的知识传承渠道，那么我们难以想象这个企业在新员工的培训和成长中要走多少弯路。更何况，新一代员工的个人意识都很强，离职是非常普遍的现象，如果一个经验丰富的老员工离开企业，他所掌握的技能和经验没能在企业传承下来，这些宝贵的东西随着他的离开而流失，那么这将是非常可惜的。

很多时候前辈的经验并不是一种过时的、陈旧的观念，而是通过不断实践得到的丰富的精神瑰宝。如果有的企业在新员工培养和老员工维系方面存在很大的误区，那么不妨学习一下华为的"全员导师制"。

## 用机制保证成效

为了保障"全员导师制"顺利、有序地进行，华为推出了相关的制度，包括导师激励制、导师考核制、师徒保证制等。这些机制有力地促进了"全员导师制"的实施与落地。

### 导师激励制

虽然"全员导师制"是硬性制度，要求每一位员工都参加，但为了安抚老员工，也为了"全员导师制"能够落实到位，华为在每个月会给导师发放300元的导师费，并且定期评选"优秀导师"，获得"优秀导师"称号的员工可以获得500元奖励。

导师的考核分为过程和结果两部分，有优秀、合格、不合格三个等级。考核一个导师是否优秀，最主要的就是看其学生的成绩。

首先，考核学生的工作表现和业务水平是否有所提高；其次，根据导师的培训档案来进行考核。培训档案包括导师与学生的沟通记录、导师为学生列出的目标和要求等。

优秀导师则是由专门的答辩委员会根据上述两个指标的考核结果，结合导师自评、学生对导师的评价以及周围同事的意见来共同评定。

下面是各等级导师的评判标准：

优秀。导师标准：导师认真负责，教导过程记录完备，获得学生及周围同事的高度认可。学生标准：学生工作进步明显，业务能力提高迅速，能快速融入工作环境，遵守公司各项规章制度并无违纪，认同公司价值观，并且在实习期结束后能够完全自主地接手工作。

合格。导师标准：导师工作符合程序和流程，教导过程记录基本完整，学生和周围同事予以认可。学生标准：学生工作能力和业务水平有所提高，能够融入工作环境，无重大违反公司各项规章制度的行为。

不合格。导师标准：导师教导过程记录不完整，没有与学生进行沟通。学生标准：学生工作能力和业务水平没有有效提升，不能融入工作环境，不认同公司文化，工作不安定或出现重大违纪事件，新员工在实习期满后不能独立开展工作。

被评为"优秀导师"的员工，除了能够获得500元现金奖励，非管理者的导师，还会进入"后备干部队伍"培养计划；考评合格的导师，继续担任导师工作，力求不断进步；考评结果不合格的导师将被直接撤销导师资格。此外，考评结果直接与导师的绩效考核和年终评定挂钩。

## 能力导向制

不管是选拔干部还是导师考核，华为都强调：不论资排辈，一切以个人能力为准。就算是刚毕业一两年的员工，只要能力强，或者在某一领域表现突出，就有机会成为导师。对于刚入职不久的员工来说，能够成为导师是公司对其工作能力最好的认可。

**责任连带制**

基于责任连带制，学生在出现问题后，责任由导师承担，问题非常严重的，导师还有可能因此失去升职的机会。因此这个制度督促导师要时刻关注学生的情况，承担起培训和培养学生的责任，与学生密切联系。

**晋升激励制**

华为领导层中的每一位都担任过导师，因为华为有一个硬性晋升条件：没有担任过导师的员工，不得提拔为行政干部；不能继续担任导师的员工，不能晋升。导师教导学生这一形式，也能侧面反映出一位员工能否担起管理的重任。

王刚是华为网络工程部的一位老员工，入职十几年了，认真好学，技术过硬。由于公司发展的需要，王刚先后被安排到 7 个职位任职。

频繁地转换岗位其实对员工的要求非常高，好在华为的"全员导师制"让王刚不论调到哪个岗位，都有相关岗位的导师帮助他。在几次转岗之后，王刚跟着之前的各位导师学到了非常多的适应技巧，之后他无论调任到哪里，都能非常快地融入新环境。

在面对挑战时，除了他人的帮扶，自我的调节才是最重要的。调岗不光是对个人技术和适应性的考验，也是对员工心理的考验，这就要求员工要有迎难而上的精神和强大的自信心。

很多华为人就是这样一步一步成长过来的，透过他们的事迹我们可以发现：公司提供的平台和制度是我们发展的现实基础，但更重要的是我们自己要花精力深入探索，听从导师的意见，化平庸为神奇。

## 转正答辩通过：我成为一名正式"士兵"

华为的试用期是 6 个月，要想成为正式员工，就必须通过转正答辩。在转正答辩之前，会有一次预答辩，在试用期三个月的时候举行。转正答辩是每一个华为员工都需要经历的，答辩成绩和员工转正之后的绩效直接挂钩。

### 我的预答辩

三个月的时间说长不长，说短不短。在这段时间里，毫不夸张地说，秘书的技能已经被我学得炉火纯青，虽然不擅长表达，但我人缘不错，与同事、导师、上司都相处得比较融洽，所以自己内心还是有些小窃喜，自觉这次答辩应该没有太大问题。

预答辩前几天，HR 就通知了我预答辩的具体时间，我便开始紧张地准备起来，虽然还算有信心，但一定要准备充分。预答辩的委员会由我的直属上司 Sam、部门的另一个管理者老姜、华为大学人力资源部门的领导、一个 HR 专员和我的导师老蒋组成。

由于我基础知识掌握得比较扎实，所以预答辩前的准备工作比较顺利。

在正式预答辩的时候，我虽然有些紧张，但由于准备到位，我在进行自我介绍和汇报这三个月的学习情况、思想情况时，淡定从容，表达清晰顺畅且有逻辑，委员会成员面露赞许。

但接下来发生的事情令我有些招架不住了。Sam 和 HR 开始向我进行问题轰炸，比如"你的职业规划是什么？"，"你觉得你现在的工作有什么意义？"，"如果受到不公平待遇，你会怎么办？"，等等，一系列尖锐而复杂的问题向我涌来，由于之前并不知道答辩的内容，所以我根本没有准备这一方面，表现不是很好。

预答辩直接将我之前的自信击垮了，也让我发现自己还有很多不足之处。这令我非常沮丧，答辩完我一个人饭也没吃，坐在座位上发呆。老蒋走过来安慰我说："你知道为什么要进行预答辩吗？就是帮助你发现问题。预答辩结果不计入考核成绩，只要你能吸取今天的经验，在正式答辩时好好发挥就可以了。"于是我振奋精神，将自己在预答辩时遇到的问题充分总结。

预答辩让我明白了一个道理：不管是答辩还是面试，一个真正淡定、冷静、有能力的人，绝不会因为考官的问题过于刁钻和尖锐而失利，谈吐来自阅历，如果自身坚不可摧，那么你根本无惧风吹雨打。

在经历过预答辩的敲打之后，在接下来的三个月里，我沉下心来，更加努力地学习工作中的知识。老蒋意识到我在行政事务上的练习不够，开始频繁地给我安排相关工作，试用期的后三个月，我的工作量比前三个月翻了一番。

## 风云答辩

众所周知，科举制度分为乡试、会试和殿试，难度逐级递增，连中三元者古往今来寥寥无几。华为的答辩就类似于当时的殿试。

正式答辩的委员会成员和预答辩时一样，但是为了避嫌，老蒋在整个答辩过程中不能说话。

在预答辩结束后，我在心里无数次演练了答辩的场景，对着镜子锻炼自己的表达能力，在正式答辩时，我已经不太怯场了。

同样是自我介绍及工作和思想汇报，由于准备充分，这次我滔滔不绝，讲起来神采飞扬，一不注意语速也跟着快了起来，以致HR领导提醒道："你别说得这么快，我老了，反应不过来。"我不好意思地笑了笑，放慢了语速。

紧接着HR领导就我的工作提了几个问题，之后就轮到Sam对我进行问题轰炸了，问题内容和预答辩有所不同，但强度丝毫不减，好在这次我准备充分，回答起来还算顺利。HR专员性格比较冷峻，和我在业务上的往来也不多，只提了一些基本问题，可以说给大脑飞速运转的我来了一点儿缓冲。

转正答辩看似是考官对员工提出大量繁杂的问题，其实这些问题的核心离不开工作态度、作业能力和工作绩效这三个方面。

工作态度包括责任心、合作性、主动性、纪律性、自我提高的热情、基本行为准则等；作业能力主要指业务能力，包括学习接受能力、解决问题能力、应用创造力、协调能力等岗位必需的能力等；工作绩效指员工能否按时保质保量地完成工作或学习任务，并达成每月的改进目标。

　　这次答辩比预答辩的氛围轻松许多，大家对于我的能力也给予了充分的认可，评价我是一个努力并且符合"华为气质"的姑娘。招我进来的上司 Sam 也笑道："看来我没看走眼，你身上确实有着优秀秘书的潜质。"这令我非常开心。

　　答辩后我出了一身汗，却也感觉一身轻松，走出答辩室的时候我还听到大家在商量应该给我多少分。老蒋追出来告诉我，我答得挺好的。我在心里沾沾自喜，觉得应该能获得 A，怀着激动的心情，还给家里打了个电话。妈妈很为我自豪，也告诫我说，就算得不到 A 也不要气馁，只要能够转正就非常好了。

　　三天后，老蒋告诉我答辩成绩出来了，但是不是 A，而是 B（那时候还没有 B+）。他怕我失落，强调道："虽然是 B，但你的分数还是非常高的，是 B 档里的第一名，你的能力我们有目共睹，我相信你在今后的工作中一定能'乘风破浪会有时，直挂云帆济沧海'。"

　　对于转正答辩的等级，华为有非常明确的标准，共分为 5 级：A、B+、B、C、D。

　　A：杰出。各方面表现突出，尤其是工作绩效方面，远远超出公司对试用期员工的要求。

　　B+：优秀。各方面都表现优秀，大幅超出公司对试用期员工的要求。

　　B：良好。各方面表现良好，基本超过公司对试用期员工的目标要求。

C：合格。达到或基本达到公司对试用期员工的基本要求。

D：不合格。达不到公司对试用期员工的基本要求。

原则上，华为对于答辩成绩为 D 的员工，会取消其试用资格，且公司不再聘用；对于得到 C 的员工，根据实际情况，确定给予其正常转正或是延期转正（延期转正就是再给予员工一段试用期，在这段时间里对其进行重新评价，最后得出他能否转正的结论）的决定；得到 A、B+、B 的员工，公司予以正常转正。

拿到 A、B+、B 的员工都是华为公司认可的，可以参与年终奖和股票分红。能够得到这三个成绩的员工，在华为占了大多数。华为有一个非常高明的地方，就是认可大多数。让大多数员工享受到福利，这样才能维持公司的稳定。

虽说 A、B+、B 这三个等级都属于合格，但工资和待遇差距还是挺大的，所以员工对于自己能不能得 A 非常在意。但你到底被评为什么等级，是由答辩委员会讨论决定的。首先答辩委员会的每个成员将自己考评的员工进行排序，然后交由委员会的首长也就是 HR 领导，将每个项目组的每位成员的成绩按照顺序排列在一起后，对处于临界位置的员工进行集体讨论。

A 档的最后一名需要和 B+ 档的第一名进行比较，这样就能看出每个组的成绩之间的差距，如果 B+ 档的第一名表现优于 A 档的最后一名，那么答辩委员会可以直接替换 B+ 档第一名的员工获得 A 档成绩。

一般来说，答辩委员会除了对临界位置的员工可能有异议，对其他员工的表现的评价一般和排序差不多。也有特殊情况，比如有的员工平常工作表现很好，但在转正答辩时发挥不好，这时答辩委员会就会组建一个集体复议，对这位员工进行重新评定。实际上大家通过平时的工作对一个人已经有一定的了解，更何况转正考评是多人共同裁定，所以这种规则还是非常公平的，这也体现了华为"不让雷锋吃亏"的理念。

没有绝对的公平，但是要尽可能公正。华为的转正考评也是如此，虽然其将员工按答辩成绩分成了三六九等，但大家并没有不服气，毕竟人外有人，比自己优秀的人太多了，只能在今后的工作中继续努力，争取获得更好的成绩。

直到此时，我才暂时放下心中的担忧，从一个"预备兵"转成一名正式的"士兵"。

转正答辩犹如战斗时的枪声，枪声一响，士兵就要进入战斗状态了。

# 第 2 部分

"士兵"(1~3年)

# 第4章
## 不让一个新士兵变成一个"兵痞"

要摆正自己的位置,不怕做小角色,才有可能做大角色。

——任正非

## 你见过凌晨两点的华为吗？

在写这本书的过程中，我采访了很多"前华为人"，在回忆起当年在华为焚膏继晷的日日夜夜时，大家都不约而同地提到了加班。貌似每个华为人的记忆，都绕不开加班。这是我们的骄傲，也是现在最温暖的回忆。

你见过凌晨两点的华为吗？大部分华为人都见过。

凌晨两点的华为，安静、神秘，仿佛孕育着无限的可能，只等太阳的升起。站在坂田华为的园区内，透过林荫，可以看到外面街道上零星来往的车辆。

大多数华为人一天的流程是这样的：

8:10 早餐

8:30 投入上午的工作

12:00 午饭

13:00~14:00 午休

大多数人会在晚上 20:30 时休息一会儿，领取免费夜宵，吃完夜宵，继续在办公室加班，有的人会加班直到凌晨，有的人会直接睡在办公室里。

在第 344 期《华为人》，有一篇题为《最美的烟火——夜华为》的文章，用漫画的形式直观地画出了华为的夜晚。

在网上，我经常看到有文章批判华为的加班文化，说华为人的加班都是被逼的。这实在是一种误解。

在华为工作的几年里，我没见过一个华为人加班是被逼的。"蓬生麻中，不扶自直"，从进华为大门的那一刻，华为人那种奋发向上、努力工作的劲头会时刻感染你、环抱你、紧逼你，时刻影响着你，督促你为了理想而去奋斗。华为就是这样一个炼金的实验场。

初入职场的"新士兵"，都是积极、向上的，往往8点上班，7点半就到了，晚上下班后还主动加班，但当一个"新士兵"变成一个"兵痞"，他可能就慢慢缺乏活力与激情了。当一匹马从"战马"变成"懒马"，最后变成"病马"的时候，惰怠与散漫一定会像传染病一样在马群中扩散。

所以，对于"新士兵"的管理而言，华为要做的就是不让一个"新士兵"变成"兵痞"。如何做呢？首先就是让新人拥有华为人的工作态度。

在华为，员工对待工作的态度，会实实在在影响员工的业绩、员工的格局，从而影响其命运。

华为人有哪些工作态度呢？我在其中选取了三个对我有深刻影响的和大家分享。

### 干一行，爱一行，专一行

刚成为"新士兵"的我，本职工作开始慢慢增多，行政、人事、日报、月报，加之大小会议，我常常忙到凌晨，才拖着困顿、疲惫的身体回到出租房。

秘书这个岗位虽然没有特别高的技术要求，但工作内容极其繁杂和琐碎，比如处理部门员工的行政事务、撰写会议纪要、承担宣发工作，甚至还要做一些人事和财务的工作，这些工作虽然很累，却激起了我的挑战欲，我在做这些工作的同时，也强化了对各种工作技能的理解和学习。

"我成为华为的秘书，我热爱我的工作，我正在朝最专业的秘书努力。"这是我在月会上对我成为"新士兵"后做的自评。

华为对工作部门和工作岗位的划分非常细致，这也就决定了华为是一个非常"专"的公司，每个人把自己职责范围内的事情做好就可以了，不需要遍地撒网，所以华为人通常都会把自己的本职工作做到极致。

在华为制造部有一位有名的优秀员工——王君，他的故事在华为内部一直被传颂着。

王君是华为制造部的一名技术工作者，他的工作内容就是观察手机生产的每一道工序并从中提炼可以改善生产的机会点。

手机的生产加工过程非常精细，许多专家表示，手机生产要像绣花一样。但是这样一来，手机生产的成本就会大大增加，王君的工作任务就是将生产业务简化，进而提高手机生产的效率。

为了更加细致地观测手机生产的每个环节，王君将手机生产的过程拍摄下来，然后再一帧一帧地慢速循环播放，专注地观察生产过程中的每一个动作，比如取放、调整、移动等。在反复观看的过程中，他将生产过程中的伸手、抓握、放下等动作的时间精确到零点几秒，最终找到可以改善的地方。

经过细致观测，王君发现了一个规律：手机组装同轴线的时间是35.92秒，与全流程统一生产时间之间存在着7.11秒的时间差。这看似微不足道的7.11秒是怎样被发现的呢？每移动一帧画面，王君就必须按一下电脑左键，移动一帧画面需要0.03秒，那就意味着在35.92秒内，王君需要快速连贯地点击电脑1 197次，并且不能出现任何差错。

与此同时，王君每查看一个数据就需要在表格上记录一次，这项工作容不得一点马虎，需要全身心投入，一个工序的录像观测下来，王君常常头昏眼花、全身酸痛。

王君在不懈的努力之下，一共找出了手机生产过程中的300多个改善机会点，比如，工人移动取料浪费0.64秒，弯腰放空托盘浪费0.40秒……这些细小的发现，单看微不足道，但如果将这些问题合理改善，能够直接将这一流程的作业时间从35.92秒降至27.30秒，相当于整个生产过程提速8.62秒！对于很多人来说8.62秒可能不值一提，但对于一个企业和一个工序来说，这是一次飞跃，能大大降低生产成本，提升工作效率。

王君的重大突破，离不开他始终如一地专注于工作的每一个环节和每一个细微动作，这也是他能够取得常人不能取得的工作成就的原因。

中国人民大学教授彭剑锋在2015年时与任正非开展了一次谈话，

当他问到华为为什么能取得成功时，任正非是这样回答的：

华为没那么伟大，华为的成功也没什么秘密！华为为什么能成功？华为就是最典型的阿甘，阿甘就一个字：傻！阿甘精神就是目标坚定、专注执着、默默奉献、埋头苦干！华为就是阿甘，认准方向，朝着目标，傻干、傻付出、傻投入。

在华为看来，如果不能完全做到"干一行，爱一行，专一行"，这样的人就不算是人才，也不是华为需要的。只有像王君一样对工作执着、专注，把工作做到极致，在自己的工作岗位有所突破的人才有培养的价值。

"干一行，爱一行，专一行"，就是华为人的工作态度之一。

## 永远保持职场"饥饿感"

华为之所以被称为"狼群"，就是因为员工都充满了"狼性"。狼群出于饥饿的本能，必须不断奔跑，追逐猎物，并保持高度警惕。这也是任正非所倡导的：基层员工应该保持一定的"饥饿感"，也就是企图心。一个人如果没有企图心，说得好听点是无欲无求，说得不好听就是没有上进心，没有危机感。

华为一向喜欢招收寒门子弟，就是因为他们的企图心比一般人要大，"饥饿感"比一般人要强烈。家庭困难的学生往往对于改善自己和家庭的生存现状有着强烈的执念，为了达成这种愿望，他们会不懈努力、不顾一切地去奋斗。他们也不惧怕吃苦，意志力比常人要坚定许多，这正是"饥饿感"带给他们的力量。

任正非从来不掩饰华为的企图心，他希望员工永远保持"饥饿感"。在华为早期的员工大会上，任正非曾问大家："2000年后华为面临的最大问题是什么？"

好多人回答"不知道"。

任正非说："是钱多得不知道如何花，你们在买房子的时候，客厅可以小一点，卧室可以小一点，但是阳台一定要大一点，还要买一个大耙子，天气好的时候，别忘了经常在阳台上晒钱，否则你的钱就全发霉了。"

很多人说，任正非就是用钱来诱惑员工替他拼命工作。任正非对这个观点从不否认。深谙人性的他非常清楚，对于金字塔底部的大量基层员工来说，"按劳取酬，多劳多得"才是最现实的工作动机。至于企业愿景、使命情怀，终究少了一份"狼性"。

随着工作年限的增长，大多数人往往会失去对工作的激情。这是任正非不愿意看到的，于是每隔一段时间，华为内部就会"搞运动"，用来刺激华为人的"饥饿细胞"，让华为人重新拿起武器冲杀。比如华为内部多次发生的集体大辞职，就是让员工自愿请辞，再竞争上岗，所有工号重新排序，不再体现员工工作年限长短。

我曾经在现场见过一次运营商组织的比拼测试，就是把各个设备厂商的产品集中在实验室，统一测试，根据结果打分，作为采集份额分配的参考之一。

那可真是一个没有硝烟的战场啊！在这个战场里，华为的人最多，因为通行证有限，我们只能分批进去，而且也只有我们早出晚归。到了深夜，整个大楼就只剩下华为人。作为秘书的我，不太懂技术，有一次在吃夜宵时，我问旁边的同事："我们为什么做得比别人多？"

同事说："比赛的前几名实力都差不多，不是看谁发挥得好，而是看谁失误得少。所以，我们能做的就是把所有可能的失误都排除掉。"

是的，尽管每年比拼测试华为都是第一，但流淌在华为人血液里的，一直是战战兢兢，如履薄冰的"饥饿感"。这也是华为人的工作态度之一。

## 自我学习，勇于挑战

有一天聊到人才的培养，导师老蒋说道："华为对新人的培养，就是直接扔水里，自学游泳。华为的人才机制是选拔制，不是培养制。"

所谓"师傅领进门，修行在个人"。对此我深有体会。我在成为"新士兵"后，就直接上手做事了。在做成几个小项目后，我在部门里有了好的口碑，开始被 Sam "赶鸭子上架"，啃硬骨头。好在我没有什么畏惧，在工作过程中，遇水搭桥，遇到问题就想办法解决，边学边做，进步很快，每项工作都圆满交付了。我在华为养成的工作态度就是：自我学习，勇于挑战。

我的工作与专业并不对口，迫于工作压力，当时我给自己定了一个目标：每天再忙，回家都要看半小时书，周末有半天时间也是安排看书。这样坚持了两年，我把工作所需的基础知识都给补上了。要知道，在一个领域里夯实基础非常重要，这是一个职场人立足的根本。

我在华为的职业生涯算是开了一个好头，这里除了"初生牛犊不怕虎"的勇气，对于分到手的活儿不分贵贱一揽子全包的工作态度的加持外，离不开导师老蒋的两段话：

华为最不缺人才，大家都是名校毕业的，主要区别在于你会不会自我学习。首先你要利用资源，要善于求助，其次要找对人。

要勇于挑战，这是你在华为能否得到晋升的关键。如果你只安于做一个初级秘书，那么过几年你面临的就是淘汰。

我的英语口语不好，有时面对外国客户，交流很有障碍。于是，我报名了深圳大学的英语专业，多多学习，逼着自己去学英语。我也会找华为内部的外国同事用英语交流。当我自信地与外国客户交流时，脸上洋溢着笑容和自豪，我想，那是我最美的时刻。

华为高级副总裁陈黎芳答新员工时说："我给你唯一的建议是多干，抢着干，干得越多，学得越多，你就有机会去干更重要的事情。如果真做到了，你一定会受益匪浅。"对此，我深表认同。华为给予我的，不仅是一份工作，更塑造了我的工作观和人生观。

在这里，我想对年轻人说，无论如何，不要放弃努力，不要放弃经营自己，过程再不如意，也要坚定地学习，做好自己的工作，工作能力强的人，迟早会放光。

不断奋斗，总有破晓的时候。

## 尽快完成角色转换的三个工具

大多数人在成为企业的正式员工后，会出现这些情况：

有的人满怀激情地出发，结果遇到困难就开始打退堂鼓；
有的人工作时间一长就开始偷懒耍滑，敷衍了事；
有的人很努力，但只感动了自己，感动不了业绩。

迈出纯真无忧的象牙塔，从学校步入社会，由学生转变为员工，大多数"新士兵"在角色转变后，未能及时调适自己的状态。能否实现角色的蜕变，尽快树立职业目标，融入华为，更好地规划和定位人生，是"新士兵"在入职阶段的重要任务。其中，重中之重是适应角色的转换。

刚成为"新士兵"那会儿，我不太适应华为的工作节奏，一方面我发现自己在学生时代的光环荡然无存；另一方面，在公司写公文、会议纪要的方式与我在读书时经历的完全不一样，加上自己也没有及时去适应这种变化，一时间我找不到自己的方向。

最尴尬的是，在其他同事热火朝天地讨论技术时，我根本融入不进去。

但我是幸运的，迷茫之际，Sam找我谈话，他说："在你试用期时我是很看好你的，可你现在的表现跟我的预期差太远了，我不希望你刚成为'新士兵'，就成了一个'兵痞'，你要尽快融入，完成角色蜕变。你身上的学生气还是太浓。"这次谈话，让我感受到的不仅是上司对我的鞭策，更多的是对我的期许和信任，我自己也打心底觉得，是时候完成角色转换了。

那么，华为是如何让"新士兵"尽快完成角色转换，找到工作目标，融入企业和团队的呢？

## 成长，从一封"日报"开始

说到日报，可能很多90后、00后员工认为这只是管理者监管员工的工具，并且在大部分企业只是走形式，许多员工都是敷衍地写写，管理者也不会仔细去看日报的内容。他们认为写日报是在浪费时间，降低工作效率，犯了形式主义的错误。但为什么华为不但实行日报制度，还将其纳入绩效管理与考核之中呢？

### 为何写日报

对于员工来说，特别是刚加入华为的"新士兵"，写日报有三大好处：

一是日报可以让员工对一天的工作进行总结，明确工作目标是否达成，分析工作中出现的问题，引导员工学会思考。

二是员工可以通过日报制订每天的工作计划，不断地帮自己提升规划能力，提高工作效率，为制定下一步目标提供依据。

三是反馈问题能及时得到帮助，当员工把问题呈现在日报上时，管理者会及时回复或沟通，日报是员工与管理者最好的沟通。

在刚进入华为时，我被要求每天写日报，刚开始我也有些抵触情绪，认为天天很忙，做的事大家都能看见，有什么可写的。但写着写着，我就体会到这里的好处了。每天把自己要干的事情在日报里列出来，下班前对自己做的事情做个总结。这样就知道自己哪些事情做了，哪些事情没做，哪些事情的最新进度是怎样的。

对于还处于"新士兵"的我来说，一年以后我再回头看，这是充实的一年，没有荒废。而且写的过程也是总结自己经验教训的过程，对我的成长大有裨益。

成长，从一封日报开始，日事日毕，日清日高。从今天开始，每天写好一封日报，坚持365天，你收获的成长会让你吃惊。

对于管理者来说，看日报也有三大好处：

一是这是管理者了解员工工作进度的重要工具，是事前管理的抓手。

二是管理者通过每个员工的日报，可以了解团队的氛围和状态，可以了解员工状态的好坏。

三是管理者可以通过日报发现员工在工作中出现的问题，及时反馈，提出改进建议。

## 日报写什么

对于工作日报,大多数人都说自己会写,但实际情况真的如此吗?

### 写工作日报的误区

误区一:把日报写成工作汇报流水账,这是很多人在写工作日报时经常出现的问题。比如程序员在写工作日报时,可能会写"今天写了多少代码,检查出几个漏洞"。

误区二:过分邀功。在写日报时对自己的成绩大肆渲染,反复强调。有功劳当然是好事,但是过分强调,过犹不及。

误区三:日报变成应付式的汇报。将日报视为形式上的东西,抱着应付的心态对待。

### 日报正确写法

对于日报,华为有自己的一套写法,如图 4-1 所示。

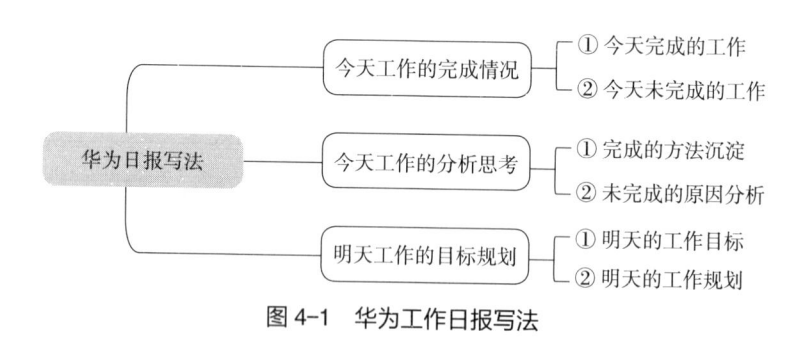

华为日报写法
- 今天工作的完成情况
  - ① 今天完成的工作
  - ② 今天未完成的工作
- 今天工作的分析思考
  - ① 完成的方法沉淀
  - ② 未完成的原因分析
- 明天工作的目标规划
  - ① 明天的工作目标
  - ② 明天的工作规划

图 4-1 华为工作日报写法

总结起来,日报既要有总,纲举目张,统领全天工作;又要有结,有理有据;还要有对第二天的规划。

## 管理者如何落实团队日报

很多管理者认为日报就是"员工写—管理者看—反馈"的单线过程,实行起来十分简单。持这种心理的管理者,在实行的过程中发现员工逐渐为写日报而写日报,日常管理流于形式。因此管理者需要问问自己:真的会用日报吗?用得对吗?

员工能不能按时交日报,员工写的日报质量是否过关,这些是管理者应该管控的地方。华为规定了日报的提交时间与质量门槛,以确日报制度进行下去。

例如:如果有的员工在第二天下午交日报,管理者没有发话,那么下次他可能就会在第三天下午交日报。这时候,管理者如果再不言语,他可能就不会再写日报。有一个员工敷衍着写日报,如果管理者在第一天没言语,那么第二天所有的员工都会敷衍着写日报,这样会造成日报的"命还在,魂没了"的尴尬状况。

华为一直明白这样一个管理真理:员工不会做你希望的,只会做你检查的。团队的执行力就是管理者的执行力。员工的行为底线就是管理者的管理底线。总有员工喜欢在管理的边缘来回试探,这时候就需要建立一个清晰的奖惩制度,或者直接将日报纳入绩效考核,确保团队把日报制度坚持下去。

最后总结一下,日报不仅是华为新人尽快完成角色转换的一个工具,也是员工成长的保障。在写日报时,员工切勿抱着对付的心态,哪怕日报只是一句,出自真心就好。管理者要赋能员工,就要落实好日报,日报是管理者事前管理的"抓手"。

## 转变，从一场"周会"做起

周会不仅是对工作进度的阶段性总结，也是一个短期的 PDCA（Plan、Do、Check、Action，计划、实施、检查、处理）循环，如图 4-2 所示。通过这一循环，我们能够及时发现问题并解决问题。

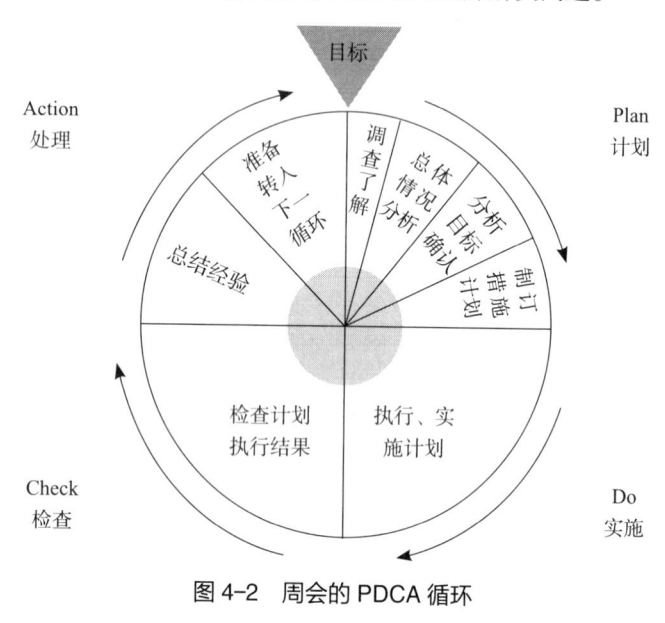

图 4-2 周会的 PDCA 循环

我们部门的周会一般定于周五下午，周会用来总结这一周的工作，以及下达下一周的任务。在例会上，每个人都要分享自己在这一周所做的事情；如果任正非有什么新的讲话和指示，Sam 也会在例会上进行传达；大家也会在周会上集体学习公司的某项决议和需要学习的精神草案等。总之，周会是部门成员交流学习的一个活动。

第一次参加周会的场景让我至今难忘。因为我是新人,那次周会的主题先是欢迎我,然后 Sam 和几个主管都进行了热情洋溢的发言,Sam 首先总结了大家的迎新辞,之后发表了一番催人进取的讲话,接着是各个主管汇报各小组的工作进展及下周的工作安排等。

华为开周会的目的主要包括同步团队成员之间的信息;解决员工存在的问题,明确需要团队协作的事项;讨论对企业、对团队有建设意义的话题,如工作流程的改进、目标制定方式的改善等;传递企业的价值观与文化,增强员工的认同感。

周会对于新人来说,是角色转变的关键。在周会上,新人不仅可以听到团队成员对自己的评价,还可以很好地与领导、同事进行交流,解决疑惑。比如我就通过一次次的周会深入了解了部门中每一个同事的性格、工作内容,这让我很快融入了这个团队。

那么,华为具体是如何开周会的呢?

## 周会中员工的"四讲"

在开周会时,员工通常会有"四讲":

**讲工作总结**

在讲工作总结时,员工要将本周工作与上周目标进行深度对比,在对比后主要看两个层面:

一是阶段目标和每日规划是否完成;

二是完成的标准和质量如何。

在周会上,管理者不仅要求每个员工详细分享本周的工作过程,拿过程数据说话，还要求每个人认真做好本周的工作盘点，出示结果数据。假设一个员工的过程数据很好，但盘点业绩很差，那么这个过程数据肯定存在问题，要么是造假，要么是员工技能水平不合格，需要重点关注。过程数据是过程层面的数据，是表象的，需要管理者去检验。

例如，我作为秘书，我的日报统计量是一个过程数据，具有一定的评估意义。Sam检验这个数据，就是在检验我的努力是否跑偏，或者我是否真的努力了。任何成就都不仅需要靠数据说话，更要靠结果说话。

**讲工作思考**

没有总结思考就没有方法沉淀；没有原因分析，相同的错误就会一犯再犯，因此，每个员工都要讲讲自己在本周的成长与收获。

**讲阶段目标**

如何制定一个目标并高效地达成这个目标？方法是根据月目标，以终为始，清晰个人周目标，再根据个人周目标，明确日目标。

**讲每日计划**

要事优先，凡事预则立，不预则废，只有做好清晰的周目标规划，明确在一周中的每一天分别要干什么，才能提升工作效率。这也是新人成长的核心。

## 融入，从一场"月会"着手

与周会一样，华为每个月都会开月会，而且华为把月会开到了极致。很多企业的月会，要么从来不开，因为大家不知道月会能给团队带来什么；要么开不好，内容单一、流于形式，没有重点。

**为何要开"月会"**

要开好月会，首先要明白开月会对于员工和管理者有何好处。

从目标层面上来说，开月会可以让我们清晰月目标，明白我们为何而奋斗，为什么要拿下这样的目标。

从状态层面上来说，开月会可以激发我们的状态，为工作注入动力。大多数员工特别是新员工，常常在月初对自己的目标很迷茫，一场月会可以让大家整装待发。

从方法层面上来说，月会可以确保每个人掌握目标达成的方法。

在华为，在每个月末，几乎每个部门都会开一次月会。月会并不是空洞地喊口号、表决心，而是为员工提供一个自我表达的平台，用情感去感染其他人。员工在月会上会分享自己当月的成长历程、感恩的心情、达成目标的喜悦等。

这让其他员工特别是新员工能强烈感受到管理者、公司对个人的尊重与关心，感受到团队的温暖。华为这种形式的月会可以增强员工的归属感，满足员工的情感需求，从而让员工积极完成工作，达成目标，取得好业绩。

**如何开月会**

华为开月会的方法可以总结为"月会三板斧"。

### 第一板斧：做回顾

"做回顾"包括两大内容：一是奖赏环节，管理者公布当月表现好的部门成员，予以表扬，并请优秀员工进行分享等，树立标杆；二是调动气氛，营造团队氛围，在这个环节中，管理者一般会以给员工过生日的形式和为员工提供帮助的形式开展，目的是让员工感受到团队的温暖。

我在华为大学第一次参加月会时，Sam详细地询问了我的生活情况，包括租房的安全问题、与家人的联系问题、工作上遇到的困难等，让我倍感温暖。

### 第二板斧：讲目标

"讲目标"包括两大内容：一是讲为何而奋斗。华为所有的工作都是以结果为导向，管理者需要把团队目标分拆到每个人身上。比如，Sam在月会上，会给我们部门的每个人制定下个月的目标。二是讲如何做。针对每个员工的目标，管理者需要让员工知道如何才能高效地完成目标。在这部分，Sam通常会采用提问的方式，解决员工在达成目标中的问题。

### 第三板斧：提状态

在华为，管理者大多会采用团队竞赛或绩效考核的方式来激发员工的斗志，加强团队的凝聚力。管理者要谨记月会的三大原则：激励自己；融入情感；懂人心，通人性。

为了不让任何一个"新士兵"变成"兵痞"，华为用心地将日报、周会、月会等简单的工具落到实处，并将其做细、做深、做透。华为借助这些最基本的管理动作,通过保障流程,来保障员工的目标必达;通过帮助员工拿到好结果,来保障员工目标必达的信心,让员工快速成长。

## 华为的工作目标管理法

对于企业来说,评判一个员工的工作表现,除了观察其日常的工作态度之外,最主要的就是看员工的业绩成果。所以作为华为的"新士兵",进阶的第一条法则就是完成自己的目标。

在成为华为的"新士兵"后,我的内心充满了自豪,同时,也非常迫切地想证明自己。华为提倡奋斗者精神,很多人每天都会主动加班到深夜,于是我也效仿大家的做法,不仅常常加班,连周末也很少休息,每天都泡在公司。

说实话,我并没有刻意为了加班而加班,而是实实在在地做事。上司 Sam 对我也赞赏有加,多次对我的工作成果表示肯定,这也使我坚定了加班的决心,在我心里"奋斗=加班"。

我认为自己付出了很多,几乎让工作填满了生活,于是我觉得自己应该得到"A"的考评结果,并在一次月会上提出了我的想法。当我说到自己每天都加班很晚,应该给我打"A"的时候,Sam 打断了我,他说道:"你是不是觉得你加了很多班就应该得 A?在华为,我们不看重你加了多少班,只看你最后交上来的结果如何。"

这句话给了我很大触动,直接颠覆了我对加班的看法。这时的我才意识到"加班≠奋斗"。奋斗是以结果为导向的，不管你加班到什么时候，如果交付的结果不符合标准，就不能通过。所以在华为，员工的考核成绩不会受工作时长影响，相反，如果你拼命加班可结果还是不如人意，公司就会考虑你是否适合这个岗位了。

所以，在工作中找对目标很重要，因为就算你付出再多的努力，没有朝着正确的方向去做，也无济于事。就像任正非曾经讲过的"洗煤炭"定律：煤炭本身就是黑的，而且是用来烧的，无论你花多少心思、用多少时间，把煤炭洗得多干净，都是没有意义的，因为煤炭本就不需要洗。

华为文化本质上是"蓝血绩效文化"，即一切以业绩为准，强调业绩导向与执行，没有绩效就没有发言权，机会和资源向高绩效者倾斜。华为的每一个员工，每年都要提出具有挑战性的绩效目标，并对绩效目标做出郑重的承诺。

那么，华为的工作目标管理法是如何赋能新士兵高速成长的呢？

## 目标管控，量化到位

为了促成目标的管控和达成，华为通常会将目标进行量化处理。量化目标，就是将最终目标细化成一个阶段性的小目标，这样更有利于目标的逐步达成，也能够提高工作效率。

华为人会严格按照量化的目标来制定自己未来一周、一个月甚至一年的工作目标。在制定年目标时，华为人通常会采用时量、数量和质量这三个标准，并据此设定具体的工作流程和步骤。

时量、数量和质量通常情况下是多变的，但在用于制定目标时，这些一般在一个阶段内不会轻易改变。时量指标是指完成一项工作时需的时间；数量指标是指完成这项工作的数量，比如产量、销售额、客户保持率等；质量指标是指这项工作完成后的最终效果能否达到预期的标准。

这种量化的指标并不只是一个数字，而是结合上一阶段或者这一阶段的实际情况得出的，可以细化为分值、百分比等。比如对于服务部门来说，不能将简单的"服务多少人"作为量化指标，而需要看这一段时间的客户满意度、产品达标率、客户投诉率等，并与之前的数据做比较，最终得出结论。对于业绩目标非常具体的岗位来说，比如终端销售部门，这个季度需要完成 1 000 台手机的销售额，这时就需要将这 1 000 台手机的目标进行细化，分解成多个 100 台或者 200 台，然后设定完成时间，并撰写达成计划和方法，让目标变得明确、具体、具有可操作性。

透过一位华为员工的工作日记，我们可以看到华为在指标完成上的严格程度。他是这样写的："今天我完成了 300 个三角铁的校正，用了 8 小时，做到了全部对齐。"

这句话非常清晰地表达了三个量化指标的实施："300 个三角铁"是数量指标、"8 小时"是时量指标、"全部对齐"是质量指标。

华为人在心中已经形成了对于工作指标的清晰认识——必须完成数量、时量和质量三个指标，才算真正完成任务。所以员工在工作时，会不自觉地用这三个标准衡量自己的工作，以期按时、保量、保质地完成任务。

华为人不光在设置目标时要参考这三个指标，在考核工作完成度的时候，也要对照这三个指标，它们已贯穿于华为人工作的全过程。参照这三个指标去工作，就像在野外迷失方向时依靠指南针前进一样，它们确保员工的工作朝着正确的方向行进。

比如说，我需要在一小时内准确地完成45个人的考勤统计，做成考勤表并及时上报给我的上司Sam。这里我们可以很明显地识别出其中的数量、时间和质量指标。时间过长和数量不够都说明效率低下，质量不达标则说明能力或者态度有问题。总之，取消其中的任何一个指标，都会影响最终的结果。当然，并不是所有的工作都能够量化考核的，比如前文提到的服务岗位或个人的工作方式、团队的士气等，这时华为遵循的原则就是"能量化的量化，不能量化的质化"。

比如，秘书工作大多并没有一个具体的量化标准，很多都是后勤和服务性质的工作，比如帮出差员工订酒店、火车票、飞机票等，这样的工作经常是突发性的，也难以量化。

如何衡量这种性质的工作呢？华为就遵循了质化的原则。质化原则分为两个方面：一是工作态度，即工作中的积极性和努力程度。工作态度其实对工作结果有着重大的影响，比如员工出差需要住酒店，秘书就应该多方面考量各个酒店的环境、价格等因素；二是最终的完成结果以及服务对象的反馈，最后能否快速合理地完成服务是最重要的考核标准。

在华为员工的目标表上，我们通常是看不到"较好完成""基本了解"等模糊的描述的,因为这些形容词并不能准确地概括工作目标,存在一定的辩驳空间,只有制定具体、准确的数字,才能使员工有明确的前进方向,也避免了员工的工作结果中可能存在的争议。

具体而量化的目标,是员工完成工作的必要前提,它有利于提高员工的工作效率,也便于衡量员工的工作绩效。

## 华为个人年度目标的制定方法

个人目标的制定是工作目标管理法的重点。华为非常重视员工个人目标尤其是年度目标的制定。因为员工个人的年度目标是对华为整体目标关键环节的分解,只有每一个员工都实现了自己的年度目标,华为的大目标才能得以实现。

为了帮助员工制定好个人的年度目标,华为推出了非常完善的个人年度目标制定法,为了方便记忆,我们称之为"五部曲",如图4-3所示。

第五部曲 查找偏差,修复遗漏
第四部曲 追求结果,注重成效
第三部曲 挖掘优势,聚焦价值
第二部曲 阐释目标,领会内涵
第一部曲 清晰前提,了解背景

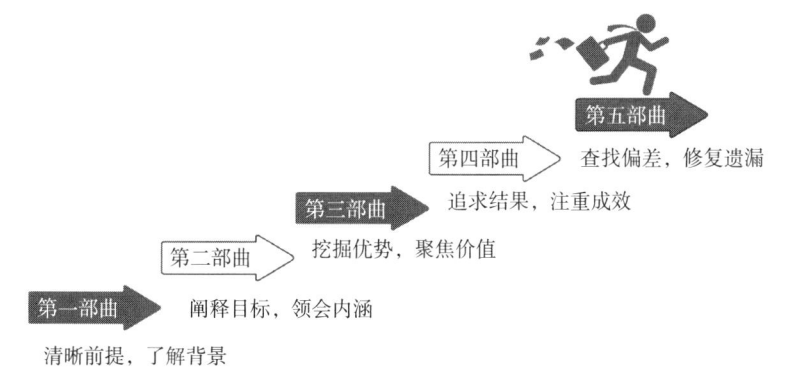

图4-3 华为个人年度目标制定"五部曲"

**清晰前提，了解背景**

如果想充分理解一首古诗的含义，我们一般会先分析诗人当时所处的环境和诗人当时的状态。同样，对于制定个人年度目标来说这也是非常基础而又关键的一步。

在制定个人目标前，我们应该对企业目前的发展状况以及发展战略充分了解，并深入分析自己所属岗位的发展情况，判断今后可能会遇到的问题。

比如：

- 今年市场形势与去年（前几年）的不同
- 新条件下市场对于企业的要求
- 面对新问题的解决方法
- 新形势下个人的发展与企业发展是否一致

**阐释目标，领会内涵**

在个人制定年度目标之前，华为首先会向员工阐述今年企业的总目标和总方针，确保员工的个人目标不与企业的总目标相悖。

企业的总目标多由企业管理层向员工传达，同时管理层也会与员工进行密切而深入的交流，帮助员工充分理解，使其在制定个人目标时，能够充分领会企业目标的内涵，避免出现偏差。

**挖掘优势，聚焦价值**

个人年度目标的核心还是员工自身，所以员工要善于将自己的优势融入工作。比如，做好这个项目的关键，在竞争这个项目时自己最大的优势，需要耗费大量精力去完成的工作，可以交给实习员工做的事务等，这些都是员工在制定个人年度目标时需要考虑的问题。

**追求结果，注重成效**

一个目标最吸引人注意的地方，就是最终追求的结果。这也是华为最注重的结果导向制，比如对于销售人员，领导在看其设定的目标时，很少会关注他怎样去维系客户、怎样开展活动，而是直接开门见山地问他想做出多少业绩。所以在制定目标时，员工要思考自己到底能够做到什么程度，要不要挑战自己的极限，等等，同时，不能脱离实际，为了博眼球而制定一个完全不可能实现的目标无疑是不明智的。

**查找偏差，修复遗漏**

员工并不是将目标制定出来就不用管了，还要再三进行确认和检查。在检查过程中，员工要看到自己在制定目标时的思路，同时结合企业的目标、前辈的经验和个人的发展需求进行最后的梳理。一个人的思维是有局限性的，如果自己检查不出问题，那么可以交给领导或者同事帮你查缺补漏。最后制定出来的个人目标，要满足实际、客观、完整、准确这 4 点要求。

为了让员工更好地把握个人目标的制定方向，华为会定期举行，让员工和管理层、员工和员工之间，共同探讨个人年度目标，并就目标的达成提出建议，使其与企业目标保持一致性。

我们不难发现，对于自己的学习、工作有规划和目标的人，往往更容易取得成功，而盲目前进、没有计划、想一出是一出的人，几乎很难获得非常大的成就。因为有目标的人会更有方向感，同时在实现目标的过程中，这些人会比同一起跑线的人进步得更快。

对于职场人来说，实现目标的过程既提升了公司效益，又实现了个人价值，目标的实现能极大地满足一个人内心的成就感，从而对工作和生活充满信心和希望。

**新员工职场大忌**

网上有一则流传甚广的关于华为"万言书"的故事：

一位名牌大学的毕业生，刚进华为不久，就针对公司经营战略问题洋洋洒洒地给任正非写了一封"万言书"。他本以为通过这封书信，自己能够获得任正非的青睐，进而走上升职加薪的道路。但令人万万没想到的是，任正非在看完这封信后，直接批复：此人如果有精神病，建议送医院治疗，如果没病，建议辞退。

同样的事情在阿里也发生过，马云曾说："刚来公司不到一年的人，千万别给我写战略报告，千万别瞎提阿里发展大计，谁提谁离开！但在你做了三年阿里人后，你讲的话我一定洗耳恭听。我们喜欢小建议、小完善，我们感恩你的每一个小小的完善行动。"

当人们的注意力被这封"万言书"吸引的时候，却不知道有另一封"万言书"的存在，而且这封"万言书"作者的结局，与之前那位的结局截然相反，这位员工不仅没被辞退，还被任正非破格提拔。

这封"万言书"名为《千里奔华为》，是清华博士延俊华所写，与之前那封"万言书"的风格相反，这篇文章的辞藻朴实无华，内容却非常全面，主要内容非常简单，他没有站在华为之外指手画脚，而是以自己在工作中亲自参与的项目为例，从一些小的方面对华为提出了建议。

这篇文章写得非常用心，平常大家很容易忽略的插座、电池、螺丝刀等细小物件，延俊华都注意到了并就问题进行了思考，同时他一直站在公司的角度，思考一些小事对公司造成的影响，还痛心疾首地提到曾经因为发货失误造成的项目浪费。

前一篇文章，大谈特谈公司的经验战略、发展方向，细读下来你会发现内容空洞，毫无实操性可言。而后者站在华为的立场，从一些实践中发现的小问题出发，并就问题逐条给出一些具有操作性的建议和改进措施。任正非在看完这封信之后，夸奖作者是"一个会思考并热爱华为的人"。

没有实践，就没有发言权。新员工在进入职场后，切忌"指点江山，激扬文字"。

## 小改进、大奖励，大建议、只鼓励

务虚的人只干 4 件事：目标，措施，评议，监督控制。每天都有非常多的专家、学者评议华为的未来走向，他们高谈阔论、振臂高呼，不厌其烦地发表自己的"专业"见解。这些意见或建议也许听起来非常专业，但他们大多并没有站在华为的角度考虑，没有实践过就提出所谓的意见，真的有用吗？

务实的人也只干 4 件事：贯彻执行目标，充分利用资源，想尽一切办法整合资源把目标变成现实，不断地复制成功。在工作中，我们需要想尽办法落实工作，真真切切地写一篇文章，比在脑子里构思 100 遍都有效，同时要学会学习，学会利用资源，学会借鉴别人成功的经验。

华为非常崇尚务实精神，任正非在其著作《华为的冬天》中写道：公司实行"小改进、大奖励，大建议、只鼓励"的制度。能提大建议的人已不是一般的员工了，也不用奖励，一般员工提大建议，我们不提倡，因为每个员工要做好本职工作。

在华为的企业文化里，好高骛远、夸夸其谈向来是不受待见的，"大建议、只鼓励"就是告诫员工：员工最重要的是要做好本职工作，不要把主要精力放在构思"宏伟蓝图"、做"天下大事"上面。华为在每个阶段会有不同的经营策略，为了维护本阶段的稳定性，大多数时候不宜进行过大变动。

华为不束缚员工的言论自由，也不希望员工养成一成不变的思维习惯，对于富有建设性的建议，公司会予以鼓励和表扬。但员工必须为自己的言论负责，在提出一个建议前必须充分考虑其可能产生的后果，并提供足以说服人的论据。

有的员工虽然能够提出一些很好的大建议，但华为并不提倡。如果对于这些大建议进行大幅奖励，那么必然会在公司形成人人挖空心思去考虑公司的发展建议的风气，这种不良风气会使整个华为变得心浮气躁，使华为的工作作风从务实转向务虚，这对真正踏实工作的员工来说不公平，甚至很有可能给华为带来灭顶之灾。

更何况，通常员工能提出的大建议，往往是没有太大实际意义的。任正非说："治大国如烹小鲜，我们做任何小事情都要小心谨慎，不要随意把流程破坏了，引起连锁错误……我们坚决反对形而上学、幼稚浮躁和唯心主义。"

"小改进、大奖励"就是倡导员工从工作中的小事做起，不断改进和优化做事方法。除了每日思考"国家大事"的人之外，其实还有一类人是不善于也不愿意思考的，他们往往只专注于手头的工作，按部就班地使用固有的方法完成工作，从不考虑是否还有更加高效、简单的方法。这些人就需要外在的动力去推动他们思考。

其实能够完成"小改进"的人，才是真正不容易的，因为在每日固化的工作中，寻求更高效的解决方法，并不是一件简单的事。比如人事部门要求员工每天打卡，可打卡机老是出问题，大部分人除了抱怨，不会想办法去改变；而善于思考的人可能会去研究打卡机或向人事部门申请更换别的打卡方式。

企业需要不断地创新和发展，华为非常鼓励大家提出自己的看法和意见。比如之前很多员工在下班之后不习惯关灯、关电脑，有个员工就画了一个"下班之前过5关"的卡通画，提醒同事关灯，就是这样一个小建议、小改进，为华为每个月节约了几十万元的电费。华为也奖励了这位员工，感谢他为公司提出的好建议，同时鼓励其他同事多提小改进。

如果每个人都能在自己的工作岗位中发现很多小问题并提出改进意见，这些改进加在一起，对于企业来说就是一个巨大的进步。在提意见的同时，我们需要考虑这件事与公司目标流程的符合度、与其他流程的匹配度，要先优化它，再固化它。

当然，小改进政策也不是让我们为了奖励盲目改进，提出的小改进要达到以下几点要求：一是能提高工作效率，二是能持续完善监管职能，三是能做好保障服务工作，四是能合理降低管理成本。达到这些要求的小改进就能够让公司的工作不断优化、规范化、合理化。

作为职场人，切忌随意对公司理念或战略说三道四、指手画脚。这种越俎代庖的行为会引起上司甚至公司的不满，影响个人的职业发展。

一般情况下，我们的层次、境界都还需要提升，公司制定一个政策肯定是听取了多方意见，并通过高层开会讨论通过的，就算不一定完全正确，但通常比个人建议更加具有科学性和民主性。所以，我们需要做好自己的本职工作，不断创新工作方法，提升工作效率，并通过不懈努力，提升自身层次和境界。无论怎样，踏实做事，才是王道。

## 做好本职工作就是英雄

提及"英雄"这个词，我们可能会想起曹操与刘备煮酒论英雄，现代社会对于英雄的定义是多样的。冲进火场、冒死救人的消防员是英雄；浴血搏斗、时刻不歇的缉毒警察是英雄；扎根边疆、教书育人的援疆教师是英雄……其实我们身边也不乏各类英雄。在华为，一丝不苟地做好本职工作就是英雄。

没有人能够一步登天，多少"一夜成名"的神话背后其实都是不为人知的汗水和泪水，成就都是在年复一年、日复一日的工作中慢慢积累而来的。人生的台阶要一步步搭起来，真正做好本职工作其实也不是一件易事。

在华为，很多人都非常有激情，对工作有着近乎偏执的迷恋。忙起来的时候，经常有员工十天半个月不回家，吃住都在办公室，时刻关注工作动向；更有甚者，明知其他国家正在打仗、炮火连天，冒着生命危险也要去，就是为了进一步拓展海外市场……很多人不明白，华为究竟给员工灌了什么"迷魂汤"，让员工如此卖命。

其实并不是华为给了员工多少报酬，而是华为人懂得"傻付出"，舍得"傻付出"，他们始终坚持一个信念：这是我的工作，我要做好它。任正非曾说："我们从（年营收）几百万元做到今天的将近4000亿元，中间经历了多少苦难，又流了多少辛酸泪。这是华为人用命搏来的。华为人就是比别人付出更多，华为人付出了节假日，付出了青春和健康，靠的就是常人难以理解和忍受的长期艰苦奋斗。"

华为之所以格外提醒员工要做好本职工作，是因为华为曾因此差点儿解散。华为在创业初期，由于领导干部缺乏相应的管理经验，加之公司规模不大，分工不明确，各部门员工常常出现工作重叠、职能不分的现象。比如，技术研发部门的人员需要跑市场，而市场部人员又跑去干生产部门的活，生产部门却还需要兼顾研发部门的工作，总之，各部门之间分工混乱，缺乏有效管理，员工之间也没有互相合作，各干各的，这就导致有些事情重复作业，而有些事情没有人做，资源浪费严重。同时，员工之间缺乏理解，大家都认为自己干得多，可最终业绩越来越下滑。情况越来越糟，很多员工逐渐对公司失去信心，相继离开了公司。

最后任正非下令整顿公司，对公司管理进行了大刀阔斧的改革，细致划分各职能部门的工作，规定每个部门需要开展的工作内容，并建立信息交流群组，保证公司各部门之间职责明确并沟通无碍。

华为早期正是因为一些员工没有做好自己的本职工作，才导致公司陷入困境，这也是对后来华为人的一个警醒：我们要时刻坚守工作岗位，做好本职工作。

许多员工好高骛远，他们对于简单的工作不屑一顾，觉得与自己的能力水平不匹配，非要去不在自己工作范围内的部门横插一脚。为此，任正非专门在某一届新员工培训大会上提出："不管哪类员工，到了公司头几年都要做好本职工作，很多工作需要经验积累。一心想做大事的员工，也许会摔得更厉害，还是要踏踏实实从本职工作做起。"

华为的成功并没有捷径，也没有很多企业家口中所谓的机遇，华为的高楼是通过每一位华为人踏实做好本职工作，一步一步建起来的。

时代在飞速发展，很多人的心态也越来越浮躁，但在工作中，我们要沉得下心来，从"小兵"做起，从每一件小事做起，专心于自己的本职工作，不要想着出风头，到处"挥斥方遒"。当你的经验、学识、能力沉淀到一定程度时，更好的机会自然会向你招手。

2019年8月19日，华为心声社区发布了任正非最新签发的总裁办电邮，中心思想就是：公司现在处在危急存亡的关头，第一是号召大家立功，第二是尽快把优秀人才选拔上来，增加组织的"活血"，绝大多数员工应心静如水，沉着地做好本职工作。

这个道理在任何时候都适用：当困难来临时，不要惧怕，也不必惊慌，做好自己该做的事情，不断努力学习，寻求更大的进步，最后你会发现所有的困难都会迎刃而解。

最后，我想引用任正非的一段话作为这部分内容的结尾，希望能够点醒正在迷茫中的年轻人：

希望你们踏踏实实做好本职工作，加强自身建设。万里长城虽然很伟大，但也是一砖一瓦建成的。今天我们也在创造一个新的万里长城，在合作建设的年代里不要去考虑个人的伟大。

# 第 5 章

## 华为人除了艰苦奋斗还是艰苦奋斗

无论现在还是将来,我们除了艰苦奋斗还是艰苦奋斗。

——任正非

## 第一次感受"垫子文化"

我第一次听说华为的"垫子文化"是在试用期。到部门报到后，导师老蒋让我买一个床垫，放在办公桌下，一则中午可以用来休息，二则加班很晚时可以用来睡觉。

但由于当时没有转正，心里是忐忑的，所以我并没有购买床垫。在转正成为"新士兵"后，我才购买了属于我的床垫，并开始切实感受"垫子文化"。

对于华为的"垫子文化"，外界多有异议。与很多企业员工下班就急于回家不同，华为员工愿意主动加班，甚至还把垫子带到办公室。

下面，我结合自己亲身经历过的"垫子文化"，聊聊我的真实感受。

## 垫子文化 ≠ 加班文化

### 创业期的垫子文化

关于华为的"垫子文化"是何时出现的已无从考证，根据一些老华为人的回忆，可以推测大致过程是这样的：

创业初期，华为的处境非常艰难，既没有外部资金的投入，内部产品流通也不畅。但老一辈华为人发挥吃苦耐劳的精神，将大量时间和精力投入工作，以期更好地完成工作，让公司迅速走出困境。

起初，大家过着三点一线的日子，"公司—食堂—宿舍"，三处来回跑动。可随着工作任务剧增，为了节省通勤时间，同时省去往返交通的麻烦，有人住到了公司。

早期华为的宿舍，就是一个大通铺。后来随着条件改善，有的员工自行租房住了，宿舍的床垫就被留在了办公室，"垫子文化"由此产生。

我曾翻阅过早期的《华为人》，在1996年10月29日第35期上的一篇文章中这样写道："几乎每个华为人都备有一张床垫，卷放在各自的储存铁柜的底层或办公桌、电脑台的底下，外人从整齐的办公环境中很难发现这个细节。午休的时候，大家席地而卧，床垫方便而实用。晚上加班，夜深人静，灯火阑珊，很多人整月不回宿舍，就这一张床垫，累了睡，醒了再爬起来干，黑白相继，没日没夜。可以说，一张床垫半个家，华为人就是携着这样一张张床垫走过8年创业的艰辛与卓越。颜色各异、新旧不同的一张张床垫，承载着我们共同的梦想，床垫文化意味着从早期华为人身体上的艰苦奋斗发展到现在思想上的艰苦奋斗，构成华为文化中又一道独特的风景。"

人是社群动物，会深受环境影响，渐渐地，无论是普通员工还是高层管理，甚至任正非本人，都在办公桌下放一张床垫，这成了华为办公室一道靓丽的风景。

我在与同事讨论"垫子文化"的时候，他们还告诉我一个故事：

在华为创业初期，有个送货员到华为送货，恰逢午休时间，大家都在午睡，于是送货员也找了一张板子休息起来。醒来发现身边躺着一个人，这个人正是任正非。

正是老一辈华为人留下来的种种传统，让新员工在初入华为时，就能非常直观且深刻地感受到华为人的吃苦耐劳精神。如今，华为已今时不同往昔，发展得越来越好，可员工依然非常辛苦地工作，这不仅是华为人代代传承下来的、刻进每个华为人骨子里的优良基因，更是因为任正非曾说过一句话："不奋斗，华为就没有出路。"

"垫子文化"发展到后期，华为出资给每一位新员工分发一条毛巾被、一张床垫。后来这个惯例取消了，新员工报到时不再分发床垫，但对华为文化略有耳闻的新人，都会自发地去买一张床垫。

我在华为也有床垫，甚至还用过两张，最后在离职时我把我的床垫送给了我带的新人。

很多人以为华为的床垫就是为了加班，其实这是一种误解。对于大多数华为人来说，床垫有两个作用：

一是用于午休。午休非常重要，午休质量不好，会严重影响下午的工作效率。当你趴在办公桌上睡觉或是靠在办公椅上睡觉时，这些姿势往往会引起颈椎不适，而且无法保证睡眠质量。这时，铺开一张床垫，躺在上面美美地睡一觉，最惬意不过了。午休是华为最为安静的时光，每个人都在休息，工作时专注于工作，休息时就放下一切好好休息，休息好才能更好地工作。

二是用于加班后休息。加班在华为是常态，很多员工经常加班至凌晨，这时，与其花费大把时间回家，不如直接拉开床垫，在办公室睡觉。深圳一年四季温暖如春，一个床垫配上一条毛巾被就能构成舒适的睡眠环境。

### 永远的"垫子文化"

媒体曾大力渲染和批评华为的"垫子文化",认为华为不人性化,只看重商业价值,丝毫不体谅员工。事实上,华为的"垫子文化"至今仍未退出历史舞台,并不是说它具有优越性,而是作为华为一路走来的见证,它是华为艰苦奋斗精神的一种体现,更是推动华为一往无前的重要动力。所以华为始终坚持保留"垫子文化",也是传承华为文化的根基。

事实上,华为并不主张员工无休止地加班,还多次出台限制员工加班的相关规定。2010年,华为出台《华为公司加班管理规定》,要求员工加班前必须申请;2016年,再次出台《关于员工加班时间管理的决议》,明确规定员工加班时长,不得超过行业限制标准。此时的床垫,其实已经失去了加班后供人休息的功能,它多半只用于午休,但床垫所承载的华为文化,永远不会消失。

一床垫子、一条毛巾被,几乎陪伴了每个华为人的职场生涯,从华为创办初期到发展壮大的时期,再到不知多久后的未来,它都会陪着华为人继续走下去。这是一种精神的传承和寄托,更是属于华为的宝贵的精神文化。

表面上,"床垫"只是华为人睡觉用的物品,实质上却是维系华为精神文化的纽带,是华为人共同的价值依托,是华为人持续奋斗精神的写照。

## 奋斗是华为人的情怀

2012年,国内通信行业普遍消沉,行业市场前景一片黯淡。华为也出现了成立以来第一次也是唯一一次负增长的情况。这时,外界对华为有诸多猜测。

但在华为,每天早上,每个华为人照样精神百倍地上班;下午从垫子上起来,整整衣服,卷起睡垫,去卫生间洗把脸,喝口水,继续干活。

华为人在内心深处认同着华为的文化,墙上那些"烧不死的鸟是凤凰""板凳甘坐十年冷""胜则举杯相庆、败则拼死相救"的标语更是莫大的力量源泉。

多年以后,当我离开华为,以撰稿人的身份采访企业家时,他们都喜欢问我:"你是如何理解华为文化的?"

我想了想,回答说:"奋斗。"

在我的记忆里,一抬头就可以看到的标语是非常生动的,时刻鼓舞着我前进。

华为人很少迷茫,除了工作太忙没时间迷茫外,每个人每天都是带着目标在前进。想让绩效考评得A、想让项目获奖、想让部门评优、想让奖金翻番、想得公司股份等,这些都是华为人的目标。要想达成目标,就必须付出相应的努力,所以华为人一般都是走路带风、说话连气都不喘的。

华为的奋斗看似很苦,但大家都是苦中作乐,在工作中调节自己。比如,我们会把华为的严苛的绩效想象成"红蓝"两色,并在心里赋予它们形象。

红色代表在工作中得奖。华为为了鼓励大家，设置了各种各样、品类不一的奖项。比如月度奖、季度奖、年度奖、专项奖、建议奖。参与提名的员工有很多，但最终获奖的一定是最具实力的。所以能够得奖的员工，也会获得非常强的荣誉感和存在感，在工作中更加勤奋努力，争取再次得奖。

蓝色代表华为的末位淘汰制。华为的末位淘汰制看起来很严格，实际上被淘汰的比例是非常合理的。华为员工的离职基本分为这几类：绩效考评为D被末位淘汰、因诚信问题被除名、难以融入华为文化、寻求发展另谋出路、外派出差难以接受、45岁申请退休。这些离职方式其实与其他企业的人员流动情况相似，并不存在大量裁人的现象。

有"红色"的奖励可以拿，又有"蓝色"的末位淘汰制激励着，所以每一个华为人在能够健康和用心做事的时候，是否加班、何时休假不再是自身关注的焦点。

奋斗，对于大多数华为人而言，变得自发与自然。它是华为人的情怀。作为一名曾经的普通的职能部门秘书，我凭借自己一鳞半爪的见闻体会，无法描绘出华为人波澜壮阔、艰辛奋斗的全息景象。真正生动而有魅力的景色，存在于那些奋斗在一线的华为人身上。

为了建立基站，华为人艰苦跋涉于高原、沙漠、极地等各种恶劣环境之中；多次国家大难面前，华为人不光捐献财物，更奔赴现场参与救援。

2019年10月16日,华为发布2019年三季度经营业绩。截至2019年第三季度,公司实现销售收入6 108亿元,同比增长24.4%,净利润率达8.7%。此时,距离我离开华为已经好几年了,偶尔去深圳出差时,我会特意转到坂田去见原来的同事,那里的周边配套环境和我离开时相比,已经大不一样了。

华为也进入了行业无人区,用一杯咖啡吸收宇宙能量的气势胸怀,以及一辈子磨好一块豆腐的朴实情怀,继续耐住寂寞、聚集人才,共同探寻人类通信以及人工智能领域的黑天鹅。

这全都来自无数华为人心无旁骛、锲而不舍、一点一滴、生生不息的艰苦奋斗。

## 区分奋斗者:内化于心

从梅观高速下来,不到半小时便能到达坂田。在高速出口的分叉路口,向左是富士康,向右是华为。沿着华为方向继续前行,你会发现以一些科学家命名的街道:张衡路、稼先路、隆平路、贝尔路、冲之大道、居里夫人大道……在这些道路中间有一片四方形建筑,其中最漂亮的一栋中式建筑就是华为总部——坂田基地。

30多年的向阳而生,华为盛名在外,成了大众眼中的中国信息基础产业的先驱、中国民营企业的领风者。而真正的华为,却藏于坂田,不露山水,无数华为人的故事就从这里开始。

"一千个人眼中有一千个哈姆雷特",每个华为人对华为也有着相似但又不同的理解。华为坂田基地如同一座小型城市，上万人在这里生活、工作着，他们的故事让华为变得更为有血有肉，更为丰富与精彩。晚上6点，下班时间一到，人潮涌动，同事们就好像回到了学生时代，大家见了面打声招呼，然后成群结队地去食堂吃饭，用餐完毕，稍加休息，便回到工作岗位继续工作。

我的另一个导师是老余，他最美好的岁月几乎都在华为度过。从毕业、入职到专业培训、分配岗位，他职场的每一步都与华为紧密相关，算得上是一个地地道道的华为人。在这十几年的时间里，迎新送旧是常态。对他情感冲击最大的一次，是他的导师也就是他的直接主管在他进华为的两年后，跳槽去了外企。

老余的导师不仅传授他工作技能与经验，还培养他的责任心与工作、学习习惯，更让他明白了职场中的道理。对于老余而言，他的导师对他有知遇之恩与教导之恩。在导师跳槽之后，老余依旧与自己的导师保持着联系，有时间还会约他出来谈谈自己的生活经历。就像如今的我与老蒋、老余一样。

在华为，能力与收入都会随着时间的增长而上升，3年、5年、8年在华为是三个大的台阶。老余对我说，前两个台阶他都咬紧牙关挺过来了，导师的离职让他有了新的感悟与继续坚持的信念，他说："我不知道外面世界有多精彩，总之，里面的世界也不赖。"

老余在入职初期，时常会用周末的时间充电，不断学习；在上班期间，一日三餐都在食堂匆忙解决，稍做休息便又投身于工作，渐渐地，他养成了少说多做的习惯。这些习惯让老余的生活与坂田连成了一个整体，包括吃饭、睡觉、购物、理发，甚至是约会都在坂田。

老余说坂田充满了他和爱人的回忆，万科城楼下的咖啡馆就是他和爱人第一次约会的地方。

在华为有许多员工没有假期，更没有时间陪伴家人，当旅行社组织家属旅行时，大多数人都会报名参加，作为对无法陪伴家人的补偿。

在坂田这座小城里，每个人都是负重前行的孤独者，没有复杂的交际圈子，与其无所事事，不如多多学习、充实自己。

每一个华为人的工作任务都较为饱和，如果没有较高的效率，就需要更多的时间去弥补。这让奋斗成了华为人的工作需求。"工资＋年终奖＋股票分红"的利益结构也为华为人提供了奋斗动力。

此外，理想也是华为人甘愿奋斗的一个重要因素。工作不能只看收入，还要追求成就感与自我价值的实现。

渐渐地，每一个华为人的身上都有一种奋斗、不断突破自己的意识，用老余的话说就是："别人干不了的，我们一定要做出来！"

华为的奋斗文化对我影响深远，促使我不断成长，即使我已经从华为离职创业，也依旧保持着对华为的感恩之心。因为"做事讲流程"，"品质就是自尊心"，"不相信眼泪"这些话语已经成了我人生信条的一部分。

每一个在华为奋斗的人，都是主动而积极的。在华为，有一种机制，让华为人可以凝聚成团队，把奋斗的力量最大化，让华为取得今日的成就。

这种机制是什么呢？

## 普通劳动者、一般奋斗者、卓有成效的奋斗者

在奋斗者的力量显现之后,任正非也敏锐地意识到奋斗者对华为长远发展的作用。于是公司致力于将"奋斗者"与"非奋斗者"区分开来,并加大对奋斗者的培养力度,将华为打造成一个员工共同奋斗的命运共同体。

在奋斗者文化的指导下,华为明确地将华为员工分为三类:普通劳动者、一般奋斗者、卓有成效的奋斗者。

如果想成为"奋斗者",你就必须提出申请,然后进行宣誓,在成为奋斗者之后,薪资和晋升机会都会增加。

### 普通劳动者

在华为,"普通劳动者"是指12级及以下的员工。对待普通劳动者,任正非认为要给予他们"对普通劳动者的关怀",根据相关法律的标准,在保障他们利益的前提下,根据公司的具体情况提供薪酬待遇,一般待遇要比其他公司较好。

### 一般奋斗者

"一般奋斗者"是指没有大志向,只想在自己的岗位上发光发热、安安稳稳地做一个小职员的员工。

在华为,"一般奋斗者"如果能够给公司、团队带来的收益高于公司的支出,就可以获得高于市场同类工作的薪资待遇。但这并不意味华为会为他们放弃原则,在有适合他们的岗位时,公司可以让这些

员工继续工作；如果没有他们能够胜任的工作，华为将不再接纳他们，这是优胜劣汰的结果。

**卓有成效的奋斗者**

"卓有成效的奋斗者"是指能够积极奋斗、永远站在华为的前线，并对华为有杰出贡献的员工，他们是华为发展的根本动力。

华为会将资源向这些奋斗者倾斜，不让他们寒心。用任正非的话说就是"决不能让雷锋吃亏"，"要让拉车的人比坐车的人拿得多"。因此，华为用奖金与股票分红的形式，让这些奋斗者与公司共享利益。

华为通过将奋斗者予以区分，改变了人力资源战略的重点，将公司赖以发展的奋斗者放在"C位"，根据员工的贡献大小合理分配资源，鼓励他们创造更多的价值，同时，让其他人看见华为的公平与公正，从而吸引更多的人才来华为，这就是华为吸取人才的成功之道。

三类人三种待遇，这就形成了差异化管理，可以产生生态循环。当然，奋斗者的区分并不是死板而单一的，公司需要对员工进行综合评测，并根据员工的贡献、工作能力等方面进行区分，让有志者与华为一起发展，获得成功。

## 如何识别奋斗者和不奋斗的人

当然，并不是提交了"奋斗者申请"，你就可以成为"奋斗者"。

有的人表面功夫做得好，申请报告书写得更是一绝，但这并不代表他就能成为奋斗者，因为条例是僵化的，而人是活的。

那么，华为是如何区分奋斗者和非奋斗者的呢？要想知道华为是如何识别奋斗者和不奋斗的人，首先我们要知道华为是如何定义"奋斗"的。

## 华为对"奋斗"的定义

华为对"奋斗"的定义与汉语词典上的定义如出一辙，就是"为了达到一定目的而努力干"。华为需要这样为共同目标而不断思考与行动的员工，这样的员工就是奋斗者。

在华为，即便每个人的努力程度一样，但创造的价值仍有高低之分。因此，公司需要用一个框架去评估员工创造的价值。

什么人在奋斗？是工作时间最长的员工吗？每周工作无休的员工真的比准点下班的员工更有奋斗精神吗？奋斗不能这样衡量，工作时间只是奋斗的表面现象，而非内核所在。

假设，每周无休与准点下班的员工，他们的工作能力、专业技术等不相上下，但前者只知盲目行动，没有目的，领导分配任务他就去做，完全不思考"我为什么要这样做"，也不考虑工作背后的价值。如果领导将同样的任务交给那名准点下班的员工，但他懂得去思考，去发掘这项任务中的价值。你认为哪位员工才是奋斗者？

想必后者更符合奋斗者的标准，奋斗并不是盲目地做事，而是有思考地行动。正所谓"三思而后行"，经由正确的思想指导才能有正确的行动。奋斗的核心就是思考。

华为并不以工作时长为标准，衡量一个员工是否是奋斗者，而是以思考为准，因为思考可以带来更高的价值，当然，前提是以华为的核心价值观为中心。

根据上述标准，员工创造的价值也可分为两种类型：一是战略价值，二是战术价值。前者是将各个项目的价值最大化，促进公司的长久发展，是"拉力"；而后者是要维持公司每日的经营运转，是公司发展的"推力"。

华为的管理者需要明确以下问题：

奋斗者是否会一直奋斗下去？
员工是否能一直创造价值？
怎样让奋斗者持续奋斗，让员工持续创造价值？

这些问题都没有标准答案，需要管理者一步一步去探索。

如果员工因个人原因暂时不能将精力全部放在工作中，那么管理者并不能以此断定该员工不会继续奋斗了。管理者应该将各项因素都考虑进来，关注员工暂时不奋斗的根本原因，再据此调整激励方式。

## 什么样的人可称为"奋斗者"

按照华为对"奋斗"的定义，我总结了要满足华为的"奋斗者"

至少需要达到的 5 个条件：

第一，有使命感，有持续艰苦奋斗的精神；

第二，共享价值观，有团队合作精神；

第三，讲奉献，愿付出，能提出挑战性绩效目标，为之终生奋斗；

第四，有意愿、有能力、有业绩、有贡献、持续创造价值；

第五，不断接受挑战，勇于自我批判，实现自我超越。

普通劳动者与一般奋斗者的区别在于级别和岗位。比如，我在刚进华为时，级别是 13 级，就属于普通劳动者。

一般奋斗者则是在自己本职岗位上很努力，每天努力工作 8 小时甚至更久，但创造的价值有限。比如我在进入华为后的第三年，由秘书升为中级秘书，属于"一般奋斗者"，但因为我创造的价值有限，所以离卓有成效的奋斗者还有一定的差距。

## 什么样的人可称为"卓有成效的奋斗者"

在华为，对于"卓有成效的奋斗者"的识别，主要依据他的表现以及为公司贡献的价值，主要有以下三个指标：

### 责任结果导向

寓言故事"龟兔赛跑"想必大家都不陌生。兔子能力出众，理应是奋斗者，但由于没有正视比赛，让乌龟成了赢家。在华为，有与兔子一样天资和能力出众的员工，他们本身具备成为奋斗者的条件，但因为自身懈怠，工作结果不如人意，只能成为普通劳动者。

乌龟虽然没有出众的天资和能力，但愿意不断努力，以坚韧不拔的精神去达成自己的目的，具有这种精神的员工可以申请一般劳动者，并通过后期的培养，有望成为卓有成效的奋斗者。

**贡献导向**

一个员工只有将自己的实力与天资能力发挥出来，并对公司做出较大的贡献才能成为卓有成效的奋斗者。正如任正非所言："茶壶里煮饺子，倒不出饺子，等于没饺子。"有能力却没有贡献价值的员工如同有饺子的茶壶。在华为，学历、认知水平、在职时间等因素都不能成为衡量卓有成效的奋斗者的关键因素，只有贡献价值才能成为评判的重要依据。

**商业价值导向**

在市场上，任何工作的最终评判就是商业价值，如果你老是加班，却没有任何结果，也不会得到其他人的认可。有的员工会在工作总结中强调自己为这项工作付出了多少，但这并不能感动领导者，因为没有商业价值的工作是无效的、没有意义的。

对于如何识别"奋斗者"，华为认为文件的条款是严格的，但在执行中各个管理者要灵活运用，要敢于为那些有缺点的优秀奋斗者说话，正确评价奋斗者如图5-1所示。

当然，上述所有衡量卓有成效的奋斗者的框架、要求都只是起到了方向上的指导，具体细节的衡量还需要各个管理者具体情况具体分析。

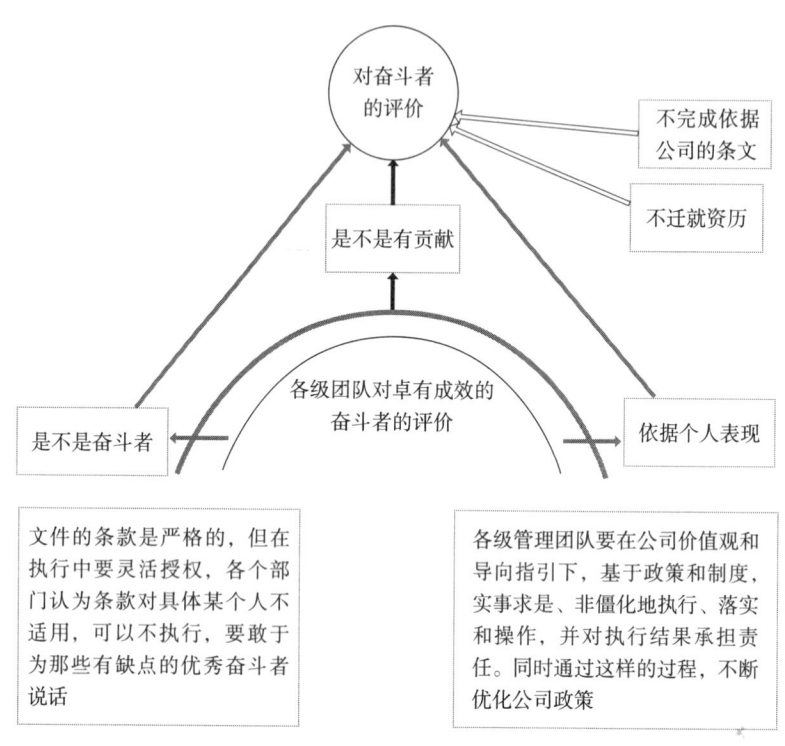

图 5-1 对奋斗者的评价

## 强化奋斗者行为：外化于行

"20:35，坂田基地 J4 排起了免费领夜宵的长龙，对于加班的人来说，加班了不吃夜宵，和通宵了不发朋友圈是一样的。在帮项目组的兄弟领了他最爱的蛋炒饭、麻辣牛肉后，大家围坐在一起大快朵颐。嗯，今天版本要过点，怕是要奋战到凌晨，吃饱了才有更多的力气干活。——28岁,每到过点就要'疯'的姚哥。"

这是某期《华为人》描述华为人加班后吃夜宵的情景。

华为为加班创造了什么条件?华为人为什么乐此不疲地加班?

加班条件一:免费晚班车。正常上下班的班车是收费的,晚上9点之后的班车则是免费的。

加班条件二:夜宵。加班到8点半以后,可以免费吃夜宵。

加班条件三:月末的周六全公司统一加班。因为奋斗者放弃了年休假,可以在需要休假的时候抵用,不用的话,可以申请双倍工资以作补偿。

加班条件四:弹性工作时间。每天可以晚到一小时,平均每天工作时间不低于8小时即可。

加班条件五:绩效考核,这是奋斗的工作态度。

细数下来,这些就是华为为加班创造的条件。华为人是一个年轻的群体,大多数人一毕业就进入华为,家庭负担较小,再加上知识分子的"木讷"性格,没有什么娱乐活动,但又心怀壮志。所以很多人都是自觉加班到9点,和同事一起相约吃夜宵、聊会儿天,然后坐免费班车回家。

一个"新士兵",经过三年的成长,加班已成习惯,戒也戒不掉。

在30多年的时间里,华为就这样沉淀出一批又一批的奋斗者,他们心怀大志,积极奋斗,日复一日,年复一年,点亮华为大楼夜里的灯光。对于奋斗,华为人自始至终,立场坚定。

接下来,我们来聊聊华为塑造职业奋斗者的第二个环节:强化奋斗者行为，在外部做到行动一致，知行合一，外化于行。

## 以奋斗者为榜样

身边人的真实案例远远比口头上的宣传更有说服力。企业一味地高喊奋斗者精神却不告诉员工该怎么去实施，是不会有多少成效的。所以华为格外注重奋斗者事迹的宣传和推广，希望用榜样的力量带动其他员工进步。

为了强化奋斗者行为，让奋斗文化"外化于行"，华为主要采取了以下两种形式。

### 创办华为内刊《华为人》

很多企业都有内刊，内刊作为一种不以赢利为目的的杂志，主要是为了宣扬公司政策和文化。华为内刊的名字通俗易懂，就叫《华为人》。《华为人》最主要的内容，就是撰写优秀华为人艰苦奋斗的事迹，供其他员工交流和学习，并以此传播华为的奋斗者文化。

很多企业的内刊乏善可陈、内容空洞，但《华为人》不同，因为华为的优秀员工实在太多了，以至于每刊都是不重样的故事。

比如《华为人》第 216 期中的《重庆电信 C 网团队群像》一文，就讲述了华为员工刘长春的奋斗故事。重庆多高山陡峰、地势险要，但刘长春带着团队深入各地区，奋战 4 天 4 夜，将重庆的 490 个基站建设入网，为重庆电信业务的开展打下了坚实基础。一直到今天，他所创造的每天完成上百个基站入网的纪录，依然名列前茅，时刻鼓舞着其他华为人。

《华为人》第 291 期中的《没有硝烟的上甘岭》一文，则讲述了华为外派员工的血泪与汗水。东盟地区气候干燥、天气炎热，这对负责东盟地区博览会配套通信设施建设的徐菲来说，是一个不小的考验。此次项目时间紧、任务重、环境恶劣，需要在没有窗户和空调的地下室进行，徐菲咬着牙坚持了一个多月，最后实在扛不住了，因过度疲劳昏倒了。在医院的时候，徐菲苦笑道："工作特别累的时候，想着累病了还能休息一下，等真的病了之后，心里却牵挂着工作。"所以他稍有好转，便立即奔赴工作场地，迅速投入工作。

除了工作上尽责认真之外，华为人在民族危难之际表现出的气节，更令人感动。《华为人》第 301 期中的《日喀则震后——拉萨办事处抗震救灾纪实》一文，便是华为人的真实写照。2015 年 4 月 25 日，日喀则地区发生 5.9 级地震，震后通信网络中断，急需抢修。华为驻拉萨办事处在得知这个消息之后，立刻启程奔赴日喀则灾区，不顾余震危险，迅速投入抢修工作。在华为人不顾生命的努力下，日喀则地区的通信网络在 10 天后修复完毕。团队里很多人因为强烈的高原反应和高强度的工作，每日呕吐腹泻，最严重的甚至在这 10 天内瘦了十几斤。

华为人在哪里，华为精神就在哪里。环境再恶劣，抵不过人心坚定。西伯利亚高原的暴风雪里、伊拉克地区的战火中、喜马拉雅的雪山上……都留下了华为人艰苦奋斗的足迹。《华为人》让这些丰功伟绩在每个华为人之间传颂，他们都是华为的奋斗者。

### 奋斗者鼓励文化

除了精神褒奖，华为在物质上也不亏待员工。华为设立了丰富的奖项来激励和表彰员工。

比如华为最高奖项——"金牌奖"。金牌奖分为"金牌个人"和"金牌团队"。这个奖项主要激励那些在华为做出重大贡献的个人或团队，属于最高荣誉性质的奖励，入选标准也非常高，属于"百里挑一"的级别。

为了抚慰长期在外的工作人员，华为还设立了"天道酬勤"奖。这个奖项主要针对在海外驻扎 10 年以上或是在条件艰苦地区连续工作 6 年以上的员工，这一奖项不仅面向国内外派员工，符合相关条件的外籍员工同样可以入选。

"蓝血十杰"奖是华为管理体系中的最高奖项，意在表彰为华为管理体系建设做出过杰出贡献的员工。这个奖项多半颁给老华为人，因为他们是华为一路走来的见证，是华为这栋大厦中最坚实的"螺丝钉"。

近几年来，华为还开设了"明日之星"奖。该奖项主要是为了鼓励刚迈入职场的新员工，尽管他们可能还不够完美和成熟，但只要身上有闪光点就能参选，并由民主选举产生最终的获奖者。

除了以上几个比较具有代表性的奖项，华为还有很多其他奖项，全面展示出了华为各方面的气节与精神：坚韧不拔、顽强拼搏、诚实守信、友爱团结……华为人用自己的行为昭示了华为人的英雄气概。在华为，人人都是标兵，人人都是英雄。

在管理学中，有一个非常重要的管理方式，就是塑造优秀的标杆和榜样，让员工观摩学习。好的榜样是员工重要的精神寄托，能够激励大家朝着更好的方向发展。而指出典型的"坏榜样"也不失为一个教导员工的好机会——对典型的错误行为进行公示和分析，能够敦促员工尽量避免出现类似的错误。

树立标杆，立足实践，成就榜样，共同进步。企业应当也必须担负起为员工指明前进方向的重责，并督促员工不断发展进步，成为充满激情的奋斗者。

## 以"奋斗者协议"自我鞭策

每个企业都有喜欢投机取巧、耍小聪明的员工，前期的华为也不例外。大多数人都兢兢业业、勤勤恳恳、脚踏实地地完成每一项工作，但总有一些人想着怎么减少自己的工作量。很多情况下，我们能看出某个人工作态度不端正，却找不到他的差错，也就无从处罚。针对这一现象，华为于2010年正式推行《奋斗者协议》。

这份协议开门见山地写道："公司倡导以奋斗者为本的文化，为使每位员工都有机会申请成为奋斗者，请您与部门员工沟通奋斗者申请的背景与意义，以及具体申请方式。在员工自愿的情况下，可填写奋斗者申请，并提交反馈。"

除此之外，该协议系统地阐明了员工在签署协议后将会获得的收益，比如，在后期的分红和配股上能获得更多机会。《奋斗者协议》并不是强制性的协议，员工自愿签署，若员工不愿签署，除了无法享受协议中表明的相关利益，公司不会区别对待任何员工。

事实上，大多华为人都签署了这份协议。能够进入华为的人，必定是与华为文化、价值观念相契合的人，华为的奋斗者文化早已深入每一个员工的内心。况且在签署协议之后还能额外获利，并增加晋升机会，何乐而不为呢？

《奋斗者协议》中的一些条例在外人看来可能有些苛刻，比如"自愿放弃带薪休假、非指令性加班费和陪产假"，"自愿执行6×12小时工作制度，每天工作12小时、每周工作6天，春节、国庆等法定节假日如有需要愿意无条件加班"等。但对多数华为人来说，其实这些条例他们早就做到了。没有规矩不成方圆，有奖必然有罚，如果签署了协议却不能做到，那么华为也会给予相应的惩罚。

虽然外界对华为的这份《奋斗者协议》颇有微词，但在华为内部《奋斗者协议》签订推行得格外顺利。对于老员工来说，他们多为中高层，日常工作非常繁忙，条例里规定的要求他们在日常工作中早已达到，现在相当于在同等的工作量上，增加了更多利益。

而新员工初入职场，壮志未酬，满腔热血无处挥洒，渴望进步，迫切需要这样一份《奋斗者协议》来表明他们愿意为公司奋斗的决心，让公司和领导了解他们的上进心，以期得到重用。同时，尽管付出了时间成本，新员工却能够通过长时间的工作，学习和了解到更多相关技能和信息。

华为是奋斗着的企业，把每个员工都培养成卓有成效的奋斗者是华为长久的愿望，《奋斗者协议》就像一把钢尺，丈量着员工走过的每一段路程，并标示出员工与"合格""良好""优秀""完美"之间的差距，为他们指明前进的方向。

## 一切都向着奋斗者倾斜

华为的一切工作，都直接导向奖金和薪资。虽然工作可以满足情怀，但更多人工作是为了获得报酬。这种直接的利益激励机制，打破了员工的"差不多精神""中庸法则"，引导人人力争上游，成为坚决而果断的奋斗者。

华为的一切都向着奋斗者倾斜。除了薪资和分红，奋斗者也能享受到更多的福利待遇。

华为鲜少存在"派系纠葛"等情况，也不热衷"喝酒应酬"，收

入水平和晋升空间全靠工作表现。这其实是一种改革，也更能体现出相对公平。

华为在《华为公司基本法》中也承诺过："公司视发展机会为公司可分配的首要价值资源，公司一方面通过不断开创新事业，为员工提供成长和发展机会；另一方面通过公平竞争机制，对公司的机会资源进行合理分配并为人才的成长创造良好的环境和条件。"这就使得华为员工拥有向上奋斗的绝佳环境和充足动力。

让奋斗者有所得，让拼搏者有所依。华为在这一点上，不掺一点儿水分。

## 打造事业共同体：实化于行

区分哪些是奋斗者、哪些不是奋斗者，然后强化奋斗行为，引导员工持续奋斗，这并不是华为塑造职业奋斗者的全部。事实上，任正非一直在思考：怎样才能让员工心甘情愿地做出贡献，在没有任何监督的情况下也能持续奋斗？最终，他得出的答案就是把传统的雇佣制变成合伙人事业制。

这就是华为塑造职业奋斗者的第三个环节：打造事业共同体，实化于行。

### 让最重要的人最先开始艰苦奋斗

早前万通的6位创始人被称为"万通六君子"，虽然现在已经分开,但在当时6个人齐心协力还是成就了一番事业;"小米七龙珠"就是指小米7位创始人组建的团队;我们非常熟悉的阿里巴巴,其18位创始人,被外界称为"十八罗汉"。这些企业创始人都是相关领域的优秀人才,他们并非是通过雇佣制召集起来的,而是被"打造共同事业"所吸引,每个人都是企业的股权所有人,大家定然会拼尽全力,为企业发展做出贡献。

与上述几家企业相比,华为最大的不同在于任正非并没有将"事业共同体"的范围圈定在少数几个成员上,而是最大限度地把对华为有贡献的奋斗者都纳入事业共同体。当然,华为员工众多,若想把每个员工都纳入事业共同体,这也不是一朝一夕能够实现的。华为的做法是先召集20%的关键员工,让贡献最大、最关键的人率先成为事业共同体,让最重要的人最先开始艰苦奋斗。

那么,如何判定谁有资格进入这20%呢?华为在设立虚拟股权制度之前,就已经和中国人民大学的教授进行了研究,设定了5个标准,能够达到这5个标准中的任意一条,都有优先获得虚拟股份的权利。这5个标准分别是:

- 善于举荐优秀人才,拥有广阔胸襟,能够站在公司立场上考虑
- 在生产领域有重大改进
- 在研发领域有重大突破
- 在市场开拓领域有重大成就
- 对企业文化、价值观念有重大贡献

这 20% 的"领头羊"不仅获得了公司内部的高度认同，还直接获得了意味着高红利、高奖金的虚拟股份，这些促使他们工作更加勤奋努力，因为他们非常明白，自己的每一分努力，都和自身利益紧密相连。

剩下的 80% 员工则会检视自身的不足，不断向前 20% 奋进。这样一来，整个华为一直处于积极向上的氛围中。

华为的这一做法，也有足够的理论支撑——韦尔奇的"271 法则"：20% 的员工超出期待，能够创造财富；70% 的员工符合期待，需要维持努力；10% 的员工低于期待，面临淘汰。

事业共同体的建设并不能一蹴而就，而要循序渐进。它的最终目的并不是只让最重要的员工获益，而是通过这种方式团结所有员工，让所有员工都成为能够为公司利益持续艰苦奋斗的奋斗者。

## 扭转招聘理念，寻找事业合伙人

在选拔合伙人的过程中，华为意识到由于个人贡献值的差异，合伙人的股权份额不能一概而论。要想最大限度调动大多数员工的积极性，又不挫伤最优秀奋斗者的进取心，最好的方式就是在合伙人中明确等级和权利差异，让责权利充分对等。

于是，华为对合伙人的等级和权利进行了细致划分，将合伙人分为 5 个等级：

一级合伙人：公司的原始股东或仅股东大会决议从二级合伙人中提上来的合伙人，他们拥有公司的实际股权，对公司重大事宜具有决策权；

二级合伙人：核心管理层或技术骨干、业务骨干，他们享受年终分红，占有虚拟股份，并可提名预备一级合伙人，负责相关领域的研究或管理；

三级合伙人：部门主管，只发放奖金，没有股份，负责对应部门的管理；

四、五级合伙人：有贡献的普通员工，必须入职超过 6 个月，能高标准完成工作任务，享有奖金，没有股份。

通过明确清晰的合伙人等级分类，华为让每个合伙人都能全面地看到自己的收益和相应的职责，鼓励他们为了成为更高一级的合伙人而奋斗；同时也能让还未成为合伙人的员工知道自己的欠缺与不足，继续努力前进。

为了保证合伙人制拥有充足的后续力量，华为在招聘人才时极力宣扬该制度，在招聘宣讲中强调合伙人制度，不断筛选出有抱负和远见的人才。

任正非说："合伙人事业是通过卓有成效的奋斗者之间有效合作、相互协调，在和谐的氛围和良好的企业文化中实现的。所以华为必须通过加强对人才机制的研究和实践，在人才市场中直接招揽具备合伙人素质的奋斗者。"

华为公司董事、公共及政府事务部总裁陈黎芳曾经在北京大学的校园招聘会上公开发表演讲："我今天来这里，是来找合伙人的，我们要一起去实现伟大的目标。华为将聚焦于基础网络设施，华为要做到世界最强，华为要做自己最擅长的事情，而且要做到无可替代。"

这段话非常明显地说明了华为的目标：华为不单单是招聘员工，更是招聘合伙人，招聘与华为一同奋斗的青年人。成功的硕果大家一起享用，低谷的泥泞也要一起走过，这就是华为的奋斗者文化。

## 传承奋斗者文化：显化于物

2010年，我第一次帮带新人，她叫小舒，与我一样一毕业就进入华为工作。刚开始，她身上有年轻人热血沸腾的冲劲，但也有好高骛远、不愿努力奋斗的缺点。

在我带她的6个月里，小到早上上班的时间，大到每一个项目的细节，我都无一例外地让她感受、参与。慢慢地，她从刚开始的抗拒加班，到后来跟着大家热火朝天地加班，特别带劲。

在学习提高工作效率的方法时，她不仅学习"怎么做"，还会彻底明确"为什么这么做"。在这一过程中，她发现针对同一问题，不同前辈因为面临的业务场景不同，总结出的经验也不同，有时这些经验并不完整，一味照搬，效果并不好。

于是，她不断画图分析各个业务场景，找出它们之间的内在逻辑，掌握各项知识点与具体的操作方法，还发现了许多优化升级的空间，这些工作让她能较快地接受新知识，不断提升自身的能力。

在6个月后的转正答辩上，她说："感谢那些漫长的积累打下的厚实根基，让我学会踏踏实实地做好每一件事，让我知道，人生走过的每一步，都没有白走。"

我的导师老蒋将华为的奋斗者文化传承于我，我传承给小舒，小舒又传承给她带的新人……周而复始，华为的奋斗者文化就这样传承至今，生生不息。

传承奋斗者文化，是华为塑造职业奋斗者的第四个环节，除了导师传承之外，还要显化于物。

## 管理者以身作则传承奋斗文化

华为的成功特别是早期的成功很大程度上要归功于奋斗者文化，而华为的奋斗者文化大多来自创始人任正非，换言之，他的性格以及经历是奋斗者文化的源泉。

提及任正非，大家总有聊不完的话题。任正非在年轻时入伍成为一名技术兵，在部队的表现数一数二，但之后他毅然决定做了一名企业采购员。之后迎接他的并不是坦途，他经历了被骗风波，给企业造成了巨大损失，只得辞职。但他并未放弃，而是转移阵地，南下至深圳创业。

从成立华为，到依靠程控交换机赚取第一桶金，再到成为中国著名民族企业家，这一路的"腥风血雨"，会造就怎样的一个人？

虽然我无法准确评判，但至少那股不言弃、"爱拼才会赢"的精气神是我能真真切切地从任正非身上看到的特质。这样的特质就像一个能量场，会对周围的人产生无法估量的影响，甚至可以将周围的人聚集起来，形成一个团队、一个命运共同体，华为就是这样茁壮成长起来的。

任正非本身就是一个奋斗者,在华为发展的30多年中,他一直坚持"以奋斗者为本,以客户为中心"的原则,不断奋斗,带领华为人闯出一片新天地。

不仅是任正非坚守奋斗者文化,华为的各个管理者以及各级干部都在践行奋斗者文化,这是华为文化价值观的传递与传承。华为认为思想与文化的团结,才能凝聚出最强大的组织力,因此华为十分重视每一个员工的价值观。

我在刚进入华为时,便感知到这种文化与价值观传承的魅力。当时,大部分的管理者都是20世纪90年代进入华为的那一批员工,他们经历过生活的苦难,也陪伴华为走过阴霾,他们吃苦耐劳、珍惜当前的工作机会,满怀希望与冲劲,犹如一把可以号令万剑归一的宝剑,只待一声令响,便可直击敌方。

在奋斗者文化熏陶之下的华为管理者,向新员工展示着自身勇往直前与奋勇拼搏的锐意,激发着员工内心直冲云霄的豪情壮志与激情,激励着员工快速地融入华为的奋斗者文化之中,成为一个实实在在的华为人。

## 以制度规范保证奋斗者文化的落实

华为将奋斗文化根植于企业的制度之上,让其融入企业的骨血之中,使奋斗者文化得以传承下去。任正非曾说:"只要是有利于企业发展的东西,就应该竭尽全力在制度上支持和落实。"

华为直接将奋斗者文化融入《华为公司基本法》,用以筛选出优秀人才，激励员工团结奋斗，从而打造一支勇往直前、奋斗拼搏的队伍，推动华为的高效运转与不断成长。

在管理方面，华为秉持公正原则，例如，《华为公司基本法》第58条规定："华为奉行效率优先、兼顾公平的原则。"第71条规定："每个员工通过努力工作，以及在工作中增长的才干，都可能获得职务或任职资格的晋升。"第102条规定："华为公司的接班人是在集体奋斗中从员工和各级干部中自然产生的领袖。"让每一个华为人都有机会不断晋升，获得更多的发展资源与机会。

在优秀人才的培养方面，《华为公司基本法》也有一系列规定。例如，第61条规定："我们通过建立内部劳动力市场，在人力资源管理中引入竞争和选择机制。通过内部劳动力市场和外部劳动力市场的置换，让优秀人才脱颖而出，实现人力资源的合理配置、激活沉淀层。"据此，华为建立了优秀人才的选拔与筛选机制，避免优秀人员被埋没。

在资源层面，《华为公司基本法》第69条规定："我们在报酬与待遇上，坚定不移地向优秀员工倾斜。"将资源向优秀人才偏移，激发优秀人才向奋斗者的转变，为华为的发展提供源源不断的发展动力。

这些规定都以培养奋斗者为目标，致力于创建一个高效、高素质、竞争力强的人才队伍。

在这套规章制度的引领下，公平、公正成了华为的前进原则，确保每一个努力公正、勇于拼搏的员工都能得到发展机会。

《华为公司基本法》是奋斗者文化凝聚的成果，它从小细节切入，对员工进行潜移默化的影响与熏陶，其中甚至对保安、司机、办公室人员、食堂人员的招聘都有严格要求。例如，在保安招聘层面，招聘人员须是三军仪仗队、国旗班、驻港部队等军旅出身，才具备应聘资格。这是为了给其他员工树立一个榜样，用一股正向的精气神激发普通员工的奋斗意识，引导员工严格要求自己，不断成长。

华为对司机的相关要求也是其落实奋斗者文化传承的另一重要方面。例如，要求司机穿正装、打领带，保证车内整洁、空气清新，对待客户要给予充分的尊重与关怀，在客户下车时，司机要扶住车门，挡住车顶，还要出声提醒客户当心，向客户提供热情周到的服务；在开车时，司机要做到平稳、安全，控制车速在 120 千米／每小时内。

除此之外，华为司机还要做到冷静沉着，根据客户的喜好来随机应变。如果客户喜欢安静，就不要讲太多话；如果客户喜欢聊天，就可以向客户介绍深圳、华为等，为客户提供宾至如归的服务。

这些规定和要求不仅让华为赢得了业界、客户的认同，也让每一个华为人受到这种文化的熏陶，做到求真务实、脚踏实地，从一个普通劳动者成长为卓有成效的奋斗者，为企业发展努力拼搏。

华为的奋斗者文化贯穿所有，它就像温暖的阳光，撒在华为的每一处角落。

# 第 6 章

## 钱给多了,不是人才也能变成人才

钱给多了，不是人才也能变成人才；钱给少了，人才也会变成"废柴"。

——任正非

## 都说华为工资高，华为员工一年赚多少

高薪，几乎是除了加班以外，华为人的第二张名片。

记得在我进入华为的第三年，有一天坐出租车，出租车司机看我挂着灰色的工牌，一脸羡慕地对我说："在华为上班工资很高吧？"还没等我开口说话，出租车司机接着说："月薪怎么也有1万元吧（2010年）？"

随着公司的发展华为进行了薪酬改革，开始实行按责任、绩效、贡献付酬，而不是按资历付酬。具有奋斗精神、勇于承担责任、冲锋在前并做出贡献的员工是此次薪酬改革的受益者。

都说华为人工资高，那么华为员工一年到底能赚多少呢？

### 华为的工资

**华为的薪酬构成**

很多公司的薪酬体系由基本工资、绩效、奖金、五险一金等构成，华为对这些内容进行了细致分类，形成了具有华为特色的薪资构成体系，主要分为外在激励和内在激励两个部分，如图6-1所示。

外在激励主要包括基本工资、固定奖金、各类现金津贴、浮动收入、长期激励和福利待遇等，是以金钱或福利等有形资产构成的"看得见，摸得着"的外在收入。

内在激励则主要体现在工作内容、文化氛围以及精神世界等方

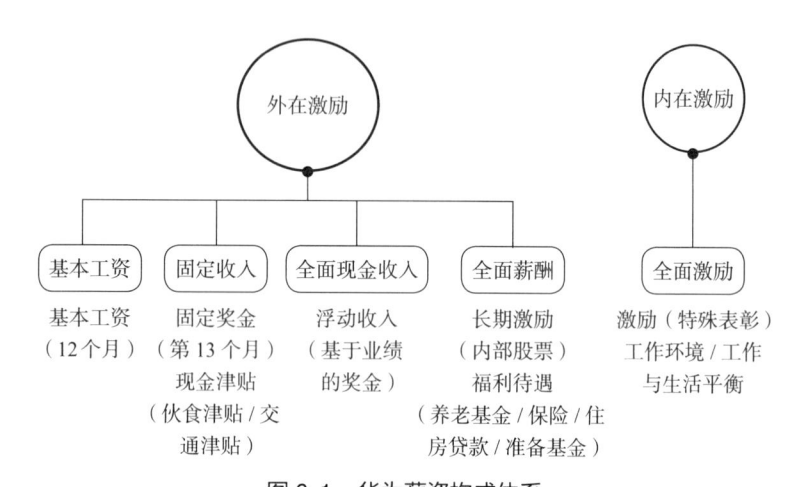

```
                    外在激励                              内在激励

   基本工资   固定收入   全面现金收入   全面薪酬      全面激励

   基本工资   固定奖金    浮动收入      长期激励    激励（特殊表彰）
   （12个月）（第13个月）（基于业绩    （内部股票）  工作环境/工作
              现金津贴    的奖金）     福利待遇      与生活平衡
            （伙食津贴/交              （养老基金/保险/住
              通津贴）                  房贷款/准备基金）
```

图 6-1 华为薪资构成体系

面。人们常说某个公司虽然工资水平不如另外某一家公司，但在这里待得非常舒服。这里的"舒服"就是一种内在激励。它可能是工作上的学习和提升、公司内部和谐的文化氛围、互助有爱的同事关系、公平透明的晋升机制等，是公司对人的内在心理做出的一种激励。

一般来说，影响员工加入一个公司并决定继续留任、进而产生激励作用的薪酬组成部分，有表6-1所示的5种，它们在吸引、保留和激励三种功能上有着不同程度的影响。

表 6-1 薪酬体系对员工的影响程度

|  | 吸引 | 保留 | 激励 |
| --- | --- | --- | --- |
| 基本工资 | 高 | 高 | 中 |
| 员工福利 | 低 | 中 | 低 |
| 特殊津贴 | 低 | 中 | 低 |

(续表)

|  | 吸引 | 保留 | 激励 |
|---|---|---|---|
| 短期激励 | 中 | 中 | 高 |
| 长期激励 | 中 | 高 | 中 |

我在刚进入华为时的职业级别是13级,基本工资是13B档——2 500元,加上固定资金和津贴,在进入华为的前三年,我的月工资在4 000~6 000元。

在2007年,相比大多数企业秘书岗的薪资(约3 500元/月),我的薪资水平已经很有竞争力了。

2016年,华为公布了研发部门一个新员工的入职薪资:月薪1.8万元,年终奖7.2万元,合计税前年薪28.8万元,同时提供相应的保险和住房公积金,并且在入职一年后将获得华为的长期激励(比如内部股票)薪资。

当然,获得高薪水的前提是工作任务完成良好。某年,研发部门7名员工未完成相应研发任务,只得到一半的薪酬。从薪酬制度上,我们也不难看出华为偏爱奋斗者。

一般情况下,企业对研发人才和销售人才都比较看重,华为也不例外。技术研发人才和市场销售人才是华为发展进程中的中流砥柱,所以华为研发人员和销售人员的薪资比其他岗位更高。行政人员的工作虽然烦琐,但技术含量不高,所以薪资水平远不如研发和销售员工。但也有特例,当员工在一个"冷门部门"工作得特别突出,并产生大量效益的时候，员工也会获得丰厚的奖励。

所以，在华为，没有绝对的高薪或低薪，只有努力才能获得更多的回报。

### 华为的职位评估

华为的工资结构和职位等级密不可分，职位等级的确定需要评估，华为一般采用内部要素评分的方式来确定员工的职位等级。

内部要素主要有知识及应用（权重30%）、影响（权重30%）、解决问题及创新能力（权重15%）、沟通能力（权重15%）以及责任（权重10%）。评估者会对这5个要素分别打分，再按照所占比例求出最终得分，然后将这个分值套入职位等级表，最终确定岗位等级。表6-2所示为华为职位要素分值表，表6-3所示为华为部分职位输出评估表。比如要成为第8级的高级经理，就需要得分在486~563之间。

表6-2 华为职位评估要素分值

|   | 要素总分区间 |
| --- | --- |
| 1 | 100~137 |
| 2 | 138~175 |
| 3 | 176~213 |
| 4 | 214~251 |
| 5 | 252~329 |
| 6 | 330~407 |
| 7 | 408~485 |

（续表）

|  | 要素总分区间 |
|---|---|
| 8 | 486~563 |
| 9 | 564~641 |
| 10 | 642~719 |
| 11 | 720~796 |
| 12 | 797~873 |
| 13 | 874~949 |
| 14 | 950~1000 |

表6-3  华为部分职位输出评估表

| 级别 | 职称 | 管理 | 销服 | 财经 | 法务 |
|---|---|---|---|---|---|
| 5 | 高级专员/高级工程师 |  | 销售助理（284） | 税务会计（296） | 法务助理（306） |
| 6 | 主任/资深工程师 |  | 特别助理（407） | 总账会计（330） |  |
| 7 | 经理/主任工程师 |  | 区域销售经理（553） | 审计经理（469） |  |
| 8 | 高级经理 | 董事长助理（539） | 区域销售总监（553） |  |  |
| 9 | 总监 |  |  | 财务总监（618） | 内部顾问（624） |
| 11 | 副总裁 | 营运副总裁（735） |  |  |  |
| 12 |  | COO（首席运营官）（812） |  | CFO（911） |  |
| 13 | 总裁 | CEO（911） |  |  |  |

### 华为的薪酬定位

每个华为员工的工资并不是随便给的,而是由该岗位或层级的普遍状况和员工的个人表现决定的。薪酬定位是指企业的薪资水平在劳动力市场中的相对位置,华为的薪酬水平基本全部高于市场水平,尤其是顶尖人才,有不小的比例高于市场水平75分位,如表6-4所示。

表6-4 华为薪酬定位表

|  | 低于25分位 | 25~50分位 | 中位值 | 50~75分位 | 高于75分位 |
| --- | --- | --- | --- | --- | --- |
| 最高管理层 | 0.0% | 0.5% | 32.2% | 53.5% | 13.1% |
| 高级管理层 | 0.0% | 0.0% | 36.1% | 53.8% | 10.1% |
| 中层管理 | 0.4% | 0.8% | 45.9% | 46.7% | 6.3% |
| 初级管理/主管/专业技术 | 0.4% | 4.7% | 55.0% | 36.0% | 3.9% |
| 一般职员 | 0.0% | 8.9% | 63.6% | 25.2% | 2.3% |
| 操作人员 | 1.6% | 13.4% | 60.4% | 20.9% | 3.7% |

高于市场同等水平的薪酬策略让华为吸引到不少高精尖人才。但是并不是所有部门和级别都采用一套架构体系,各个部门之间的具体情况不一致,有的部门会采用多套架构体系。为了更加科学地进行薪资水平判定,华为会参照4种标准来决定各部门和层级是否采用多套架构体系。

(1)从运营类型来看,生产类型部门和非生产类型部门之间是否存在比较大的薪酬给予标准和管理方式差异。

(2)从部门来看,是否要实施不同的标准,即生产、销售、研发和后勤行政，是否需一致对待。

（3）按照城市或者国家划分，针对当地的政策或者环境，是否要区别对待。

（4）按照级别，管理层是否要比非管理层享受更好的待遇。

任正非曾经说过这样一段话："所有细胞都被激活，这个人就不会衰落。拿什么激活？血液就是薪酬制度……因为我们对未来有信心，所以我们敢于先给予，再让他去创造价值。只要我们的激励是导向冲锋，将来一定会越来越厉害。"

所以华为一直都坚持每月15日发当月的工资（部分海外分部涉及汇率转换问题可能是当月发上月工资）。提前半个月发当月工资对于企业来说不难实现，但对于员工来说这是一个不小的激励，华为愿意相信员工，这也激起了员工更大的冲劲。

30多年来，华为给外界的印象是攻城略池、所向披靡，做什么成什么。不论是起步较晚的GSM（全球移动通信系统），牌照推迟多年发放的UMTS（通用移动通信系统），差点错过的TD-SCDMA（时分同步码分多址），还是起步更晚的终端，华为都创造了令人赞叹的业绩。

## 钱给多了，不是人才也能变成人才

华为认为，吸引人才最简单、最直接的方法就是舍得给高薪。在人才和薪酬管理上，任正非有一个十分鲜明的观点："什么是人才？我看最典型的华为人都不是人才，钱给多了，不是人才也能变成人才。"

任正非坚定地认为,企业想要招揽和激发人才,必须提供有竞争力的薪酬,在任何一家企业,员工努力工作的基本前提一定是通过自己在企业中的劳动可以得到生活上的基本保障。因此,唯有高薪酬才能催生高动力。

华为一直以来都非常明白"重赏之下必有勇夫"的道理,其高薪招人政策实行已久。比如,2000年华为就开始实施"IT人掠夺计划",用高于市场标准5倍的薪资吸引人才,当时本科毕业生的平均月薪是1 000元,华为就开出5 000元的高薪,吸引了当时东南大学无线电专业和重庆邮电大学电信专业的应届毕业生纷纷投身华为。

很多企业成立之初资金匮乏,做起事来畏首畏尾,甚至降低招聘员工的标准或少量招聘员工,以达到节省资金的目的。华为却反其道而行之,越是缺乏资金、技术,越是高薪聘请高素质人才。1997年,华为刚打开国际市场的局面,此时国际市场已被其他品牌瓜分完毕,华为举步维艰。为了应对这种情况,任正非直接将大学毕业生的起薪从2 500元提到4 000元,进而吸纳了充足的人才,为华为版图的扩展打下了坚实基础。

1998年,华为和诸多企业共同在清华招聘,这是一场抢夺人才的大战。其中中兴和华为的竞争最为激烈。当时中兴的影响力和知名度远超华为,很多人才选择加入中兴。但华为出其不意,直接宣布高薪聘请人才,使得很多原本已和中兴签约的人纷纷转入华为。到2002年时,华为招聘本科应届毕业生的起薪已经上涨到5 000元,研究生、博士的薪资则更高，远超国内相关企业的薪资水平。

时间奔涌向前，当华为已经初具规模，能够在国际国内市场占一席之地时，华为也没有恃宠而骄、苛待员工，反而在薪资待遇上继续一骑绝尘。2013 年，华为的本科生起始薪资已经涨到 9 000 元 / 月，研究生和博士的薪资甚至突破万元大关，比当时行业内平均薪资高出 3 000 余元。

华为内部数据显示，自 1996 年实行高薪政策以来，华为每年的薪资水平都比深圳一般企业高出 15%~20%，高出全国平均水平 50%~60%。这也印证了华为董事、高级副总裁陈黎芳曾说出的轰动一时的话："除了牛人，我们一无所有。除了牛人，我们别无所求。"

早在 2015 年，华为总裁余承东就公开发表演讲称："华为 2016 年将从全国各大高校招聘超过一万名应届毕业生，起始年薪最高可超过 35 万元。"这个薪资待遇放在今天来看都是非常吸引人的，足以匹敌中小型企业的管理层工资了。

高薪政策使得华为人才济济，随便拉一个出来就是名牌大学毕业。汤圣平是老牌华为员工，1996 年从中国人民大学毕业后加入华为，当时他内心挺骄傲的，毕竟那个时代读大学的人都很少，更不用说像人大这样的名牌大学了。可当他来到华为时，彻底被打击了一把。看着不起眼的室友，竟是中科院应用数学专业的博士；研发部的一个小程序开发员，来自清华大学；就连实验室里负责记录测试数据的小张，都是浙江大学毕业的……

人才多了，自然出成果。2018 年，华为的专利数量多达 5 405 项，位居全球第一，此外，华为公司产生的专利数量已经占据了全国专利数量的10%。

《华为公司基本法》第69条明确规定："公司保证在经济景气时期与事业发展良好阶段，员工的人均收入高于区域行业相应的最高水平。"

高薪已经成为华为的常态，甚至成了华为人的名片。正是因为华为理解和尊重人才，能够让人才学有所用的同时得到更为丰厚的回报，才能凝聚全世界各地的高端人才。

## 高薪背后，都是一群高效奋斗的人

华为的高薪政策不光能够吸引人才，还能够激励人才奋进。高薪意味着高压，任正非就曾说过："不眼红年轻人拿高工资，贡献很大才能拿到这么高的工资，我们还要进一步推行这种新的薪酬改革，让三个人拿4个人的钱，干5个人的活儿，这是我们未来的期望。这样改变以后，华为将一枝独秀。"

商业竞争远比我们想象的要残酷，要想在激烈的竞争中崭露头角，自身实力必须过硬。高效率是企业蓬勃发展的不竭动力，让三个人干5个人的活儿，就是华为对于高效率工作的追求。为了获得高薪酬，员工必须高效率完成工作，这就需要员工在工作中非常熟练且具有创新意识，能够打破固有的方式方法，将工作完成得更好。

华为的薪酬制度被戏称为"三高"，即"高效率、高压力、高工资"。员工因为有着"高压力"，所以寻求"高效率"完成工作的方法，在高效完成工作后即可获得"高工资"。企业虽然给予了员工"高工资",但员工创造了"高效率"的效益,为企业创造了更多财富。

华为崇尚节俭,但在员工薪资待遇和技术研发上从不吝惜,甚至颇有"挥金如土"的做派,但正是这样,企业和员工共同构建了一个稳固的交互关系,双方都得以发展。

华为的海外市场之一刚果(金)分部曾面临一个巨大挑战。原本商讨好的方案被客户临时压缩,让他们在4天内完成原本需要30天才能完成的项目。对于一般公司来说,这几乎是个不可能完成的任务。建设核心网络本来就非常复杂,技术要求也高,但如果放弃这个项目,华为再想打开刚果(金)市场就很困难了。

华为刚果项目组的负责人王强(化名)考虑了失去项目可能带来的后果,即刻拍板:"再难也得干,4天就4天。"他迅速组织各地的工程师到岗,直接奔赴施工场地开始工作。

王强几乎三天三夜没合眼,其他工程师也一样,都是轮换着休息一会儿,然后再次投身项目。最终他们成功了,在离截止时间还有三小时时,他们顺利完成了此次项目。

在华为,高薪是一种常态,高薪背后的高效奋斗也是一种常态。人的一生,不存在无功受禄,要想获得高额报酬,享受事业上的成功,必须用相应的时间去交换。时间能让一个人渐渐平庸,也能让一个人慢慢崛起。为了成为人群中最亮眼的那一个,必须要付出辛勤劳动。

就像电影《穿普拉达的女王》中米兰达说的:"当你的生活岌岌可危时,说明你的工作步入正轨了。当你的个人生活化为乌有时,就说明你要晋升了。"

世间所有高薪的背后,都是不为人知的奋斗和坚持。努力和成功之间,永远有一段距离。成功和平庸唯一的区别是你能否利用一切时间,坚持挺过这个无法估量的距离。

## 以岗定级,以级定薪

2019年4月,一个华为职级为19级的员工在社交网络上晒出自己2018年的收入:年终奖91万元,加上股票TUP(时间单位计划)、工资等,年收入破200万元。这条动态引起了网友的广泛讨论。很多人除了感慨"工资真高",大家对华为的职级也是颇为好奇。

华为的薪酬管理体系可以用16个字来概括:以岗定级、以级定薪、人岗匹配、易岗易薪,如图6-2所示。

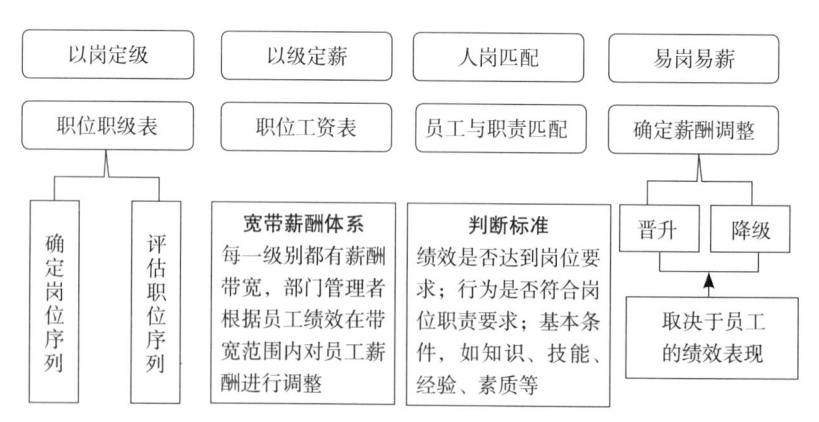

| 以岗定级 | 以级定薪 | 人岗匹配 | 易岗易薪 |
|---|---|---|---|
| 职位职级表 | 职位工资表 | 员工与职责匹配 | 确定薪酬调整 |
| 确定岗位序列 / 评估职位序列 | **宽带薪酬体系** 每一级别都有薪酬带宽,部门管理者根据员工绩效在带宽范围内对员工薪酬进行调整 | **判断标准** 绩效是否达到岗位要求;行为是否符合岗位职责要求;基本条件,如知识、技能、经验、素质等 | 晋升 / 降级 ← 取决于员工的绩效表现 |

图 6-2 华为薪酬管理体系

## 以岗定级"四部曲"

在华为，工资是按照级别来发放的，即"以岗定级"。

"以岗定级"是指每一个岗位会有一个对应的职级，这个职级就是这个岗位对企业贡献的评估价值，包括对组织绩效的评估价值、对岗位的评估价值和对任职者个人的评估价值。

那么，华为是如何"以岗定级"的呢？华为的"以岗定级"可分为"四部曲"：岗位分类、岗位排序、岗位命名、岗位评估。

### 岗位分类

华为是按照工作类型来对岗位进行分类的，因为华为的员工众多，岗位分类特别细，共有4个层次。第一层是族；第二层是类；第三层是子类；第四层是为各部门工作所需的岗位罗列。

我们可以这样理解：管理类岗位是带团队的，职能类岗位是完成具体职能事务的，营销类岗位是做销售的（一般将市场工作归类为职能类）技术类岗位是负责技术研发的。

### 岗位排序

所谓排序，就是分级。与分类相比，其实多数人更关心的是分级，外界关注最多的也是华为各级的人都是做什么的。

华为采用的是绝对分级法，这种分级完全依据岗位价值进行。通过岗位价值评估，得到各类岗位价值的绝对数值，然后进行排序、分等。华为的13~23级的层级划分，就是海氏（Hay）岗位价值评估的结果。

华为的绝对分级法主要用来判定员工的薪资级别，而非职位级别。岗位价值评估可能会造成部门与部门之间、岗位与岗位之间的偏差。比如，重点部门、核心部门的岗位价值评估，可能优于普通部门的管理层，这时如果单纯依照岗位价值来划分职业等级，就会对普通部门的管理层产生不公。所以在划分岗位时，公司要尽可能考察全面，不能单纯依据岗位效益和价值。

**岗位命名**

岗位命名在企业之间可能会有细微差别，但总体来说大同小异。

在华为有一个非常有意思的现象：在同等岗位上，一线员工的称谓往往比二线员工的称谓更加正式，一线员工也被默认比二线员工高出半级到一级。

一线员工常年在外面跑，与外界交流接触比较多，一定程度上代表了华为的形象。所以华为需要提高一线工作者的称谓正式化程度。在华为，一个办公室走下来，你可能会听到"李总""张总""王总"等大大小小很多个"总"。这并不是调侃，而是华为的一线员工多被称为"×总"。

二线员工平常主要驻扎在公司内部，很少外出活动。相较于一线员工，二线员工的称谓听起来就"小气"多了，一般被称为"×部长"。虽然这个称谓听上去不够响亮，但是他们的职权都不小。特别是华为总部里的部长，有的部长管理着成千上万人。

称谓的正式化程度，也会带来不小的心理暗示。比如每年在华为开大会时，一线工作人员都会回到总部，这时如果二线工作人员遇到一线工作人员，都会恭敬地叫一声"×总好"。一线工作人员常年驻外，风里来雨里去，很是辛苦，但回到总部看到同等级的同事如此敬重自己，便也有所释怀，从而更加卖力地工作。

## 岗位评估

每个岗位对于企业而言都是不可或缺的，但岗位对应的职级、薪酬等，则是由岗位评估得出的。

岗位评估要综合岗位各方面情况，但最主要的是评估该岗位承担的职责和该岗位产生的绩效。除此之外，该岗位的资源控制、面对的客户群体、所处环境的复杂程度等，也是需要考量的。岗位的职责决定了就职于该岗位的员工需要的技能、经验，这也与岗位的产出息息相关，所以有时岗位工作人员也纳入岗位评估的范围之内。

## 以级定薪：DGDX 分配体系

以级定薪，实际上就是一个职级薪酬表。虽然说华为的薪酬水平是根据级别决定的，但每个级别之间并不是完全垂直的，华为采用的是"宽带薪酬管理制度"，即将每一个薪酬级别对应的薪酬浮动范围拉大，使得最低薪酬与最高薪酬之间有一个范围区间。"宽带薪酬管理制度"里的"带"是指薪酬级别，"宽带"是指薪酬浮动的范围区间比较大。

采用"宽带薪酬管理制度"的好处在于：每一个部门的管理者可

以在这个区间内对自己的员工进行薪酬调整，而员工只要在自己的岗位上改善绩效，就能获得更高的薪酬。

所以，以级定薪避免了员工对薪资产生争议，因为它是灵活、有弹性的。部门主管根据岗位来确定员工的职级，然后通过以级定薪的方式来确定员工的薪酬范围，是非常科学合理的。

以级定薪有一套具体的操作方法，即"DGDX（定岗定薪）分配体系"，具体包括以下4个方面：

### 制定岗位标准工资

岗位标准工资是员工薪酬与岗位等级之间的具体标准，能够充分反映员工的工作贡献程度。根据宽带薪酬管理制度，华为对13~22等级的工资水平做出了明确规定，并按照员工绩效考核成绩将员工定为A/B/C档，如表6-5所示。

表6-5 华为员工岗位标准工资明细表　　　　单位：元

| 职位等级 \ 胜任等级 | C | B | A |
| --- | --- | --- | --- |
| 13 | 5 500 | 6 500 | 7 500 |
| 14 | 7 500 | 9 000 | 10 500 |
| 15 | 10 500 | 12 500 | 14 500 |
| 16 | 14 500 | 17 000 | 19 500 |
| 17 | 19 500 | 22 500 | 25 500 |
| 18 | 25 500 | 29 000 | 32 500 |

续表

| 胜任等级<br>职位等级 | C | B | A |
|---|---|---|---|
| 19 | 32 500 | 36 500 | 40 500 |
| 20 | 40 500 | 44 500 | 49 500 |
| 21 | 49 500 | 65 500 | 59 500 |
| 22 | 59 500 | 65 000 | 70 500 |

从表 6-5 中我们可以看出，最高薪资层级是 22A。公司在对每个员工的等级和绩效进行综合考量之后就会给出明确的薪资数据。比如某员工等级是 16 级，考评得到 B 档，那么他的工资就是 17 000 元。

这里的薪资只是员工的基本薪资，不包括奖金、股票或期权等其他薪资。奖金、股票、期权等额外收入也要通过员工的贡献度来评判。

岗位胜任等级也有胜任系数，作为薪资考核标准之一，胜任系数分为三档：完全胜任为 1，基本胜任为 0.9，暂不胜任为 0.8。

胜任系数也存在地区差异，一级城市记为 1，二级城市记为 0.9，三级城市记为 0.8，其他城市记为 0.7。

**解读岗位标准工资**

为了让员工更加清晰地理解岗位工资标准，华为对岗位标准工资进行了详细解读。员工等级一般是根据面试和试用情况，再结合员工日常工作表现和工作完成状况来确定的,这里的所有数据都是透明、公开的。

表 6-6 是截取的华为岗位对应等级表的部分。

表 6-6 华为岗位对应等级表(部分)

| 岗位 | 等级 |
| --- | --- |
| 助理工程师 | 13C |
| 普通工程师 B | 14 |
| 普通工程师 A | 15 |
| 高级工程师 B | 16 |
| 高级工程师 A | 17 |
| 主任工程师 | 18 |
| 技术专家 | 19级以上 |
| 三级部门主管 | 19B~19A |
| 二级部门主管 | 20A |
| 一级部门主管 | 21B~22B |
| 最高等级 | 22A |

**执行岗位标准工资制**

本科应届毕业生在刚入职华为时,一般等级为 13C,但也因人而异,略有不同。

在岗位标准工资制实行之后,华为员工的晋升或定级很少再通过上级领导指认、安排,只要你觉得自己适合或者能够胜任某个职级的工作，便可以自行应聘该职级的岗位。而员工能否应聘上，也不是上级主管一个人说了算。公司会根据主管的考核、员工的工作水平等，综合判断他能否胜任其应聘职级，此过程同样公开透明。

**华为职位职级的具体说明**

华为非常渴求人才，为了吸纳更多人才，也为了吸纳在社会上有资历的员工，公司需要一个参考标准。华为对从其他公司跳槽到华为的员工的职位职级说明包括以下6点：

第一，通过社会招聘进入华为的员工，工作时限达到6年，能够基本胜任工作，就能达到15B或15A；如果能完全胜任工作，或是在原公司为骨干员工，华为将把他的职级定为16B或16A。

第二，通过社会招聘进入华为，有8年工作经验的普通员工，一般职级定为16A或17B。

第三，通过社会招聘进入华为，有10年以上工作经验或曾经担任过部门经理的员工，华为会定为17A以上的职级，还有可能将其派到海外，从事更具挑战性的工作。

第四，通过特别招聘进入华为的员工，一般会定为17A~18A的职级，并且还享有签字费、股票等福利。

第五，在相关领域有突出研究、技术水平过硬或经验丰富、担任过经理以上级别的新入职员工，可以直接定为18级。

第六，如果之前在大型竞争对手公司（如思科、爱立信、阿郎、诺西等公司）正式担任过部门主管，华为将定为19B或19A的等级。

上面提到的签字费是华为给予跳槽员工的补偿金和奋斗者协议奖金，一般为 3 万元至 5 万元不等。

DGDX 分配体系的建立，是华为员工管理制度日趋完善的重要体现，其极大提高了华为员工的工作积极性，并让员工升职加薪的过程更加公平。在"一切以能力说话"的华为，这样会让员工更有奋斗的欲望，更能铸就一个稳步前进的公司。

## 人岗匹配，易岗易薪

工作虽然辛苦，可收获的时候会异常开心，在每月 15 日发工资的时候，我都要打电话给爸妈，分享一下"金钱带来的快乐"。

爸妈为我感到自豪和高兴，也叮嘱我不要舍不得花钱，吃好一点，该置办的东西都不能缺。但事实上我在华为的花销非常少，华为的食堂饭好吃不贵，而我除了工作之外，业余时间所剩无几，很少去商场，也鲜有娱乐活动，不知不觉中，我竟然攒了不少钱。年底拿到年终奖的时候，我更是乐得合不拢嘴。

老蒋看到我每天一副很满足的神态，不失时机地提醒我："还要抓紧努力呀，你难道就不想再升升你的级别，拿更多的钱？"

我猛烈地点头，钱嘛，谁不想更多？

老蒋说的"升级别，涨工资"就是华为的另一个薪酬体系：人岗匹配，易岗易薪。

人岗匹配是指员工的工作素养与岗位职责之间的匹配程度，这也会影响到员工职级与个人能力的匹配程度。要想做到人岗匹配，员工的业绩就必须达到岗位所需的要求，工作技能、素质、经验等基本条件也要与岗位职责相符。

当员工的工作岗位发生变动时，考评人员和岗位匹配度的标准也会发生改变，华为一般会给员工留出充足的适应时间，考查认证通常在员工到任新岗位三个月至半年之后进行，公司会根据考察结果判断员工的薪资是否需要调整。

如果公司决定对员工的薪资进行调整，就涉及易岗易薪。易岗易薪有两种情况：一是员工能力、素质远超当前岗位要求，给予晋升或涨薪；二是员工不能胜任当前岗位的工作，给予降级或降薪。

当员工职位得到晋升时，员工的薪酬如果已经达到新岗位的薪酬标准,那么公司可以根据员工的绩效水平来判断是否涨薪;如果员工薪酬未达到新岗位的薪酬最低值,则对员工进行涨薪,使其薪酬与目前岗位相匹配,涨薪幅度不得小于新岗位的薪酬最低值,具体视员工绩效而定。

当员工面临降级处理时,薪资水平也应做出相应调整。主要的考核依据仍是员工的绩效,如果员工当前的薪酬高于降级后职位的最高薪酬标准,则需要立即进行降薪处理,调至与员工能力、职位相匹配的薪资。

## 人岗匹配,用工资倒推任务

通过人岗匹配的薪酬体系,公司可以根据员工拿到的薪资额度,推算出他完成了多少工作、工作表现如何。

员工的收入水平、各部门的支出状况,在一定程度上反映了企业的效益水平。反向思考,提高员工的收入水平,让优秀员工的工资超出他的期待值,也能够倒逼其提高自身工作能力。

很多企业在效益差时,往往通过缩减员工工资来降低公司成本,结果优秀员工因为享受不到合理的薪酬待遇而离开公司,留下的员工多半能力水平一般。

华为规定,对于每年完成任务的前20名员工(相对值)加薪20%,中游员工加薪10%,部门业绩无论好坏,都要增加相应的薪酬总额。这样一来,优秀员工的工资稳步上升,普通员工也会因为薪水的增加而对公司持感恩之心,加倍努力地用自己的劳动成果回馈公司。企业内部最稳定的运营方式,不是大量招聘新员工,而是提高现有员工的工作效率。

对于直接创造价值的岗位，分得越细越好。像研发经理、市场经理、客户经理等就是典型的产出岗位，虽然说他们管理的人员可能不多，却掌握着企业的经济命脉，要给予他们优厚的薪资待遇，激励其积极完成本职工作。

企业留住人才的根本，就是为员工提供具有竞争力的薪资水平。用高薪来倒逼优秀员工提升工作效率，从而提高公司效益。

## 易岗易薪，任职资格挂钩切身利益

随着华为的高速发展，完善管理体系变得尤其重要。任职资格制度便是华为改革管理体系的一大产物，它让员工管理逐步走向系统化和科学化。

华为将员工的岗位成为 14 大族、51 类、几百个子类，每个岗位都有相应的任职资格标准，且任职资格与员工的实际利益直接挂钩。

前文我们提到过，华为员工有双向晋升通道，且组织结构划分细致，所以除了基层人员之外，员工多少都有一定的职权，发展前景非常广阔。

比如你是一名普通销售人员，想有所提升，可以先从底层"助理销售工程师"做起，深入各个地区，在获得相应的知识和经验后，便可以向客户经理发起冲击，继续努力还可以往国际、国内营销专家，国际、国内营销高级专家和国际、国内营销资深专家进发。

如果你已经是企业内部的中、高级管理者，则要时刻保持警惕，切忌停滞不前。一旦在考核中业绩不达标,就会被易岗易薪。因为每一个华为人都时刻在奋进,一旦你止步不前,就会立刻被后来者超过。

华为任职资格制度的建立,也参考了英国职业资格证书体系(national vocational qualification,NVQ),涉及国家职业资格标准体系、职业资格考评体系、证书发放管理和专业人员、机构的质量监督管理体系。NVQ标准结构和考评方法如表6-7所示。

表6-7 NVQ标准结构

| 单元 | 要素1 | 要素 | 行为标准 |
|---|---|---|---|
| | 要素2 | | 必备知识 |
| | 要素3 | | 工作环境 |

表6-8 NVQ考评方法

| 认证方法 | 观察法 | 工作结果样品 |
|---|---|---|
| | 产品法 | 第三方证词 |
| | 问答法 | 自我评估描述 |

早在1997年,经劳动部介绍,华为与英国开始了企业合作,华为引进了英国企业的NVQ,逐步将之投入华为的管理实践。这次学习和引进延续了华为一贯的风格,那就是立足于华为,根据华为的特点进行调整和改进,而非照抄照搬。

根据华为的任职资格制度,员工以贡献论英雄。贡献有直接贡献,比如为企业研发出能够大幅提高工作效率的工具;还有无形贡献,尽管在表面上看不到有形的产物,贡献却是真实存在的,比如兢兢业业地把每一项工作做好。

任正非曾经在《全心全意对产品负责,全心全意为客户服务》一文中写道:"我们公司现在的任职资格评议系统就是一种价值评价体系。我们推行能力主义是不是有问题?是不是要将责任与服务作为价值评价依据?你有能力,但没有责任心,没有达到服务要求,我们就不能给予你肯定,给予你高待遇。"

所以华为建立了一个高标准的绩效考核制度。这个标准首先参照年初设定的个人目标的完成度,然后将员工的工作完成情况与团队其他员工的情况进行横向、纵向比较,最终得出考评结果。

如果你在考评中成绩为"C",这就意味着你在三年内不得涨薪和配股,且当年奖金直接取消。如果你在考评中成绩为"D",那么你将直接被淘汰。在做得好有奖励、做不好就惩罚的制度下,华为员工对任何工作都不敢敷衍,对每一项工作都认真负责,这使得整个团队也在一路向前。

## 下岗学习和转岗学习

在易岗易薪政策中,除了升职加薪之外,还有一种模式,就是降岗降薪。

华为对员工实行降岗降薪并不是为了惩罚员工,而是通过降岗降薪这种手段,使员工认识到自己的不足,从而激发员工的上进心。华

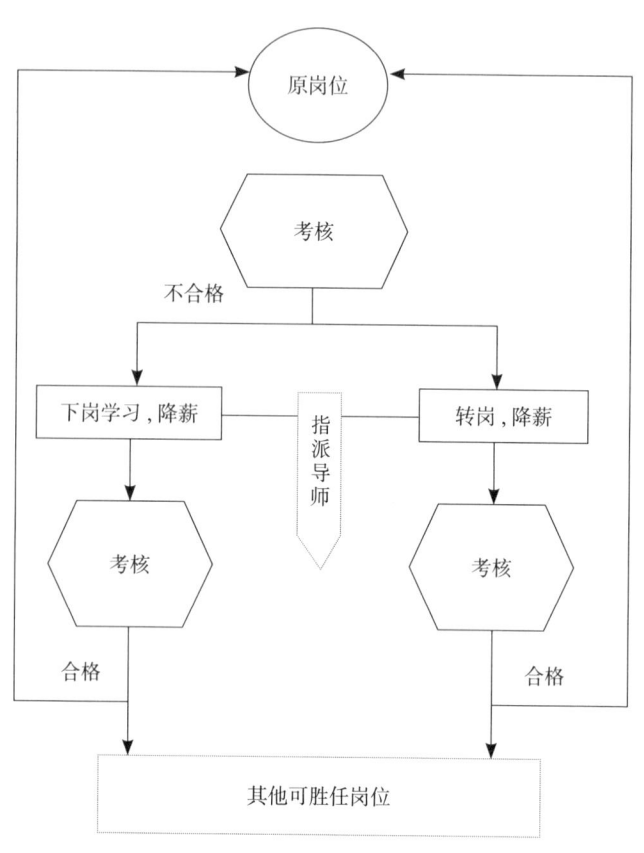

图 6-3 华为降岗降薪模型

为对于工作中表现欠佳的员工一般采取两个政策，一是下岗学习，二是转岗学习，如图 6-3 所示。

当员工在原岗位的考核中不合格时，华为会依据员工的个人情况，对其执行下岗学习或转岗学习政策，无论是下岗还是转岗，员工都会降薪。同时还会指派导师对下岗或转岗员工进行思想指导，以免其出现负面情绪和抵触心理。这个过程会一直持续到该员工后续考核合格，能够胜任其他岗位的工作为止。

其实转岗的员工虽然受到了降薪的惩罚，但这些举措往往能让其找对自己的发展方向，朝着更加适合自己的道路迈进。如果员工在某一岗位一直无法胜任，就应该及时转岗，看看到底是个人能力问题还是岗位适合度问题，因此转岗未必是一件坏事。

实现员工权、责、利统一，是易岗易薪的最终目的。在这种政策下，员工会为了获取更丰厚的报酬和更大的晋升空间而不断努力，企业也能够在这个过程中不断发现更加适合员工的管理体系。华为在2005年《关于人力资源管理变革的指导意见》中再三强调："要坚定不移地实行以岗定级、以级定薪、人岗匹配、易岗易薪，使公司永远处在内部运作成本较低的进取状态。"

这一制度的实施也需要监督和考察，为了杜绝不公正现象，任正非也多次强调："易岗易薪的制度所有华为人都要遵守，即便是华为干部在进行'之'字形成长的过程中进行岗位轮换，也要接受新岗位的职位标准的考核，实行易岗易薪。"在华为没有区别对待，只有一视同仁。

## 给火车头加满油

### 按贡献大小定待遇

虽然华为的工资水平整体高于业内平均工资水平，但并不是每个进入华为的人都能享受高薪酬、高待遇。员工能否给华为带来贡献和价值,是华为给员工拟定报酬的先决条件。

任正非曾经说过这样一段话:"进入华为并不意味着高待遇,因为公司是以贡献定报酬,凭责任定待遇的。对于新来的员工,因为没有记录,晋升会比较慢。"

**以贡献定报酬**

华为给员工定报酬向来不看职位,而是看贡献。在华为,从不论资排辈,晋升和涨薪都需凭借自己的真本事奋斗而来。华为支持和鼓励员工公平竞争,切勿投机取巧,依靠实力为自己打下一片天地。受这种氛围的影响,华为大多数人身上都有一种坚韧、踏实、努力的优秀品质,华为也因为有这群优秀员工的存在,而变得一天比一天美好。

**凭责任定待遇**

在华为,待遇从不是按工龄定的。如果员工依照工作年限来要求涨薪,多会遭到回绝,管理者甚至会反问你:"如果你觉得工作时间长就能涨工资,那你有没有想过这么长时间以来你有什么进步,有什么贡献呢?"

工龄只能在一定程度上代表员工的资历,但它绝不能代表员工对公司的贡献程度,所以华为不把工龄作为员工薪资参考标准。相反,如果员工刚进公司,却能够担负起重大责任,做出突出贡献,那么华为也会给予高额报酬。

如果你到华为的办公室看看，你就会发现几乎每个人都专注地投身于工作，鲜少有闲聊、开小差的。华为非常抵制"不打粮，光吃饭"的员工，这类员工不仅会增加企业的经营成本，还占用了企业宝贵的资源，这样一来企业不仅收益减少，还会产生额外的消耗。因此员工按照工龄或者资历来获取工资，不仅不利于老员工进取，还会打击新员工的工作积极性。以贡献定报酬，凭责任定待遇，华为一直坚守和践行着。

**职能工资制**

从 1997 年起，华为开始打造属于自己的职能工资制度，三年后，这项制度初具雏形。

简单来说，职能工资制就是指员工的能力和职业资格等级决定了员工的薪资。员工的工作能力越强、职业资格等级越高，员工拿到的薪资越高。

员工的能力水平依据其绩效考核结果来判定，任职资格也有一套固有的评判方法。

华为任职资格体系包含三大部分，即干部任职资格、专业任职资格、技术任职资格。以"专业任职资格"为例，华为主要从三个方面对这一资格进行考察：①基本条件——学历、专业经验、现职状况（初步判断是否可以申请一定级别的资格）；②资格标准——行为、知识、技能（考察能否获得资格的主要标尺）；③参考项——绩效、素质、品德（对资格标准认证结果的调整）。华为专业任职资格标准体系如图6-4所示。

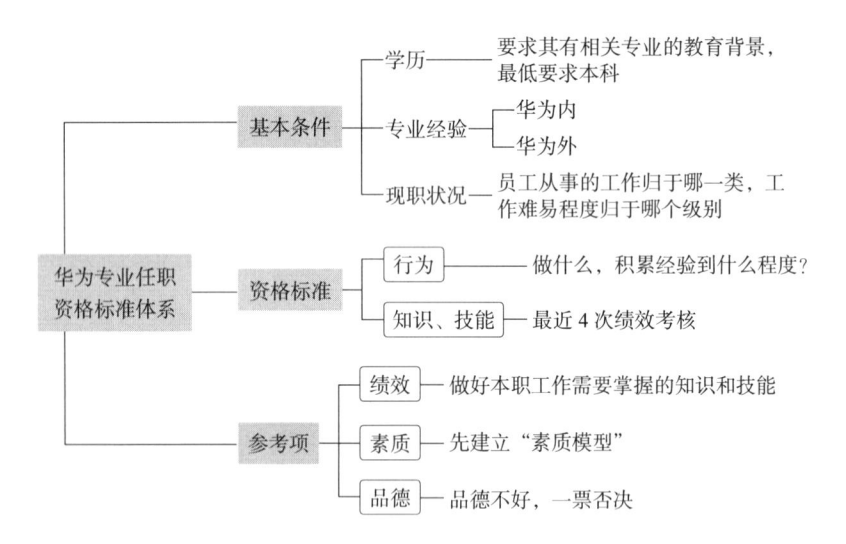

```
华为专业任职          ┌─ 学历 ───── 要求其有相关专业的教育背景，最低要求本科
资格标准体系          │
          ┌─ 基本条件 ─┼─ 专业经验 ─┬─ 华为内
          │          │           └─ 华为外
          │          └─ 现职状况 ── 员工从事的工作归于哪一类，工作难易程度归于哪个级别
          │
          ├─ 资格标准 ─┬─ 行为 ───── 做什么，积累经验到什么程度？
          │          └─ 知识、技能 ── 最近4次绩效考核
          │
          └─ 参考项 ──┬─ 绩效 ───── 做好本职工作需要掌握的知识和技能
                     ├─ 素质 ───── 先建立"素质模型"
                     └─ 品德 ───── 品德不好，一票否决
```

每年华为都会根据公司的效益情况、目标完成度、竞争对手的效益等情况，对员工的薪资进行调整。一般来说，只要员工各方面表现优秀，超出任职标准之上，就会获得更好的薪资待遇。

长久以来的实践证明，职能工资制能够促进企业内部人员流动。通常来说，高薪资岗位更能吸引优秀人才，如果员工具有优秀潜力，其就可自主应聘更高一级的其他岗位，从而获得更好的报酬。这样一来，企业内部犹如一泉活水，优秀人才和创新技术在企业内部不断流动，使得企业充满活力，在与其他企业的较量中更加具有竞争力。

# 第3部分

## "英雄"（3~5年）

# 第 7 章
## 让奋斗者分享胜利的果实,淘汰惰怠者

只要在内外合规的边界内达到目标,抢的粮食越多,分的粮食就越多。

——任正非

## "活力曲线"

在外界眼中，华为永远充满着活力，这和华为推行的活力曲线绩效考核法密切相关。

"活力曲线"又称"末位淘汰法则"或者"10%淘汰率法则"，指通过竞争淘汰的管理手段发挥员工的极限能力。活力曲线法将员工分为三类：业绩排在前20%的员工为A类；业绩居中的70%的员工为B类；业绩排在后10%的员工为C类。

华为对活力曲线法进行了创新，把员工分为A、B+、B、C、D这5类，其中A类占企业员工的10%~15%，B类和B+占75%~80%，C类和D类占5%~10%。

下面，我具体来说说华为对不同类别员工的考核机制。

### A类员工：树标杆、立榜样、先晋升

A类员工，就是明星员工。华为对A类员工有着明确的标准——杰出贡献者，这类员工的工作明显超越所在岗位层级的职责和绩效期望，并取得了杰出成就。

简单来讲，如果绩效考核标准满分为100分的话，那么杰出贡献者的得分起码要超过100分。华为会根据不同岗位层级的职责要求去定义绩效目标，如果员工的得分和KPI（关键绩效指标）完成率都远超预期，那么公司会认定该员工是杰出贡献者，即A类员工。

## A类员工的标准

在华为，员工如果想成为A类员工，除了价值观匹配和业绩达到标准之外，至少还需要具备以下几个条件：

第一敢于向自己挑战。任正非告诫员工，做一件事无论是否成功，你都要找到自己的那份感觉。只要你参与并与之拼搏过，你就成功了，胜负无定数，敢搏成七分。

第二热爱工作。华为希望每一位员工都将工作当成一种热爱，认真地做好每一件事，目光要远大，胸怀要开阔，要富有责任心，不计较个人的得失。

第三奋斗。直白地说，就是热爱加班，把公司当成家。在华为完全不加班的人，是绝无可能拿到"A"的。

第四与公司生死与共。华为希望员工抛弃"公司跟我没关系，我只是打工的"的想法，而要跟公司建立一种生死与共的观念。只有具备了这样的观念，员工才会真正地用心去做事。

第五对公司有贡献。华为不以学历、知识作为确定收入的标准，而是以贡献和业绩评定薪酬。"有知识，没业绩"一切都是空谈。

## 让优秀的人得到最优秀的奖励

对于A类员工，华为当然是想办法留住。如何"留"呢？

华为的做法是：在物质上慷慨奖励，包括奖金、股票、培训等；在精神上给予荣誉，包括把A类员工树立成标杆，让其他华为人沿着榜样的成长路径快速成长。此外，华为在提拔干部的时候，绩效考核结果是重要的参考维度，A 类员工在人岗匹配、岗位晋升、成长机会方面都享有优先权。

华为的惯例是每两年升一级，越往上走，级别越高，晋升比例就越低。但是员工只要踏踏实实地把公司指定的任务超额完成就行了，目标的设定和完成情况是公开、透明、公正的，所以，员工的成长从这个角度来看也是极为简单的。

简言之，华为留住人才的策略就是用物质奖励留住人，用精神荣誉留住心，让优秀的人得到最优秀的奖励。

## B 类员工：做辅导，设目标，晋升靠后

华为的 B 类员工分为两类：B 类和 B+ 类。

相对于杰出贡献者 A 类员工，优秀贡献者 B+ 类员工的目标是要达到并经常超出组织期望，做出超出期望的业绩；扎实贡献者 B 类员工则要能够达到组织期望，完成目标任务。

关于华为 B 类员工的标准，第 4 章已有讲解，这里不再赘述。高效率地做好本职工作，认同华为的奋斗文化，员工就能拿到"B"或"B+"了。

华为对于优秀贡献者 B+ 类员工和扎实贡献者 B 类员工，也会给予晋升、调整工资、发放奖金的机会。

对于 B 类员工，华为采取的绩效管理方式主要侧重于技能辅导和周全的目标设定。

## 做辅导

对于"B 类员工"(包括 B+),华为会对这类员工进行大量的绩效辅导。华为在绩效辅导中常用的辅导工具是"GROW 模型"。什么是"GROW 模型"?"G"是英文 Goal 的缩写,指目标;"R"是英文 Reality 的缩写,指现状;"O"是英文 Options 的缩写,指解决方案;"W"是 Will 的缩写,指制定行动计划。"GROW"代表着绩效辅导的 4 个步骤,每个步骤管理者会通过三个典型的问题来达成绩效辅导的目的。

第一步:帮助员工确定目标。华为的管理者通常会通过三个典型问题来帮助员工建立目标。一是你希望谈些什么,二是在这次沟通中你想达成什么结果,三是你最重要的问题是什么。

第二步:了解员工现状。华为的管理者会通过三个典型问题来挖掘真相,了解员工现状。一是现在出现了什么情况,二是对此你有什么感觉,三是事实是什么。

第三步:讨论解决方案。华为的管理者会通过三个典型问题帮助员工找出完成目标的方法。一是你已经做过哪些尝试,二是你还会尝试什么解决方法,三是如果你还有尝试的机会,你会怎么做。

第四步:确定意愿。华为的管理者会通过三个典型问题商讨出行动计划和目标衡量标准,并建立自我责任。一是你下一步计划是什么,二是你需要什么样的支持,三是实现这个目标对你有什么意义。

通过"GROW 模型"的绩效辅导,可以帮助 B 类员工认清现状,重新建立目标和方法，成为 A 类员工。关于华为是如何使用"GROW 模型"来做绩效辅导，有很多技巧和方法，考虑到篇幅的问题，这里不再详细描述。不过，如果你是一位管理者，在使用"GROW 模型"对员工做绩效辅导时，需要注意以下三个关键要素。

- 注意倾听，并做出合理的反应；
- 站在员工的立场思考问题，注意员工的感受；
- 积极与员工分享你的想法。

## 设目标

B 类员工与 A 类员工最大的区别在于 A 类员工往往有着极其清晰的目标感和内驱力，但 B 类员工往往缺乏目标感，所以华为采取的方法就是帮助 B 类员工设立目标，养成结果思维和目标意识，最终形成以结果与目标为导向的习惯。

## C 类员工：无奖金，无晋升，激活你

华为对 C 类员工的定义是较低贡献者，是无法完成组织目标的人。

在华为，奖金高低会导致很大的收入差距。如果员工今年拿了"C"，这就意味着员工今年不可能涨薪了，更别提配股和晋升了。可能同一岗位的其他员工的年薪是 48 万元，而 C 类员工的年薪可能只有十几万元。

直白地说，如果员工拿了"C"，什么好事都与他无关了。

### 我在华为的第一个"C"

在华为的 6 年里，我也拿过"C"。

2008 年春节后的第一周，Sam 和我沟通：2010 年度我的绩效考核为 C。我感到很意外，按照我去年的表现和评价，各项工作都没有出过错，2008 年我所在部门的整体绩效也不错，怎么也不至于被评为"C"。

Sam 看我不得其解，解释说这主要和一单客户投诉有关。2008 年下半年有一个国外客户培训，在制作结业证书时，一位外国客户的名字被打错了，客户对此很生气，代表处投诉了我们部门。

事后 Sam 拉上我和部门的同事一起做复盘。负责流程的同事说，代表处给的名字确实就是这样，所以她报给我制作结业证书的名单上也是错的。这不能怪我们，是代表处的错误。复盘得出的结论是受制于内部流程，我们应该与代表处或学员核实姓名。如果下次碰到类似问题，可以升级做特殊处理，但要简化流程还很难实现。我个人认为在现有流程下，自己确实做了最大努力。我只是按照名单上的名字制作报给文员制作结业证书，因此感觉自己的"C"拿得很委屈。

Sam 告诉我，问题不在于投诉本身，而是对待投诉不改进、不作为的工作态度——没有真正为学员和一线服务。

但我也做了自我反思，自己确实存在问题——只专注于自己的工作，没有为整个部门考虑，对学员需求缺乏敏感度；在自己的业务运作成熟后，我的精力主要放在日常工作上，在团队协同和流程改进上的思考和投入不足；思维和动作都被现有模式捆住了手脚。

原来我一直是被动地向前，现在突然停下来，一时无所适从。

Sam 和老蒋安慰我说："哪里跌倒就在哪里爬起来，2009 年希望你拿 A。"

2009 年是我最努力的一年，从年初的不甘心，到放下所有心理包袱，踏踏实实地工作，积累越来越多的实战经验，最常听到 Sam 和新员工说的话就是"这个问题，你们可以多向庞金玲请教一下"。于我而言，这是一种认可，更是一种激励。2009 年年底，我拿到了"A"。我相信，人生没有白走的路，每一步都得算数。

这就是我在华为第一次拿"C"，也是唯一一次拿"C"的经历。如果你在华为拿了"C"，不要气馁，调整心态，勇于转身，找到原因，最有效地发挥个人才能和价值，你就可以成功甩掉"C"。

## "C 类员工"的表现

从细致的行为上来说，大多数 C 类员工有以下几种表现：

### 能力一般

C 类员工往往因为能力不足而很难独立完成工作。基层的 C 类员工从事的工作比较简单，因而上述表现还不明显；而高层的 C 类员工在能力上的短板会被扩大，不适合做干部。

### 混日子

有些 C 类员工在认识到自己的能力不足后，没想着改进，反而开始在企业混日子。"佛性"是他们的标签，他们通常秉持着"平平淡淡才是真"的想法，在面对工作时心无鸿鹄之志，不求上进，得过且过，不追求完美，不愿意改变。

**熬年头**

虽然C类员工的能力一般,也没有上进心,但他们"毅力"十分,可以在企业中十年如一日地熬日子、熬资历,坚信"多年的媳妇熬成婆",将上级领导"熬走",自己就能取代其位置。

**兢兢业业**

C类员工的兢兢业业实为不能胜任,无论工作多少年,能力没有任何提升,虽兢兢业业,但并不能带来创新和改变。

## C类员工对企业的危害

C类员工看似像小白兔一样"无辜",时间久了却像一颗颗长在企业身体里的"慢性毒瘤",对企业发展十分不利。

**占用资源,没有成果**

C类员工往往在其位却不谋其政,占用资源却没有任何成果,不利于企业的增值。

**影响团队士气**

C类员工不思进取,会将"佛性"传染给其他员工。当这类员工占据主流位置时,他们会将华为的奋斗文化变为"佛性"文化,慢慢击垮其他员工的士气,将企业变成一只被拔了牙的老虎,没有高昂的斗志,只能等待死亡。竞争是促进个人成长、企业发展的必经之路,没有竞争,个人和企业必然会走向失败。

**不利于引进优秀人才,阻碍企业建设**

C类员工在华为熬出资历、成为干部后也更倾向于招聘新的C类员工，避免有能力的人将其取而代之。这样就会形成恶性循环，将企业彻底变成"养老院"，最终让企业走向末路。"千里之堤毁于蚁穴"就是这个道理。

## C 类员工的处理方式

那么，对于 C 类员工，华为是如何处理的呢？华为对于 C 类员工的处理是"激活＋淘汰"。

### 激活 C 类员工

鉴于 C 类员工对企业的危害，加之 C 类员工占企业的 5%~10%，从企业的岗位效率来看，最好的 10%~15% 的 A 类员工不足以影响整个企业的岗位效率，要想提升整个企业的岗位效率，就必须从提升 C 类员工的岗位效率开始。

木桶理论提醒管理者：一个企业实际上能发展多大，主要不是取决于企业所拥有的资本规模，而取决于企业拥有多少忠实的、有创造力的雇员。而保持一支创造性队伍的关键是最短的木板能够承受多大的压力。因此，把最短的木板变"长"，才是企业实现跨越最为重要的环节。

提升 C 类员工最好的办法就是激活他们：一是对他们进行教育和培训；二是通过转岗有效地提升员工的竞争力。

简单粗暴地开除 C 类员工当然是解决问题的一个方式，但是治标不治本，开除了一名 C 类员工，仍然会有接二连三的 C 类员工出现。华为的处理方式是通过"制度＋文化"，从内部激活 C 类员工，让 C

类员工自发产生实现公司目标的驱动力。比如，华为在对 C 类员工进行调岗时，坚信 C 类员工是放错了位置的明星。但如果 C 类员工在调岗后还是没有任何突破，那么华为将对这类员工予以淘汰。

**淘汰 C 类员工**

华为对连续两年都拿"C"的员工也会采取淘汰的方式。

华为认为，一年拿"C"，通过教育、培训、转岗等方式可以激活 C 类员工，但如果员工连续两年达不到业绩要求，就应直接淘汰。

## D 类员工：淘汰

考核结果等级为"D"的员工，华为会直接与之终止合同。"物竞天择，适者生存"，"末位淘汰制度"说的就是这个道理。任正非在一次内部讲话中指出："华为每年要保持 5% 的自然淘汰率。"虽然华为每年要保持 5% 的自然淘汰率，但这不是说管理者想淘汰谁就淘汰谁，而是要有严格的管理制度作为依据。

标准化衡量体系的建立为末位淘汰制的实行提供了依据。每个人的绩效目标都是管理者在与员工充分沟通后制定的，绩效目标和内容也是可量化的。这就保证了考评的公平、公正，避免造成错误淘汰。

关于"末位淘汰"，很多人都将重点放在了"淘汰"上，事实上，"末位"才是重点，"淘汰"在更多的时候起到的是催生员工危机感的作用，刺激员工化被动淘汰为主动进取。员工只要拥有不可替代的核心竞争力，就不会被淘汰。

以上就是华为的活力曲线绩效管理对不同类别员工的处理方法，简言之，赏 A，辅 B，激活 C，淘汰 D。

华为通过活力曲线造就了一支华为铁军。

**绩效面谈**

下面我以自己的经历为例，说说华为绩效面谈的方式及过程。

一般来讲，我和 Sam 谈话（一个季度评估一次）主要围绕如下三个问题展开：

（1）上个季度的自我评价和问题反馈

Sam 会让我回顾上个季度的工作情况，以及整体的工作状态。季度初期个人规划是否已实现，有什么问题是要反馈给 Sam 来解决的。

（2）下个季度的工作计划和个人规划

在这一部分，Sam 一般会这样问我：如果满分是 10 分，你给自己的工作效率打几分？给自己的收获成长打几分？

打分，比单纯地问"工作中有没有影响个人成长和工作效率的问题"更直观有效，一般员工不会给自己打 10 分，对于缺的那几分，一定得找出实际存在的问题。通过这种方式，一方面，员工可以发现自己的问题，另一方面，管理者可以以此为药引，引导员工正确地制订下个季度的提升计划和工作重点，同时确定具体的落地措施，以及后续的衡量标准。

关于提升计划。从 Sam 的角度来讲，他希望我在一段时间之后回头看，内心是踏实的、满意的。自己的价值提高了，以后不管换到那个团队、公司，都是有竞争力的。Sam 认为目标一旦确定，员工的工作就应该是很明确的，与目标强相关的优先做，不相关的就不做。

领导的价值，就是协助员工以最高效的方式达到自身的目标，所以如果员工遇到问题了，就应该及时向领导反馈。

（3）薪资待遇

Sam 会鼓励我谈薪资，他认为，员工只有内心不委屈，工作才会做得出色。员工对薪资存在异议无外乎有三种原因：一是业界的薪资标准变化了，二是 Sam 对我的评价有问题，三是我确实有地方没做好。

如果是第一种原因，那么很容易处理，领导把数据向上反馈，公司有了数据，对行业的了解也会更清晰。如果是第二种原因，领导就得反思自己的失职了，一方面下次调整改过来，另一方面员工要反思后续如何避免类似问题。如果是第三种原因，员工就会更加清楚地认识到自己的不足，做好改进目标和计划，等工作做好了再提出调整薪资。

在绩效面谈中，有几点很重要。一是每次 Sam 在与我进行绩效面谈时，采用的方式是引导我自己说出问题和制定目标。领导直接提与员工自己意识到问题的效果还是差很多的。二是 Sam 经常会对我说，"要有魄力，要有敢于承担任务的勇气"。如果我们敢于把 1% 的可能或者不可能变成现实，那才能证明我们的能力。当目标不那么容易达到时，我们对自己的要求就会更高，如果对自身要求高了，那么对团队的要求也会变高,这样一来工作的压力也会变大,成长和提升相应也会更快。

这就是我在华为时,我的领导与我绩效面谈的大致经过和提问方式。当然,有时管理者也会根据具体的情况调整面谈的内容。

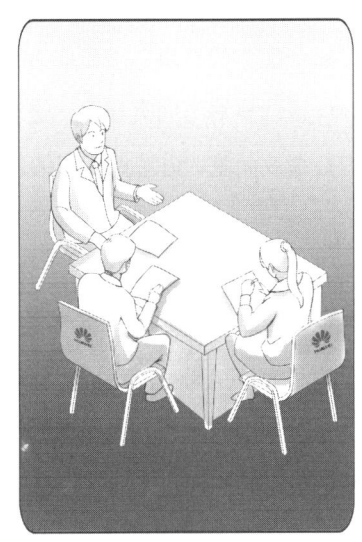

## 绩效面谈"三部曲"

绩效面谈对于不少管理者来说,都是一个让人倍感压力的挑战。绩效面谈是管理者为促进员工绩效改进做出的约谈工作,这项工作如果完成顺利,就可以非常有效地促进员工业绩的提升;但如果这项工作完成得不好,那么这甚至有可能恶化管理者与员工的关系,造成不良影响。

在华为，绩效面谈不只针对绩效考核结果不理想的员工，而是覆盖全员。高绩效员工需要鞭策和监督，谨防骄傲自满；低绩效员工需要鼓励，但也要适当施压，让其努力上进；还有一些员工非常自我，不受约束，绩效有高有低，面对这种员工，首先要让他们认同华为的企业文化。

每个员工的性格、工作能力、思维方式等都不尽相同，作为管理者，应该调整对不同类型员工进行绩效面谈的方式方法。华为对管理者进行绩效面谈的方法做了归纳总结，简称为"绩效面谈三部曲"。

### 前奏曲：绩效面谈前的准备工作

不打无把握之仗，不做无准备之事。面谈前准备工作是否充分，会影响到面谈结果。面谈前，管理者首先会搜集员工的相关资料，了解员工近期的状态，并对员工的绩效期望做出预判，结合绩效考核结果了解员工的心理状态，确保自己在面谈过程中占据主导地位。

面谈地点和时间的选择也会对面谈结果产生一定影响。一般情况下，为了方便管理层观察员工在面谈后的状态，他们不建议将面谈时间定在周末，尤其是对于低绩效员工的面谈。面谈地点一般要求比较安静，不受打扰，并且氛围温暖，适合沟通。

面谈的相关事宜要提前告知员工，让员工做好准备，从而使员工在沟通中充分表达自己的真实想法，以便管理者帮助员工找到合适的解决方法。如果管理层觉得某位员工难以掌控，可以寻求更有威望的主管或者更有经验的 HR 的帮助。

## 主旋律：绩效面谈时的具体内容

面谈的具体内容是决定绩效面谈能否成功的关键。面谈内容应该围绕员工的工作表现展开，主要包括下列事项：

- 管理者向员工说明面谈的目的和流程
- 员工对上一周期的绩效计划和自我评价做简要汇报
- 管理者告知员工上一周期绩效考核参照的标准
- 管理者和员工共同探讨员工在上一周期的工作中需要改进的地方
- 商讨下一周期员工工作的重点、个人发展的重点
- 对面谈信息进行确认和汇总

绩效面谈的实质是沟通，而不是管理者的个人教学，所以管理者应该鼓励员工敞开心扉，大胆地说出自己的真实想法。另外，绩效面谈的重点应该放在后半部分，也就是探讨工作中需要改进的地方并提炼出对未来发展有益的重点，而不是一味否定员工过去的成绩。

表 7-1 为华为绩效面谈实施进程表，可供参考。

表 7-1 绩效面谈实施进程表

| 面谈阶段 | 目的 | 面谈要点 |
|---|---|---|
| 暖场 | 营造良好的谈话氛围 | （1）感谢员工前期的努力工作<br>（2）营造真诚、信任的气氛，让员工放松心情<br>（3）说明谈话的目的 |

（续表）

| 面谈阶段 | 目的 | 面谈要点 |
| --- | --- | --- |
| 面谈阶段 | 鼓励员工自我总结 | （1）员工总结自己在考评周期内的重要成绩与不足<br>（2）主管用开放式问题进行引导 |
| | 点评考评意见 | （1）从员工的优点开始点评其工作表现<br>（2）分析员工在工作中的不足之处<br>（3）肯定员工的进步和努力 |
| | 告知考评等级结果 | （1）告知员工考评等级的评议程序<br>（2）告知考评结果 |
| | 鼓励员工发表意见 | （1）主管多用开放式的问题探询员工的意见<br>（2）主管认真倾听员工<br>（3）主管感知和认同员工的情绪，给予建议<br>（4）咨询员工对于团队、部门管理、主管个人的意见<br>（5）再次确认考核结果，如有异议，确定下一步的沟通方式和时间 |
| 面谈阶段 | 员工发展建议 | （1）咨询员工关于个人发展的计划<br>（2）双方就此进行讨论，主管承诺支持 |
| | 绩效改进 | （1）对于绩效不理想的员工，主管和员工共同制订绩效改进计划<br>（2）初步确定下一阶段的工作目标 |
| 结束阶段 | 总结和确认 | （1）主管和员工对上述内容进行总结和确认<br>（2）约定下一次面谈的时间<br>（3）感谢员工参与<br>（4）员工或主管整理面谈记录 |

## 协奏曲：绩效面谈中的方法技巧

为了保证绩效面谈真实有效地开展，管理者需要熟练掌握各种面谈中的方法和技巧。针对不同的员工，采用不同的面谈策略。表7-2是华为针对4类不同特点的员工提供的不同面谈策略：

表 7-2 面谈策略参考表

| 绩效 | 工作态度 | 人群特点 | 主管面谈策略 |
| --- | --- | --- | --- |
| 好 | 好 | 团队业绩创造的主力,团队标杆,是最需要维护和保留的 | 予以激励,同时需要提出更高的目标和要求 |
| 好 | 差 | 能力较强,但往往性格也较强,或者非常注重沟通,对公司认可度一般 | 敞开心扉,建立信任,但对员工消极的态度要明确指出,绝不迁就,否则能力越大,责任越大,其对组织的破坏也越大 |
| 差 | 好 | 工作认真,对公司和主管认同度高,但绩效差 | 制订明确的绩效改进计划,促使其改进,如不行则调整岗位使其能发挥出价值。态度好不能弥补其业绩不好的问题,更不能用态度来掩盖绩效问题 |
| 差 | 差 | 懒惰懈怠、不思进取,经常为业绩不佳找借口 | 强调目标工作,明确表示看法,管理好员工期望,引导员工反思,也为后续可能的淘汰等做好铺垫 |

为了达到更好的面谈效果,华为的管理者会针对不同的场景采取不同的面谈技巧。

**营造良好的沟通氛围,双方建立信任**

环境对人的影响是巨大的,良好的沟通氛围是面谈顺利进行的重要前提。管理者如果对面谈很敷衍,不注重与员工之间建立信任,那么员工也不会把面谈放在心上,从而认为面谈只是走走形式,没有实质内容。

关于如何营造良好的沟通氛围,帮助双方构建一种互相信任的关系,华为的 4 种方式可供借鉴,如表 7-3 所示。

表 7-3 营造良好沟通范围的 4 种方式

| 方式 | 内容 |
| --- | --- |
| 联合 | 强调兴趣、价值、需求、目标和双方共有的事务,营造和谐的氛围从而达到沟通的效果 |
| 参与 | 激发对方的情绪,创造使目标更快完成的条件,并为后面的谈话创造积极的气氛 |
| 依赖 | 创造安全的情境,如强调保密,营造私密的沟通空间,提高对方的安全感,并接纳对方的感受、态度与价值等 |
| 觉察 | 观察对方的情绪,将潜在的冲突予以化解,避免讨论演变为负面或破坏性事件 |

**有技巧地使用"三明治法则"**

在告知员工上一周期绩效考核结果时,管理者应该注重表达技巧,不宜生硬地念出结果。所谓"三明治法则",就是先表扬,后批评,再表扬。这是一种比较委婉而且有效的沟通方式,前后两次表扬,能够激发员工的工作积极性和信心,一次批评也能让员工认识到自身存在的问题。

比如 Sam 在告诉我考评结果的时候,通常会以"你最近工作表现不错,在××方面做得……"作为开头,中间提出我工作中的失误和需要改进的地方,"但是在××方面还有待提高,存在……的问题",最后会说:"你的绩效考核结果就是这样,但是我相信以你的××品质,今后你一定会取得更大的进步……"

**学会倾听员工的想法**

为了避免"听错",华为要求管理者掌握一项基本的工作技能——学会倾听。

通常情况下，华为管理者在进行绩效面谈时，都是按照备好纸笔、认真倾听、最终确认这三个步骤进行的。

倾听也是需要技巧的。比如，在倾听的过程中，管理者应该与员工保持良好的目光接触，让员工感受到管理者对其话语的重视，使得员工能够充分信任管理者。但在目光接触时，不能直勾勾地盯着对方，这样会让员工感到不适。最好是一边倾听一边记录，同时还要提出一些开放式的问题，表示管理者确实在用心倾听，还能通过员工对问题的回答，获取更多信息。

以上就是华为绩效面谈的"三部曲"。当然，关于绩效面谈的方法技巧，每个管理者都有自己的"独门绝技"。比如 Sam 每次在与我进行绩效面谈时，不管我的绩效是好是坏，他都会先对我上一季度的工作进行肯定，再进行正式的绩效面谈。这样做的好处是我们能在一个相对轻松的氛围里开启面谈。

## 绩效面谈三法则

除了"三部曲"，在绩效面谈方面，华为的管理者一般还需要做到以下三法则：认可、引导、达成。

### 法则一：认可下属成绩，同时指出问题

员工需要认同感，不然会丧失信心，管理者对于员工做出的成绩，要及时、充分地予以认可。员工有时看不到自己存在的问题，管理者需要第一时间予以指正和指导，让员工快速走出误区，提高效率。

2015年，刘东来（化名）入职华为，负责交付工作，但他的绩效成绩一直非常不理想，一度处在被辞退的边缘。在刘东来生日时，他的上司Sam与他展开了绩效面谈。

Sam对刘东来说："你平常工作很认真，但你知道为什么不出成绩吗？"刘东来怔住了，他也想过这个问题，但显然尚未找到答案。Sam笑了笑，继续说道："你最大的问题不是你不努力，而是你没有主动去做。一直以来你都是被动地接受领导给你安排的工作，并且是按照常规的方法，做完就结束了。但是你从来没有想过这件事为什么要这样做，还有没有更好的方法。"刘东来恍然大悟，原来问题的关键在这里。

后来，他根据Sam的建议，给自己立下了三条规定：

第一，每天对工作进行总结和回顾；

第二，做好每日工作计划并严格执行；

第三，将工作中遇到的问题详细记录下来并及时请教他人。

慢慢地，刘东来在工作中越来越得心应手，逐渐摆脱了"拖后腿"的状态。但他的绩效成绩并没有迅速提升，还属于中等偏下的水平。Sam看到他的进步，提醒他说："你的进步很明显，继续加油一定会更加出色。但是你要注意一个问题，在很多任务中你依赖同事、导师，这样下去你很难独立负责一个项目。"

Sam给了刘东来培养工作独立性方面的建议，刘东来在照做之后，果然开始有飞速进步。到2016年时，刘东来几乎每一次绩效考核，都能得到"A"。

这就是一个处于被辞退的边缘的员工，在管理者绩效面谈的帮助下，实现蜕变的故事。

在华为，这样的故事每天都在上演。

## 法则二：引导员工正确看待绩效考核成绩

在华为，员工的奖金、配股、薪酬等切身利益与绩效考核成绩直接挂钩。所以员工非常看重考核成绩，考核结果不理想或者考核达标但奖金没有上涨，这些都非常容易导致员工产生抱怨情绪。这种情况下，管理者应该及时引导员工正确看待绩效考核成绩。

华为一直强调员工奖金与绩效之间的匹配性。2009年，由于公司的整体效益较好，加之公司特别注重奖金向业绩优异的团队和个人倾斜，在高额回报的激励下，绩优员工的总体奖金水平增长明显。

不可避免地，有的部门会因为业绩下滑而出现员工贡献产出不明显的情况。比如我所在的部门在2008年就出现过这样的情况，当时我们部门有5%左右的绩效差的员工奖金为零。

绩效面谈的难点就在于这5%左右的绩效差的员工。这时，管理者在进行绩效面谈时要引导员工正确对待绩效考核结果，告知员工在华为，奖金多少与奋斗与否、贡献大小相关。管理者不应逃避自己绩效面试的责任。

## 法则三：掌握一定的灰度，达成一致对话

管理者与员工之间的关系处理一直是令众多管理者头疼的问题。

管理员工，如果过于宽松，完全放任员工，就会使得管理者在员工面前没有威信，无法进行有效的管理；但如果过于严苛、事无巨细，所有的事情都要管，不给员工一点空间，那么也会压得员工喘不过气来，恶化管理者与员工之间的关系。

所以管理者应该公正、客观地看待员工，讲究"对事不对人"。在员工之间意见相左或发生矛盾冲突时，不能盲目偏听偏信个人言论，也不能使用极端的处理方法。很多事情并不是非黑即白，黑与白之间还有一个过渡地带，就是灰色地带。为了不让员工之间的矛盾加剧，最好的方式就是将争论引入灰色地带，取两方可取之处。

这也正是华为基于多年管理实践升华出的"灰度"理论。"灰度"理论得以成立的一个重要基础就是宽容。员工的个性多样，管理者应该以一种开放、包容的心态去看待每一个员工。员工之间冲突的化解，也往往要靠宽容来实现。为了形成一种稳定、和谐的部门氛围，管理者一定要学会宽容，消除冲突，达成共赢。

绩效面谈中的对话成功与否直接关系着企业绩效管理体系的运行：成功的绩效面谈能够促使员工进步，进一步提高工作质量和工作效率；而失败的绩效面谈不但起不到促使员工进步的作用，甚至还会引起、激化员工与上级领导的矛盾。

希望每一位管理者都能够注意到这些看似"小"、却会影响团队氛围及业绩的敏感环节，成为绩效面谈的"高手"，引领团队在未来的一年创造新的业绩奇迹。

# 第 8 章
## 跑到最前面的人,就要给他两块大洋

将最适应公司内部、社会、前进变化的方法找出来,谁能跑在最前面,谁就应该多拿"两块大洋"。

——任正非

## 为什么给——不让"雷锋"吃亏

2014年,任正非在人力资源工作汇报会上的讲话中说道:"奖励跑到最前面的人,就要给他两块大洋。"这句话就是说在华为公司里绩效好、表现突出的员工,都应获得良好、及时的回报。这里的"回报"指的是物质奖励和非物质激励。

在前面两章,我们详细地讲述了物质奖励中的薪酬部分和非物质激励。从这里开始,我们来说说华为的股票奖励。

需要说明的是,我虽然在华为努力工作6年,从初级秘书升为高级秘书,但我没有股票。这其中有我自己的原因,也跟华为的股票激励制度有关。秘书岗虽然是基层,但不属于最艰苦的一线,所以很难拿到股票激励,但我的导师老蒋实实在在地拿到了华为的股票激励。

老蒋在第一次接到领导的可配股通知时,他的态度是拒绝的。当时领导告诉他,基于这三年来他在公司的优异表现,公司决定向他开放配股。但是那时他年底到手的年终奖才几千元,配几万股却要几万元,相当于年终奖没领自己还得倒贴几万,所以老蒋的第一反应是放弃配股,毕竟到手的钱才是真金白银。

领导听完老蒋的回答,为他分析了华为股票的前景。1997年,华为的股票年底分红超过1元,也就是说,每股的净利润超过了100%,扣掉个税也有80%的赢利,当年银行定期利率是8.64%。放到现在,很少有股民能保证一年的赢利能达到如此高的水平。

在领导分析后,老蒋犹豫了半天,最后还是选择不要。领导纳闷了，老蒋这才道出其中的原因，原来是手头上的钱不够。领导恍然大悟，然后告诉老蒋，针对有资格配股但手头缺少资金的员工，公司提供低息贷款，个人只需要额外支付20%的利息。

老蒋惊呆了，这真是碰到了"天上掉馅饼"的好事。即使找公司贷款，每年的收益也能保证在60%左右，重点是风险非常低，基本等于无风险。

知道华为的员工为什么如此拼命了吧？古人有句话叫"士为知己者死"，华为对每一位员工的关怀简直是360度无死角的，只要你努力，能为公司创造价值，你就能获得超额的回报，这也是华为之后快速发展的深层次原因。

思虑再三，老蒋最终在购买股票的承诺书上签了字。领导随后回收了承诺书，老蒋表示不解，一般的合同不都是一式两份，交易双方各留一份吗？领导告诉老蒋，承诺书不是购买合同，只是公司计数分红的一个凭证，自己计个数就行，公司肯定不会亏待你的。老蒋就这样当了15年的"华为小股东"。

后来在老蒋离职的时候，华为以最新的市场价收回了配售给他的所有股票。

## 华为绝对不让"雷锋"穿"破袜子"

任正非说过这样一句话："华为绝对不让'雷锋'穿'破袜子'，你为公司做出了贡献，我就给你体面的回报。这样就是在用制度培育'雷锋'，而不是用道德培养'雷锋'。"

为了不让"雷锋"吃亏,华为建立了一整套公平公正的绩效管理体系和薪酬管理体系。任正非让全员持股、共享收益的做法,即使现在也很少有公司能做到。每年华为赚取的净利润不是回到了创始股东的手中,而是分配给了所有持股的员工。

2010年,我还在华为,我清晰地记得当年华为的净利润是238亿元,华为给虚拟股票每股的分红是2.98元。我们部门的资深主管余东在华为工作10年、绩效优良,他可以配40万股。也就是说,那一年他除了薪资以外,还能拿到120万元的股票分红。在2010年,这笔股票分红比许多外资公司的高级经理人的收入还要高。

在华为,年薪百万真的不是梦。华为的员工以等级计算,2014年国内有一家媒体曾经披露过华为的工资水平,一位22级的员工,工资、股票分红、年终奖、海外生活补助等加起来,税前收入超过了500万元。在华为,这种工资水平的员工超过1 000多人,年薪百万的员工超过20 000人。

华为的薪酬构成包括工资、奖金、股票分红等,工资只占很小的一部分,员工大部分的收入来自股票分红。

这种以价值决定收入的分配制度,充分调动了华为人的工作热情。华为用制度将每个人培养成"狼",因为他们知道只要付出有了成绩,公司就会及时给予丰厚的回报。

即使现在华为已经跻身世界500强,成为世界都无法忽视的"巨无霸",任正非依然在公司强调奋斗,强调拼搏,强调付出。他曾经说过这样一段话:"不奋斗,不付出,不拼搏,华为就会衰落!拼搏的路是艰苦的，华为给员工的回报首先是苦，但苦中有乐，苦后有成就感、有高收入，对公司未来也更有信心。如果一个企业让懒人和庸人占着位子不作为，让不创造价值的人、混日子的人都快乐，那么这个企业离灭亡不远了！华为的薪酬制度就是要把落后的人挤出去，减人，增产，涨工资。"

正是华为懂得与员工共享成果，这才使各路英才的聪明才智得到充分发挥，才成就了华为。以奋斗者为本，不让"雷锋"吃亏的分股准则，给华为注入了强大的生命力。

"问渠那得清如许，为有源头活水来"，一个企业要发展，必须要不断地注入生机与活力。而华为不让"雷锋"吃亏的基本准则，将华为的组织力提升到极致，为华为提供了源源不断的"活水"，孕育出一个"胜则举杯相庆，败则拼死相救"的铁血团队。

## "肯给"养出的狼性团队

企业家最喜欢问的问题之一就是：任正非为什么能凝聚18万名知识型员工，做到"枪声"就是命令，指东打东、指西打西？其实答案很简单：分钱分得好。

任正非说："分钱分得好，员工有干劲。"员工在一个职位上做好，说到底取决于两个要素：一是能力，这代表你能不能干好；二是态度，这代表你想不想干好。华为每年校招基本选择的都是"985"高校的毕业生，在华为，博士并不是稀缺资源，说不定一排基层工位上就坐着一排博士。所以，华为员工的工作能力是没问题的，甚至远高于业内平均水平。华为要做的是让这些高才生在华为充分发挥自己的能力，将自己所学完全释放出来。这其中最关键的是让公司的事情变成员工的事情，让强制的 KPI 变成员工出于内心自愿去做的事情。

20 世纪 90 年代，华为刚刚创立不久就碰到了同行"重大项目奖励机制"和"破格晋升提名制"的挑战，为了吸引和留住更多人才，任正非开始构思虚拟股票制度，并且不断完善 TUP 激励制度。

在华为，员工工会的持股是 98.93%，任正非的持股是 1.07%。一个创始人持股如此之少却能够稳坐华为董事长 30 多年，每年还把赚取的所有利润几乎全部配给持股股东，这在其他公司是非常少见的。

华为的高分红，既激励了所有的基层员工，也留住了高级管理人员，如今已经成为华为招聘最有利的砝码。

2019 年 3 月 29 日，华为发布了 2018 财年的财报。其 2018 年全球销售收入为 7 212 亿元，同比增长 19.5%；净利润为 593 亿元，同比增长 25.1%。2017 年，华为的销售收入为 6 036 亿元，净利润为 475 亿元，当时华为拿出 40% 的利润用于分红，另外 60% 不增值进行折股，大约 8 万名员工可以拿到配股。按照这个比例计算，华为 2018 年的分红金额大约为 240 亿元，人均 27 万元。

一位华为 20 级高管，一般手里有 100 万股虚拟股。按照上述分红比例计算，他能拿到约 283 万元的分红，这其中包括 102 万元的现金和价值 181 万元的虚拟股票。

新员工的股票激励情况如何呢？一位刚毕业的计算机系研究生，到华为一般从基层的技术工程师做起，定级在 13~14 级。在工作 1~3

年之后，员工如果绩效指标达到了配股的要求，就可以配股，一般配股的数额在5万~10万股之间，这意味着员工税后可以拿到最高20万元的分红，这个数字是不是很吸引人呢？

在华为，员工前三年可能要靠工资，但是一旦有了配股、有了分红，员工的工资就变成了小钱，虚拟股票拿到的分红才是收入的主要来源。所以在华为，大家更看重虚拟股票，因为它才是真正的"摇钱树"。

在华为，你的薪资水平暴露了你的员工级别，靠工资的就是"打工者"，拿分红的才是公司的"老板级员工"。

在华为的重赏之下，一大批"勇夫"聚集到华为。华为也靠"肯给"培养了一支在业内让人闻风丧胆的狼性团队。

在世界各地，你都能看到华为人的身影。高薪的背后，是华为人为连接世界付出的辛苦和为了梦想不懈的追求。即使遇到困难和挫折，甚至经历失败，也绝不放弃，拼尽全力，永不言败，将一切不可能变成可能，这才是华为真正的精神财富和华为专属的价值观。

艰苦奋斗是中华民族的传统美德，华为人将这一美德发挥到了极致。在华为，想拿更多的薪水，就要付出更多，甚至不得不去阿富汗、也门、叙利亚这些战火纷飞或异常艰苦的地方。而这些奋战在艰苦一线的员工大多是在家里一直被当作宝的80后、90后。

你也许无法想象，在家里饭来张口的90后，也会跟随华为的大部队奔赴高原缺氧地区，体验当年红军爬雪山、过草地的艰辛，徒步8天8夜，只为完成客户的嘱托。你更无法想象，他们会因为工作奔波在炮火之中，身体刚经受炮火的洗礼，康复后就和其他同事一起坚守岗位。

华为人甚至还需要和歹徒斗智斗勇,哪怕运个货也要雇用特殊安保人员。有的华为人在国外遇袭,头部缝了30多针,刚刚拆线就又马上投入新的工作。还有的华为人刚刚还沉浸在同事飞机失事的巨大悲伤之中,下一秒就得收拾心情帮助其他人。华为人因为敬业,也得到了各地政府和人民的认可,成了友好"中国人"的代言人。

每年数万的华为员工,在炎炎烈日之下,在雨水的冲刷之下,奋斗在基站安装的前线。华为人的目标是让网络覆盖全球,他们肩负着30亿人通信服务的重托,这些是除了钱之外凝聚华为人的关键所在。

## 激发员工的进取心

时至今日,华为的股权激励已经持续了20多年,参与的员工超过8万人。在华为,人人都希望获得公司配股,都希望可以多买公司的股票。因为股票越多,意味着收入越高。华为的股票是超越大部分投资的高收益产品,而且没有风险。华为公司董事、高级副总裁陈黎芳曾表示,在华为,工资主要用来零花,真正的重头戏是高额的奖金和股票分红。

华为的股权激励为什么如此成功?主要在于华为做对了以下几点:

### 让员工与公司荣辱与共

华为通过股权激励让所有人享受公司的收益,同时共同承担公司的风险。除了没有表决权,华为的虚拟股股东均可享受公司的分红和股票增值所带来的收益。巨大的物质刺激可以更好地激励员工，让他们付出更多的努力。

**营造归属感**

全员持股的好处不言而喻，华为的员工比很多企业的员工更关注公司整体的运营状况，因为公司业绩好不好，将直接影响到他们年底的收入。所以在华为，员工有着强烈的主人翁意识，他们会主动关注公司、客户和竞争对手的一切。

全员持股将公司和员工的利益紧密地联系在一起，当公司效益不好、经济大环境不好等情况发生时，员工要与公司共同承担。员工如果不努力工作，最直接的结果是钱包缩水。

**激发员工的主观能动性**

在华为，工作 2~3 年、绩效优良就可以拿到虚拟股票的配售权，当然，不同岗位甚至同一岗位同样的工龄获得的股票配售数额并不相同，对于有卓越贡献或者绩效拔尖的员工，配股会相应增加。

也就是说，为公司贡献得越多，就能分享越多公司的红利。华为每年会按市场价回购一部分股权，然后公司根据贡献的大小将一部分股份发放给新的员工。

在华为，人人都怕被公司回收股份，这种担心让老员工更努力地工作，而新员工也为了能拿到配股而积极工作。这种良性循环的结果是华为员工的价值得到了最大程度的开发。

**实现人才捆绑，优化公司的人才结构**

华为的股票分红机制，用高分红、高收益吸引人才、留住人才，并通过资源的合理分配培养人才、合理使用人才，让每个人才都能发光发热，从而提升企业的核心竞争力。

对于新进员工而言，工资、奖金、分红比例都是相同的，员工收益为"1+1+1"的结构。当员工的绩效增长，其获得的分红与奖金比例大幅提升，并远远超过工资的比例。这样的利益结构，让许多优秀人才涌入华为，在享受到股票分红的利益果实之后，员工更不愿意轻易放弃，这让人才深深扎根于华为，不易流失。

虽然华为采用末位淘汰制淘汰一些员工，但真正的优秀人才的流失率极低，其中，全员持股的虚拟股权制度功不可没。

华为的 LTE TDD 产品线副总裁邱恒，便是因华为的股份分红与发展潜力，从日本最大电信商——日本电报电话公司跳槽而来。

在进入华为后，他曾感叹道："在这里，你拼命的程度，直接反映在薪水和分红上，公平、公正，所有人每天需要思考的都不是如何讨好领导，而是如何尽可能地展示自己的能力，为公司创造价值，从而提高自己的收入。"

**股权激励该给谁**

"股权激励该给谁"向来是一个敏感的话题。拿到股票激励，意味着你的工作被公司认可，你可以上华为这艘航母，和公司一起前行，一起承担风险。华为是如何选择股权激励的对象的呢？

## 创业期：给所有人，给"员工持股计划"

"全员持股"被人力资源专家亲切地称为"金手铐"，它通过利益共享的模式，将员工的利益和公司的发展深度结合到一起。

华为从一开始就推行全员持股，在创业初期，这在一定程度上缓解了公司的资金压力。

在每个营业年度，华为的绩效管理部门会按照员工在公司的表现综合评定，参考指标包括工作年限、级别、绩效分数、工作态度等，对于达到要求的员工华为会给予一定的配股，当然，前提是要满一定的工作年限。

华为内部的配股考核指标是动态调整的，并不限于上面所讲的工作年限、工作态度、工作业绩等，公司还会考虑风险承诺等，这么做的目的就是为了让"权利智慧化，知识资本化"。

在华为的股本结构中：30%的优秀员工集体控股，40%的骨干员工有比例地持股，10%~20%的基础员工和新员工适当参股，而且员工持有的股份根据其才能、责任、贡献、工作态度和风险承诺会有动态调整。

华为靠全员持股解决了创业初期资金链紧张的问题，也开创了中国企业管理机制创新的先河。华为靠全员持股凝聚了公司所有人的力量，让所有人力往一处使。

或许有人会问，华为持股的员工为8万左右，还不到一半，这能叫全员持股吗？其实这就是华为的聪明之处。如果每个人都有股票，那么就相当于每个人都没有持股。此外，还要避免有些老员工因为之前绩效好分到股票，之后就不努力干活但依然享有丰厚的分红，而新员工即使再努力也分不到多少股票，内部竞争一旦被破坏，公司业绩再想保持高速增长就非常困难了。

为了解决全员持股可能给公司带来的一系列问题，华为颁布了比如新员工不再分配一元一股的股票，老员工手里的股票进行期股转化，每年公司的净利润增值部分拿出来作为期股的分红等新的股权激励条款。期股的时间被定为4年，每年兑现1/4年的额度，这种分红方式比股票更为合理，更能激活内部竞争。每个人必须靠奋斗取得期权分红，达到什么绩效标准就分得多少分红，每个人的收益差距就此拉开。

2002年，任正非在《管理工作要点》里进一步谈到了股权激励制度改革，他认为股权激励制度的核心是不断提升华为的核心竞争力，帮助企业在残酷的外部竞争中立于不败之地。只有核心竞争力不断提升，才能让员工的努力更富价值。任正非的做法很简单，让更高的收益向优秀员工倾斜，在公司内形成人人向优秀员工看齐的氛围，人人争第一。

任正非认为，只有才能、责任、贡献、工作态度、风险承诺综合评定优秀的员工才能获得持股的权利，从而形成优秀员工集体持股、骨干员工大量持股、基础员工适当持股的股权分配格局，共同促进公司的成长。

在优秀员工权益得到保护的前提下，华为在公司内部搭建了一个良性的集竞争、开发、约束于一体的股权激励体系，公司的核心实力有了质的飞跃，业绩自然一年比一年好。

### 华为的冬天：给奋斗者，给虚拟受限股

以全员持股作为绩效激励手段，这并非一成不变，而要随着企业经营环境的变化而调整，这样才能更好地达成绩效目标。

2000年IT（互联网技术）泡沫破灭，给华为带来了严重冲击。为了走出低谷，在保证现金流和企业活力的基础上，华为启动了"虚拟受限股"的期股改革工作。

华为深圳总部密室的一个玻璃橱柜里，放着10本蓝色的册子。这些册子里记录着80 000名员工的姓名、身份证号码及其他个人信息。

这80 000名员工以华为投资控股有限公司工会委员会（以下简称"华为工会"）的名义持有公司98.99%的股份，这就是任正非多次提到的"员工股票期权计划"。

当然，册子里的80 000名员工是流动的，每年，表现优异、符合条件的员工会被告知可以配股的数量，员工同意之后签署合同。

这份合同是不能带出办公室的，一旦签字立即生效，合同统一由公司的相关部门保管，没有副本，没有复印件，更没有股权凭证，只有员工账号可以查询具体持股数额。这80 000名员工也不会反映在华为的工商登记凭证之中，他们只有一个统一的名字——华为

工会。

华为的股票并不是法律上所说的股权，只是华为单方面承认的员工持股份额，是一个华为与员工私下达成协议所签订的虚拟股权协议。

虚拟受限股（以下简称"虚拟股"）是由华为工会统一配送的一种特殊股票。所有虚拟股的持有者，可以享受类似股票的分红权益，不享有股东的表决权，也不能私下转让和向公司外部员工出售股份。当员工辞职离开华为的时候，公司会以当时的市场价回购其手里的股份。

这种虚拟股更像是华为与员工之间达成的一种承诺，公司承诺员工可以获得一定基数的分红和享受股价升值带来的权益。

## 华为虚拟受限股 4 组关键数据

第一组数据：华为是由任正非和华为工会共同持股，任正非是华为的创立人，直接持股 1.18%；员工集体持股的华为工会的持股比例为 98.82%。任正非在华为工会也有少量的持股，大概略高于 0.2%。因为华为并不是上市公司，其股权结构可以通过工商信息的网站查询，但是具体工会的持股人很难查到。

第二组数据：华为工会的管理层一共有 60 位，包括持股员工代表和候补持股员工代表，人数分别是 51 人和 9 人。持股员工代表必须是在职员工，任期 5 年。

第三组数据：华为的董事会成员由全体持股员工投票产生，一共

17位。

第四组数据：华为除了任正非之外，设轮值CEO，每三个月更换一次，由三名副董事长轮流。

从以上4组数据可以看出，华为工会代持股员工的股份，这样公司股份被高度集中，可以有效降低股权分散带来的风险。此外，员工虽然没有表决权，但是持股员工依然有机会进入决策层，成为持股员工代表。也就是说，持股员工有机会成为持股员工代表，然后进入管理层执行股东的权利。

**华为虚拟受限股，只分配给奋斗者**

华为正式员工只要达到年限都可以参与虚拟受限股配股的考核，考核主体就是员工的上级，他会根据员工在岗位上的表现，对比同岗位其他员工的绩效来决定其是否有资格成为虚拟受限股的被配股人。

当然，如果员工的绩效非常优秀，或者为公司做出了巨大的贡献，员工也可以拿到虚拟受限股。华为工会会对管理人员推荐上来的"奋斗者"进行二次评估，最终符合要求的员工才可以获得不同数额的虚拟受限股。

华为对虚拟受限股的激励人要求非常严格，因为只有一半员工才能享受这份殊荣和高收益，所以考核的内容非常多，如表8-1所示。

表 8-1　华为虚拟受限股的激励对象考核要求

| 考核项目 | 考核主要内容 |
| --- | --- |
| 长期可持续贡献 | 领导对部门优秀员工的推荐，对公司主推产品的优化，对关键技术的创新优化，对公司战略市场开拓做出的贡献，对基础员工管理上的创新，对企业形象的正向推广等 |
| 职位对公司的重要程度 | 职位的重要程度（对企业业绩或管理的影响、管理的部门和职权范围、人员的职级等），职责的难度（任职所需的知识、学历、工作经验、核心技能），工作性质（创造性、技术性、复杂性和不确定性），工作环境（工作风险、工作压力、工作条件、安全性），沟通性质（沟通频率、范围、对象和所需技巧），可替代性（熟练掌握工作所需时间、是否可以被新人取代），劳动力市场的紧缺程度，以及是否是公司目前或者未来长时间所需要的核心人才，比如攻克核心技术的能力，所取得的发明专利情况等。此外，公司也会考虑特殊人力资本，比如高级管理人员等 |
| 工作能力 | 思维能力（创新、决策、审美、分析、判断、开拓），人际交往能力（沟通、协调、组织、领导、控制力和影响力），业务能力（能有效且高效地完成公司指派的任务） |
| 对华为的认同感 | 认同公司的企业文化和价值评价体系，认同公司的利益分配原则，愿意为公司的未来奋斗，有集体荣誉感和归属感等 |
| 个人品德 | 敬业精神，责任意识，不断进取的心态，举贤让能的心胸，提携和帮助新人的态度，廉洁自律等 |

## 虚拟受限股对华为的实质性作用

华为的虚拟受限股从表面上看，就是一种公司福利，公司为优秀人才配股，让他们享受公司的收益。但如果深入分析，你就会发现这种制度远没有表面看起来那么简单。

通过这一制度，华为和相关的员工成了一个利益共同体。这种利益共同体主要表现在如图 8-1 所示的两个方面。

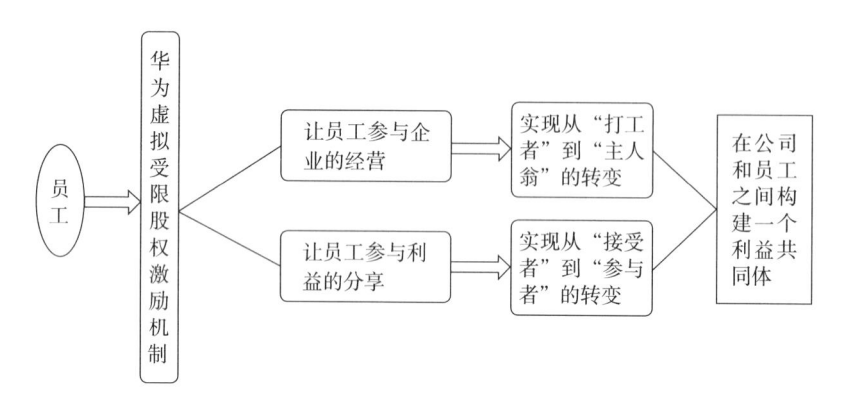

图 8-1　华为虚拟受限股激励机制

## 经济危机时期：给优秀奋斗者，给虚拟饱和股

在"虚拟受限股"之后，华为开始实行"虚拟饱和股"激励制度。虚拟饱和配股制度，是指每一个职级的员工根据考评的情况可分配到一定数额的期权数，但是每一个职位都有相应的上限，如图 8-2 所示。

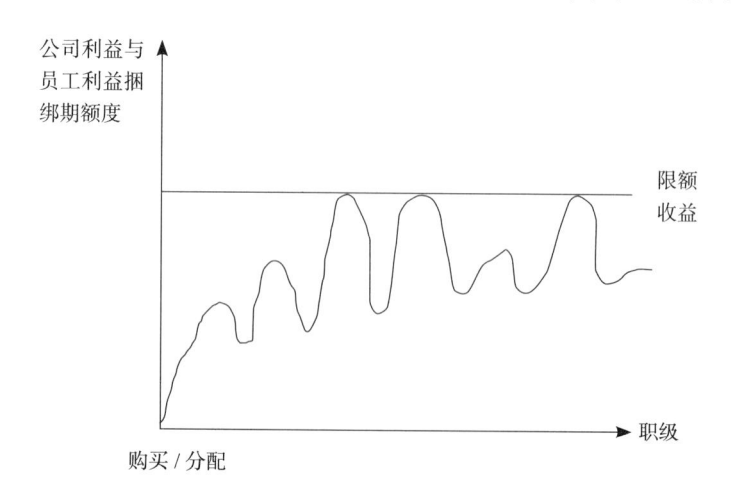

图 8-2　饱和配股模型

对于华为而言，企业的奋斗者是企业核心竞争力的关键来源，华为的配股制度之所以从虚拟受限配股制度改革成虚拟饱和配股制度，就是为了给予优秀员工更多的配股机会，从而更加有效地贯彻"按贡献大小定待遇"的方针。

**与真正的奋斗者分享利益**

任正非一直强调，希望将公司奋斗所得的利润返还给为公司业绩做出巨大贡献的员工，同时激励员工为更好的业绩不断努力。只有全员都有此干劲，才能保证华为在电信设备市场始终立于不败之地。2011年，华为进行了一次大的饱和配股制度改革，提出了更合理的股权分配方案。

**不以条文评价员工**

任正非在发布饱和配股指引性文件时，就明确强调这会对企业员工产生一些影响。因为制度制定得再好，在执行的过程中也会存在诸多变数。每个员工的评定结果将直接影响股权的分配，所以评价的客观性就显得尤为重要。如果领导仅仅进行条文化评定，绩效部门就很难客观地评定各员工对公司的贡献。最终结果是，为公司做出巨大贡献的人并没能取得更多的收益，反而是和领导关系好的员工得到的更多。任正非要求领导层必须摒弃自己的私心，给予员工最准确的评价。

**区分"奋斗者"与"伪奋斗者"**

很多企业都存在这样的现象：有些人看起来很忙，其实并没有为公司创造业绩；有些人默默做了很多，但是领导并没有看见。华为不希望"伪奋斗者"抢走本该属于奋斗者的利益。

华为制定饱和配股制度是为了严格区分奋斗者和伪奋斗者,优秀的奋斗者和普通的奋斗者,公司希望通过这种制度激励普通员工转变为优秀员工,而不仅仅是给予员工金钱上的奖励。

**一切基于绩效评估**

每年华为都会进行饱和配股制度的评定工作,评定依据则是员工的绩效情况和对公司的贡献,一切有理有据。在公平的大环境下,员工为了得到更多的配股只能拼命工作,为公司创造更多的业绩。

## 虚拟饱和配股让真正的奋斗者受益

前文也提到过,华为的饱和配股激励制度存在一定的弊端,这会让很多已握有股权的老员工滋生懒惰情绪,只想躺在功劳簿上吃老本。为了遏制这种情况,让激励影响更多员工,华为针对奋斗者的评定给出了更多的管理条例。

**打破信息孤岛,让绩效数据实时共享**

对员工绩效的评定涉及多方面,包括日常的考勤、工作的完成情况、创新能力等。绩效管理部门很难掌握每一位员工的每一项工作情况。为了杜绝评定的不准确,华为对绩效的相关数据进行了有效整合。比如,行政部提供奖惩数据,人力资源部提供考勤数据,直接上级提供员工工作态度和完成情况等相关信息。在这些数据都到位之后,公司才会对员工进行综合评定,这样绩效评定的准确性将大大提高。

**完善日常管理机制**

为了有效区分奋斗者和伪奋斗者,华为还从日常管理机制的层面对公司进行绩效管理。比如,完善考勤管理制度、工作报表制度、汇报制度等,让奋斗者充分展示自己的成绩,给评定带来更客观的结果。

**拒绝惰怠者**

对于无作为的员工,华为一直是拒绝为其配股的。任正非强调,华为的股份是为勤劳的奋斗者准备的。如果出现了给不符合要求员工进行配股的情况,那么基层管理人员有权利和人力资源部进行沟通。华为坚持谋定而后动的原则,一切因为不合理配股而导致公司竞争力下降的行为都不能得到支持。

不难看出，华为的虚拟饱和配股政策的执行原则是：对于优秀奋斗者，给予饱和配股；对于一般奋斗者，给予限额配股；对于不愿奋斗者，不给予配股。

## 现在：给全世界雇员，给创新股"TUP"

在股权激励方面，华为一直没有停止创新。2014年，曾在华为发展过程中起到重要作用的虚拟饱和配股机制正式退出历史舞台，取而代之的是"TUP机制"。

TUP的核心是现金奖励型递延分配计划。TUP不仅解决了华为之前执行的受限股权激励机制中存在的问题，更逐渐成为华为绩效考核体系中一项不可或缺的内容。

### TUP的实施背景

在华为度过了最初的创业期之后，任正非发现之前的虚拟饱和配股制度已经不能满足华为目前高速发展的现状，种种问题开始暴露出来：第一，虚拟饱和配股制度在分配和再分配过程中往往存在手续烦琐和反应迟钝等问题，无法给广大员工及时、足额的份额，这样大大降低了股权对员工的激励作用；第二，旧的股权激励政策养出了一大批靠股权来赚取收益的"食利阶层"，偏离了华为"以奋斗者为本"的核心价值观，也影响了激励政策的公平公正；第三，华为目前有超过4万的外籍员工，他们同样在各自的岗位出色地完成了工作，却不能享受华为股权的成长收益。基于对外籍员工长期激励的考虑，华为急需推行TUP激励机制来解决这一问题。

## TUP激励机制的操作模式

TUP可以简单理解为一种特殊奖金,它的多少取决于员工的历史业绩和未来的发展预测,它是一种长期的奖金分配,但不是终身的。TUP的这种特性决定了华为的激励办法不同于其他的公司。

第一收益周期延长化。TUP机制在短时间内不会给员工带来可观的收入,从中长期来看却能给相关员工持续的激励。在TUP的模式下,员工可以先得到一定的收益,之后的收益会在5年内逐步兑现,这对员工来说激励是长效的。

第二激励范围扩大化。华为的TUP采取的是现金奖励的方式,所以原则上不会触犯员工所在国家关于配股方面的相关法律。它可以让激励从中国延伸至全世界有华为员工的地区,使不同国家、不同国籍的华为员工都能享受到激励政策。

第三"递延+递增"激励方案让效果翻番。华为TUP机制的实行周期一般是5年。在这5年里,公司会对每位员工进行绩效考核,包括员工的岗位、职级,给这些员工一定数额的期权,员工可以自由选择是马上变现还是留存。华为的TUP是按"递延+递增"原则来实施的,就是为了让效果翻番。

举个例子,2019年一位员工获得了TUP奖金激励的资格,被允许申购10 000股期股,此时每股的面值是10元。

那么接下来的5年,这位员工获得的收益如下:

2019年（第1年），没有分红；

2020年（第2年），可获得10 000股×1/3的分红权；

2021年（第3年），可获得10 000股×2/3的分红权；

2022年（第4年），可获得10 000股×100%的分红权；

2023年（第5年），在获得全额分红权的同时，单股进行面值升值核算，假如此时每股的面值从10元升值到了12元，那么这名员工第5年将额外获得2万元的分红。同时，这位员工的10 000股期权的分红将进入第二个计算周期，之前的数额不累计。

第四获取成本降到最低。购买股票需要真金白银，但是华为的TUP期权并不需要员工掏钱，也不需要折算奖金，它只需要拿到公司的授权，员工相当于零成本获得这些期股。

### TUP激励机制对员工的影响

TUP是一个长期的、渐进的激励手段。本质上和华为最初实行的虚拟受限股一样，都是一种激励手段。那华为为什么要将激励机制变为TUP呢？TUP有哪些虚拟受限股所没有的优势呢？如图8-3所示。

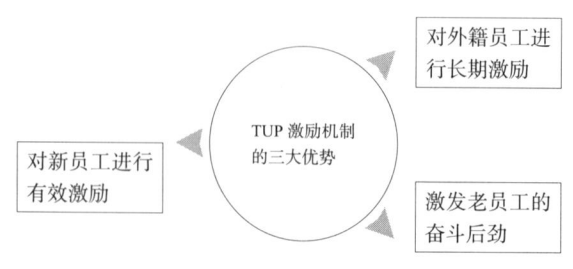

图 8-3　TUP 激励机制的三大优势

**对外籍员工进行长期激励**

随着海外业务的拓展，外籍员工在华为所占的比例正在逐年增大，全球化程度越来越高的华为势必要解决外籍员工的长期激励问题。TUP机制因渐进的激励和低门槛的特点，很快得到了外籍员工的认可。

**对新员工进行有效激励**

在华为，一位员工的成长至少需要两年，也就是说，前两年华为一直在做人才投资，如果员工在两年后离职，华为的投资就相当于打了水漂。TUP机制的考核周期是5年，相当于给新员工画了一个5年的大饼，而且是可以吃到嘴的大饼，因为优秀员工每年的分红都会增加，权益增值也在递增，这帮华为有效地留住了人才。

**激发老员工的奋斗后劲**

一家企业发布一个有效的激励政策并不难，难的是让这个激励政策长期有效。华为从成立之初就一直在探索长效的激励政策，其也是业内第一个推行全员持股的企业。虽然华为后来对全员持股的激励政策进行了改革，但是虚拟受限股的内核始终没变。至今，华为的这种激励政策已经延续了30多年，依然能取得很好的效果。在长期实行激励政策的过程中，如何激发老员工的奋斗激情一直是华为关注的重点，TUP正好可以有效解决这个问题。

随着时间的推移，原本在华为发展过程中起着中坚作用的年轻人，也慢慢成了老员工。这些老员工往往握有华为大量的股份，但他们大都已经退居二线，其中的一部分人就会自然而然地将自己的身份从"拉车"的人转变为"坐车"的人,继而松懈奋斗的意志,蜕化为不知进取的落后分子。一旦这种意识蔓延开来并形成风气,就会对企业造成巨大的伤害。

在 TUP 机制下,老员工获得收益的时间被大大减少了,只有 5 年。5 年一过,一切清零,公司会对员工在这 5 年的表现和未来的发展进行再评估,业绩不好的员工就拿不到下一个 5 年的期权了。在公平公正的评估原则下,老员工也只能不断奋斗。

虽然 TUP 能解决激励之中存在的一些问题,但是它依然不是"包治百病"的解决方案。毕竟考核周期是 5 年,对于华为来说还是太长了,与公司的中长期发展联系得不够紧密,对于核心员工来说激励作用远远不够。

所以,TUP 激励机制不可能成为放之四海而皆准的"金科玉律",更不可能成为华为唯一的激励机制。相关企业在借鉴华为 TUP 激励机制的同时,也不能顾此失彼,应当将 TUP 激励机制和股权激励等其他方法融合起来运用,这样才能最大限度地把握好短期激励与长期激励、多数人激励和少数人激励之间的关系。

我们也相信,正在发展的华为还会有更好的股权激励制度出台,让我们拭目以待。

## 华为"分钱"的逻辑

在华为待过的人,你一眼就能看出来,他的思维模式、他对工作的激情、他的奋斗精神……

可以说，世界没有哪一家公司能给人如此深刻的烙印，让员工以自己是"华为人""前华为人"而自豪。

除了企业文化的影响力，这也与华为的分钱逻辑密切相关。华为分钱的基本逻辑可以总结为：分钱＝分权＋分利＋分名。

分权：在华为，分权激励表现最明显的地方是 CEO 轮值制度，在华为任何人都不能推卸责任，司令部一定在炮火的最前方。

分利：华为的各种激励政策贯彻于日常，只要员工努力工作，薪酬、奖金、虚拟饱和股、TUP 期股、各种专项奖励金等一样都不会少。

分名：在华为，只要员工有成绩，蓝血十杰、明日之星以及各种首席专家等头衔，一个都不会少，让员工在华为享受独一无二的尊荣。

## 分权：解决员工工作成效的问题

华为的分权机制非常完善，任正非善于分权、授权，他倡导让在一线能听见"炮声"的人来决策和指挥作战，并将指挥所建在听得见"炮声"的地方。

从 2009 年开始，华为倡导充分授权。任正非强调，决策权应该属于一线最了解市场的人，总部只为前线的员工提供有力保障。华为从不倡导个人英雄主义，华为的高管也都在强调团队的力量。

最能体现华为的"分权"特色的一个案例是：华为曾赋予一个职级为 13 级的年轻员工"呼唤"职级为 21 级的机关干部的权利。13 级是什么概念呢？我刚进华为时就是 13 级（12 级以下是操作岗），这是华为知识型员工的起点职级。21级是什么概念呢？我们在"以级定薪：DGDX分配体系"中对华为的职级有过讲述，21级在华为绝对是一个很高的职级。

一个13级的新人，因为需要项目资源，可以在三更半夜拨打其他部门一个他不认识的21级干部的电话，而且对方还得予以支持，这就是华为的分权。

任正非曾说："我也不知道一线要多少资源合适，只能让听得见炮声的人呼唤炮火，因为他离客户最近，大家先听他的，选择先相信他，我们如果在事后复盘时发现浪费弹药了，再总结经验就好。"

华为在前行的过程中，如果发现某一个环节阻碍了公司的前进，就会毫不犹豫地剪去，甚至将整个部门一并剪去，这样华为的组织效率就得到了极大的提升。总之，一切以灵活运转为宗旨。

华为的CEO轮值制度在世界上也是很少见的，相信大部分老板都不想让自己的职位被他人取代，哪怕是和自己一起创业的高管。华为的分权是最彻底的激励机制，每一位副总都是掌控大局的推手，任何人都不可以置身事外。这是一个有气度的企业才能做出的事情，权利分配也让工作成效得到了有效提升。

### 分利：解决员工工作回报的问题

华为分的钱包括薪酬、奖金、虚拟饱和配股、TUP期权激励、各种专项奖方案，只要员工够努力，华为绝对不会亏待员工。

关于薪酬和股票前文已有详细分析，这里不再赘述。接下来，我们来说说除了薪酬和股票之外的其他几种分利方式。

## 远超同行的福利待遇

华为能从一家国内小企业发展成世界 500 强的企业,全方位的福利在其中起到的作用不言而喻。

**全方位员工保障**

华为不仅为员工购买了国家要求的社会保险,同时还为员工购买了人身意外险、重大疾病商业保险、寿险。针对出差的中方外派员工,华为会为之购买商务旅行险。同时,针对突发的事故,华为有自己的医疗救助计划。华为的各种保障覆盖工作的各个环节,只为充分保障员工的人生利益。

2011 年,华为再次升级了员工保障,为海外员工制定属地化保障政策,与商业保险公司合作,建立起华为全球员工的保障管理平台,明确商业寿险的保障标准,建立突发事件的问责和快速反应机制,进一步推广和完善员工家属的保险认购,搭建了员工家属保障平台。

**工卡现金补助**

针对员工的工作地点,华为会下发各种补贴,比如在深圳关外的员工每月能获得 1 000 元补贴,工作地在国内但非深圳的员工每月享有 800 元补贴。

**退休基金**

华为在成立之初,就着手完善员工的退休基金制度,每月将员工工资的 15% 作为退休基金返给员工，相当于每月额外支付了 15% 的工资，让员工养老无忧，这样做无疑增加了员工的归属感。

**外派补贴**

华为在全世界很多地方都有分公司和办事处，由于每个海外驻地的艰苦程度不同，华为也制定了详细的补贴政策，原则上越艰苦的地方补贴越多。并且根据驻地的情况，华为也会实时调整补贴金额。

**外派人员携带家属**

去外国驻地的员工，只要级别足够，可以向华为总部申请随行携带家属。华为也会给随行的家属提供一定的生活福利，比如安家补贴、医疗及保险等。

**外驻人员安家费**

2000 年，华为出台了外驻人员安家费的补贴标准。对于需要在海外工作三年以上、达到相关标准的员工，出国前一次性发放 15 万元作为安家费。在驻地，华为会为员工提供独立的住所。

**医疗及保险费**

为了解决外驻人员随行家属在国外的医疗、救助等问题，华为不仅会支付随行家属在驻地国的社保和保险费用，还会支付家属医疗基金账户中不足的部分。

**家属探亲**

华为员工在国外驻地工作满一年之后，家属可以每年公费去当地探望一次，往返机票均由华为支付。

**舒适的工作环境**

地处深圳的华为总部，园区犹如绿色氧吧，绿化程度超过50%，园区中间还有一个人工湖。

度假村般的员工训练中心、博物馆般的办公室、美术馆般的展示厅、各国料理的美食餐厅，让所有来华为的人由衷赞叹，整个园区始终洋溢着大学城的清新与活力。

华为的员工宿舍也绝不随便，目前华为有三个大型的员工公寓，即深圳总部的百草园、荔枝苑和东莞的松山湖。在百草园里，你可以看到绿草如茵、树木葱郁，一切都是那么怡人，让人流连忘返。

除了园林式的小区设计之外，这里还有超市、饭店、图书馆、美发工作室、艺术中心、运动馆等，员工可以不出小区获得生活中所需要的一切。当你加班没时间洗衣服的时候，洗衣房可以提供上门服务。不管是吃饭还是理发，全部可以由一张工资卡解决。对于那些沉迷于技术研究、无暇分身的员工来说，生活的一切都有人帮助打理。住在华为的公寓里，就像住在度假山庄一样方便和舒适。

松山湖是华为总部投资100亿元建设的新基地，占地126.7万平方米。松山湖本来就傍水，景色非常优美，这里的建筑全部是欧式古堡风格，共有12个欧式小镇，周围围绕着轨道，当员工上班、开会、培训，需要穿行于各个小镇的时候都可以乘坐有轨电车，和大学的校车一样方便。

松山湖基地大概有三万名研发人员在此工作，华为给在松山湖工作的每一位员工提供低价的配套住房。

松山湖基地还有华为投资的清澜山学校。该学校由清华大学附属中学负责教学管理，提供包括幼儿园、小学、初中、高中在内的15年全学段国际品质教学。

园区还有前往坂田、南方工厂、东莞与深圳的通勤车，可供员工随时前往科技园、坂田等地区。

**战略性补贴**

华为还有一些特殊的补贴，比如战略补贴、竞争补贴、大客户回馈等。战略补贴主要针对一些公司的战略型项目，但是可能前期出成绩比较困难，这项补贴可以避免战略失衡，也为奋战在一线的"开荒牛"提供了保障，确保公司的战略型拓展可以取得成效。在华为，这类费用是不计入部门成本的，但是会纳入空耗系数，即使再高也不会拉低员工的收入。

除此之外，华为还发布了《员工保障管理规定》《员工医疗保障管理规定》等文件，建立了员工监控与安全预防体系，包括年度体检以及24小时心理医生指导。

为了丰富员工的业余文体活动，华为目前有包括篮球、羽毛球、足球、书画、舞蹈、摄影在内的数十个员工文体协会。"交一个朋友，参加一个活动，培养一种兴趣"，华为鼓励和倡导员工在工作之余，健康生活，快乐工作。

## 分名：解决员工工作意义的问题

1998年起，华为的员工可以参与综合KPI绩效奖、蓝血十杰奖、金牌个人奖、金牌团队奖、华为奋斗奖、优秀产品拓展团队奖、优秀交付拓展团队奖、明日之星奖、重大销售项目奖、金网络奖、Top Sales（顶级销售员）奖、人均效益改善突出团队奖、HR行业秘书体系专项奖、持续奋斗奖、十佳文秘奖，以及干部培养突出团队奖等近百个奖项的评选，每个奖项面向所有华为人开放，只要符合参选条件，员工就可以报名参与。获奖者获得的不只是奖金、奖牌、奖杯、证书，还可以上台领奖、和台上台下的同事一起分享。

这些奖项充分反映了华为对员工工作的认可。这种认可与尊重在华为内部形成了一种一切向上的风气，引领所有员工向榜样看齐。

### 蓝血十杰奖

蓝血十杰奖，是华为管理体系建设的最高殊荣，也是华为最高的荣誉，主要表彰那些在华为管理体系建设中做出杰出贡献的个人。

蓝血十杰是2013年11月由华为董事会常务委员会提出的评选奖项。2014年6月16日，华为首届"蓝血十杰"表彰大会召开，获奖者有华为的在职、离职、退休员工，咨询公司的顾问、《华为基本法》的起草者，华为首席管理科学家黄卫伟教授也位列蓝血十杰之中。

将离职和退休员工也考虑在内，让华为的在职员工备受鼓舞。任正非认为，对于在同一个战壕中经历过生死的战友，华为始终不会忘记他们的功劳。

华为以蓝血十杰的授予以契机,让更多人记住华为曾经的历史,也让所有人在蓝血十杰的精神鼓舞下,努力建立一个简单、严格又有序的管理体系,支撑华为未来的发展道路。蓝血十杰更像是一个追认机制,它肯定了华为人为管理体系建设所做出的贡献,虽然有些贡献当时没有被认可,但是经过时间的检验,掌声终将到来。

## 金牌奖——进击的90后

很多管理者认为90后工作不靠谱、不负责任,但华为的90后给了我们不一样的答案。在华为奋斗者文化的熏陶下,90后员工飞速成长,勇于突破边界,带领团队取得项目的成功。他们用实际行动告诉大家,90后也能成为镇守一方的大将。

比如,出生于1990年的宋亚旭是华为乌兹别克电信系统部的项目经理。2016年作为PD(产品设计师)、客户经理负责客户IPTV(交互式网络电视)突破项目,带领团队成功突破5年独家全网IPTV平台、进入首都价值区域,取得了中亚地区部"大视频"三大战役首战成功,并获得了华为的金牌奖。

再如,出生于1991年的许刚,就职于账务管理部应付业务中心,2016年带领团队将全球自行采购员工报销从EGO(统一协助平台)切换为SSE(员工自助报销)系统,实现了员工报销系统的统一,使得操作更简单快捷,报销周期缩短50%。

在华为,像宋亚旭、许刚这样的90后之所以勇于在一线打拼,并能够脱颖而出，除了华为授予的权利之外，最大的动力就是华为给予了这些年轻人成就感。

### 明日之星奖

明日之星奖是为新入职员工设立的专项奖。只要新员工身上有亮点，同时符合华为的价值观，就可以参选，其覆盖率达到 80% 以上。在明日之星奖的感召下，越来越多的新人追求更高的目标，将华为精神融入日常的工作之中。

有人认为这一奖项的覆盖比例太高了，达不到激励的效果，也不符合活力 28 曲线。但是任正非认为，华为肯定大多数进步的员工，鞭策极少数落后的员工，这本身就是一种激励。

为了让员工对评选标杆更为热情，华为在奖杯、奖牌上花了不少心思，特别在设计方面。华为的金牌奖均以纯金打造，由有着 1000 多年历史的法国流通币唯一制造商——巴黎造币厂制造。当初巴黎造币厂提供了 6 套设计手稿，华为高管经过几次讨论，最终确定了现在这种直径为 72mm、重 350 克的款式，奖牌分为个人和团队两款。

个人奖牌的正面是人头和转动齿轮的拼图，象征着用智慧与勤奋为公司创造价值的金牌员工。团队奖的正面是拼图组成的世界地图和围绕着地图手牵手的人们，象征着华为的员工无论在世界何地，为了共同的目标，共同奋斗，共同成长。两种奖牌的背面设计相同，均为浩瀚星空上世界各地标志性建筑围成的一个圈，寓意全球的华为人团结努力，共建更美好的世界。

  试想，如果你的公司也有这样一枚奖章，如果你在夺得这枚奖章后会成为所有员工敬仰的对象，你会不去努力尝试一下争取这项荣誉？再者，如果你身边的人获得了这项荣誉，享受着鲜花和掌声，而你没有，你会对此无动于衷吗？

# 第 9 章

## 要么成长,要么被淘汰

如果你毕业后进入华为,工作 10 年依然在 13~15 级,你就可能因为进取心不足而被华为淘汰。

——任正非

## 板凳要坐十年冷

Sam刚来华为的时候被分配到了元器件相关部门，当时他对这样的安排十分费解：自己好歹也是一个博士，来华为就研究电磁元件这些小玩意？难道不应该干大项目吗？

但是出于服从公司安排的考虑，他还是硬着头皮坐在实验室里研究起电磁元件来。慢慢地，他发现这些电磁元件虽然看起来很不起眼，却有大学问，他知道的只是九牛一毛。后来，他开始承接公司电磁元件方面的研究，而且有了自己的专利，成了真正的细分领域专家。

Sam在回顾自己的这段经历时，用了"板凳要坐十年冷"这样一句话来概括。

能进入华为的，要么是从高等院校走出来的高才生，要么是在社会上摸爬滚打过一段时间的专才。在这个人才济济的地方，大家都踌躇满志，自信满满，想更快出人头地，所以难免内心浮躁。

为了让员工转变这种"速成"的想法，踏踏实实地专注于本职工作，任正非强调"板凳要坐十年冷"，哪怕你的能力再强、学历再高，也要先把手头的工作做出成绩再说。只有在艰苦奋斗中、在不断的失败中磨砺出来的华为人，最终才能有所成就。很多科学家、文学家和艺术家往往在各自的领域钻研了数十年才有所成就，在此之前，他们一直在坐"冷板凳"。华为需要专才，而不是通才。

在华为像Sam这样的人很多，比如老蒋。老蒋做这行已经超过十年，他也是坐了十年冷板凳才成功跻身于高层管理者的。做研发的人都知道，研发一样东西需要花费好几年，而且需要持续改进。研发要耐得住寂寞，将事情做实、做细，真正做到"板凳要坐十年冷"。

如何坐好十年的冷板凳？Sam曾给我提过两点建议：首先，细节决定成败。比如文档的管理工作，这项工作看起来简单，一切按流程进行管理就可以了。但是在进行流程管理之前，工作人员必须明确责任人、项目的进度和时间节点，还要考虑项目的进度管控和沟通等问题。任何工作要想做好，除了能力，更重要的是沉下心，把握好工作的方方面面。其次，要懂得自我激励。在坐冷板凳的时候千万不要有怀才不遇的想法，要多鼓励自己，让自己时刻保持旺盛的求知欲。每当自己完成的工作得到领导的表扬，或者在项目中的出色表现得到同事的肯定时，可以给自己小小庆祝一下，让自己未来的工作更有干劲。

伟大的工作都是从平凡的点滴做起的，只有保持平常心，一步一个脚印，才能有所成就。

## 狼群里的生存法则——忍、狠、滚

某次谈话时，老蒋问我："你知道狼群里的生存法则是什么吗？"我摇摇头。他掷地有声地说道："忍、狠、滚。"初入狼群，根基不稳，只能忍着。然后有两种选择，要么让自己变成更凶残的狼，不但对别人狠，对自己更狠，要么就自行离开。这也是华为众所周知的

"狼性文化"。

在华为看来，企业要想发展得好，就要拥有一批"狼性"员工。狼有三大特性：一是敏锐的嗅觉，二是不屈不挠、奋不顾身的进攻精神，三是群体奋斗。

企业发展和个人发展都需要"忍、狠、滚"这三字口诀。只有像狼一样在等待中准确找到机会，然后用最凶狠、不达目的绝不放手的态度去拼搏，才能击败众多对手，成就一番事业。

老蒋在进入华为研发部后，仅用了两年的时间，就从员工晋升为基层管理者。老蒋认为，只有对自己"狠"，打磨出专属于自己的、不可替代的核心竞争力，才能在职场上取胜。

除了对自己狠，在能力不足以实现梦想的时候，我们还要忍常人所不能忍，默默地积蓄力量。在职场我们只有两条路可走：一条路是退却，每天得过且过，不愿意付出超越常人的努力，对工作诸多拖延甚至推脱，慢慢沦为落后者，最终被踢出局；另一条路是勇于向前，尽自己的一切努力完成目标，只有这样的人最终才能成功。

老蒋给我讲过他之前带过的另一位名叫刘攀（化名）的新人。刘攀是清华大学物理系的高才生，他在来华为后被安排在生产一线工作，从事现场割接的相关工作。一个大学生在生产线工作，相信很多人如果遇到这种事情肯定拍拍屁股就走了。但是刘攀忍了下来，他要用自己的成绩让领导刮目相看。

一年后，公司将他从生产一线调到研发一线，依然从事一线工作，职级也没有提升。他气得想离职，觉得公司根本不会用人，不重视他这样的人才。在老蒋的几番劝说之后,他还是决定留下来,他要继续努力以获得领导的认可。

又过了三年,刘攀的机会来了。当时华为和国外一家公司合作开发了一个项目,急需一个相关技术过硬且对各领域都非常了解的人来统筹整个项目。在老蒋的推荐下,刘攀成了这个项目的负责人。机会迟早会来,只有默默积蓄能量的人才抓得住。

在华为,忍耐力并不仅仅针对普通员工,也是对干部提出的要求。在华为做干部,需要有承担压力、承担委屈、承担一切的心理准备,如果没有足够的忍耐力,就无法将工作中的压力化为动力,遇到事情也不会迎难而上。要知道,做好一件事情,耐力和毅力与能力一样至关重要。

在听不见炮火的地方,炮弹也不能闲着。

## 华为不相信眼泪

华为看重的是结果,而不是你为结果付出了多少努力。

有一次我接到一项工作,加班到凌晨4点才完成。结果Sam看完却把我骂得狗血淋头:"这写的是什么东西,到底有没有动脑子?"当时我整个人都蒙了,难道我加班到凌晨4点却换来一顿臭骂吗?至少也得考虑考虑我的苦劳吧。

当时,我的眼泪忍不住流下来,心里倍感委屈。之后又是一个不眠之夜,但是在太阳快升起的时候我依然没有头绪,我硬着头皮打通了 Sam 的电话。这次他没有骂我,而是给我讲了一些完成工作的要点,并告诉我,华为不希望看见有人流泪,因为在这里眼泪没有任何意义。

一名华为员工曾在伊拉克遭到了抢劫,钱财、电脑全部被抢走了,头部也在挣扎中受伤了,血不停地往下流。但是他没有束手就擒,也没有哭着乞求,而是在语言不通的情况下,不停地比画着让劫匪将护照还给他。因为他马上要去接该国通信部部长到中国参展,行程就在当天。这就是华为人在工作中对自己的定位:"我很重要。这件事很重要。我是唯一的责任人。华为不相信眼泪。"

## 众目睽睽下拿到"最差奖",你扛得住吗

在华为,除了各种评优之外,也会有一些类似"金酸梅奖"的"颁奖大会"。

2000 年 9 月 1 日,华为研发系统就面向全员召开了一次特殊的颁奖大会。颁奖大会上,几千名研发系统的员工和数百名研发系统的骨干,依次被点名上台,领取他们毕生难忘的奖品。这些奖品是这几年来华为因为研发失误、做事不认真等非正常原因而生产的劣质产品,还有因为维修这些劣质产品而产生的费用收据,任正非要求每名员工将这些"奖品"拿回去放在客厅等显眼的地方,时刻提醒自己在未来的工作中绝不能再犯类似的错误。

这些员工在收到如此特殊的奖品后,每个人都面红耳赤,台上台下唏嘘一片,这次颁奖就是华为有名的最差奖大会。

它提醒员工，做事一定要仔细，避免一些本能避免错误的发生。即使发生了也要及时改正，以免引起更大的问题。

2010年7月，华为在深圳市市民中心召开了网络产品质量大会。在大会上，华为网络相关团队的员工相继走上领奖台，从网络产品线总裁查钧手里接过一个又一个"奖杯"，上面写着"埋雷奖""架构紧耦合奖"……这次大会对华为人的刺激是深刻的，因为这些失误确确实实为客户、为华为带来了众多名誉和经济上的损失。

在颁奖完成之后，任正非上台发表了演讲，他强调华为不能因为现有的成绩沾沾自喜，而应该审视自身的所有问题，不断提升产品质量。质量永远是华为生存的基石，如果不能如履薄冰、如临深渊地将产品品质放在首位，那么华为很可能会倒在高速发展的路上。当时，我作为过来协助这次大会的行政人员，站在台下目睹了整个过程，心里极为震撼。

为什么华为要开这样的大会？其实华为的目的很明显，就是要撕开犯错者的伤疤，让所有问题都暴露在台面上，通过唤起大家的羞耻心来增加员工在各自工作中的责任心。那些拿到"最差奖"的员工，通过这次会议也能知耻而后勇，在未来的工作中避免类似的失误。这种反向激励也是一种有效的激励方式。

批评从来不是目的，它只是避免未来重犯错误的手段之一。华为在进行绩效沟通的时候，一般会考虑到员工的自尊心，安排在办公室单独沟通或者私下沟通。比如你迟到了，领导最多提醒一句"下次注意哦"，其实，你下次还是不会注意。"最差奖"却剑走偏锋，直接开大会公开批评，就是让你下不来台，让你记住这次的耻辱。虽然这比私下批评更难让人接受，却能令人记忆深刻，一辈子都记得曾经因为严重的失误造成的负面影响。

我的第二位导师老余出生在农村，家里环境不好，他从小就立志以后要进一家薪水高的公司，改变自己家庭贫穷的现状。1994年他刚毕业就拿到了华为的录取通知书，进了华为。

刚进公司的时候，他完全跟不上工作进度。虽然他工作很努力，也经常向前辈请教，但是花了不少时间和精力也不出效率，还经常出错。

最后部门领导找他谈话，处理的方式很简单也很粗暴：直接提了一些建议，让他写一份保证书，然后当着全部门的同事念一遍。部门领导要求他把工作中出现的问题，以及效率如何低下等问题都写进保证书，并立下军令状，在多长时间内改善，重复的错误再犯如何处理。

老余至今还记得站在台上念保证书的感觉。当读到一半的时候，他扫过同事异样的眼神，那不是嘲笑、不是侮辱，而是一种同情的目光，这让老余的脸多少有些挂不住，他痛恨自己的能力低下。在接下来的工作中，他更加努力了。

他强迫自己尽快熟悉工作，强迫自己跟上大家的节奏。在之后的评级中，他的分数总能维持在B+及以上，4年后年薪比刚来公司时涨了五六倍。如今，老余已经成为一个大部门的总裁。

在职场，压力不仅来自自己，更来自同事、工作，如果不能把自己磨成一颗铜豌豆,你就不可能在职场取得成功。

俗话说,"闻过而终礼,知耻而后勇",羞耻心对人的影响不总是负面的,我们只要找到其源头,在工作中勇敢面对它,就能改变当前的局面。我们可以借助羞耻心来时刻提醒自己,在羞耻心中找到正能量,让自己迅速成长起来。

### 扛得住,你才是华为人

很多时候,职场是残酷的。因为在职场不看苦劳,只看功劳。

1999年年初,当时在某区域威名赫赫的李杰,满怀信心地带着自己的团队在三湘大地开疆破土,突然接到了前往俄罗斯开辟新战场的调令。莫斯科对于李杰来说就是北方一个异常寒冷和遥远的异国他乡,但是对于华为来说,这是一块必须要拿下的阵地。

李杰刚到莫斯科时,信心满满,他认为只要跑遍俄罗斯的每一个电信运营商,将竞争对手用来吃饭、睡觉、滑雪和家人共享天伦的时间都用来谈判和拜访,就一定可以迅速在俄罗斯打开市场。

理想很丰富,现实却很骨感,李杰到俄罗斯之后发现中国的企业在当地根本没有市场,第一份合同还是在跑了几个月后才拿到的,金额只有38美元。几个月后,金融危机爆发,很多运营商因为资金链吃紧,纷纷削减采购数额,这让李杰感到非常沮丧。但李杰忍住了,莫斯科不相信眼泪,华为也不相信眼泪,自己更不相信眼泪。虽然1998年和1999年华为在俄罗斯的业务依然没有起色,但是在大家纷纷退出市场的时候,李杰不仅带领团队坚守阵地,还告诉俄罗斯的电信服务商，华为会加大在俄罗斯的投入。

李杰不断地吸纳优秀的员工，并将他们送回华为总部备用，还在当地搭建了华为的营销团队，在通过培训之后把员工派到俄罗斯各个区域维护与潜在客户的关系。通过不断拜访，不断加强与潜在客户的沟通和交流，华为在俄罗斯的营销网络越来越大，越来越多的当地电信运营商成了华为的老熟人，华为的产品终于得到了当地运营商的认可。在市场重新复苏的时候，华为获得了大批订单。在IT市场的冬天，华为迎来了属于自己的大丰收。

在华为，像李杰这样的"开荒牛"还有很多，他们被派往陌生的城市去开拓陌生的市场。没有渠道、没有人才、没有现成的经验，但是他们毅然选择奋勇前行，因为"华为不相信眼泪"。

华为这些年取得了如此迅速的发展，和华为人敢为天下先的精神不无关系，是这种狼性精神成就了今天的华为。所以，华为对员工能力的评价，不仅仅是考查基本知识和技能，还要看其能否从失败中学习经验和教训。华为不喜欢玻璃心的员工，只有烧不死的鸟，才能做华为的凤凰，只有扛得住的员工，才是华为人。

## "英雄"倍速成长机制

我在华为工作到第6个年头时，陷入了迷茫。刚开始完全一头雾水的工作，现在做了几轮之后，流程已经非常清楚了。看着当初和自己一起进入华为的小伙伴都找到了各自的方向，而自己每天重复着熟悉的工作，当初的热情也慢慢消磨殆尽，我满是焦虑和迷茫，不知道明天的目标是什么。

正当我迷茫的时候，我接到了Sam给我安排的一个新任务。这是一个全新的工作任务，完全没有可借鉴的经验，需要跨部门合作，还需要参与方案的制订和协调。当接到任务的时候我莫名地兴奋，内心跃跃欲试，但是也有点担心。"相信自己，你就一定可以成功。"在Sam的鼓励下，我接下了这份工作，同时也做好了迎接挑战的准备。

作为项目牵头人，我负责项目落地的一切工作，包括前期的调研、方案设计，再到汇报审批、方案测试。因为大家没有经验，所以整个过程颇费精力。那段时间我的工作量非常大，每天晚上都要忙到10点之后才下班，为了提高工作效率，我把工作时间切分为天、时、分、秒，然后在每个单位时间内给自己安排必须要完成的工作，每完成一个项目我就打一个勾，每打上一个勾，我就感觉自己离成功更近了。如果遇到没有完成的任务，我会紧急调整接下来的工作，将其他工作提前，同时寻求解决这项工作的办法。

得益于前期在秘书岗位的工作积累，我在很多知识点和业务痛点上虽然没有经验却也深有体会，为了推进项目稳定地向前推进，我还额外花时间恶补相关业务知识，梳理项目的相关知识脉络，找到解决问题的关键。最终我的方案顺利通过评审，并落地执行。

当时我心里只有一个信念：再累、再难，扛过去就是英雄，只要不放弃，我肯定能到达胜利的彼岸。那一年的春节，我晋升为高级秘书，成了真正的"英雄"。

事实上，大多数华为人可能都经历过我这样的心路历程，在工作3~5年后，开始迷茫，找不到方向。好在华为是一个懂人性的企业——华为有倍速成长机制供员工制订自己的职业规划，为每个华为人铺就了一条通向成功的幸福大道。

## "五级双通道"模式

在马斯洛的需求层次理论里，位列金字塔尖的是自我价值实现需求，自我价值的实现对一个人来说非常重要。无论在哪家公司、从事什么样的工作，每个人都希望能得到领导的认可，能为公司带来正向的影响。最直接的表现是能得到职位上的晋升，或者工资的增加。

华为非常关心员工的成长，公司给了员工足够的发展空间并帮助员工制订未来的职业发展规划，这些也是人事部门和上级领导考核的重要内容。

传统的职位价值评估，一般考虑的是专业人士与薪酬的匹配情况，但是很少有人会关心员工的能力是否能胜任这份工作，以及如何帮助员工找到自己擅长和有潜力发展的方向。如果不能帮助员工解决这些问题，员工会陷入迷茫，企业也很难培养出各个领域的专家，更无法长期留住这些专业人才。

华为在不断的实践积累中，开发出一套适合绝大多数人职业发展路径的"五级双通道"模式，如图9-1所示。

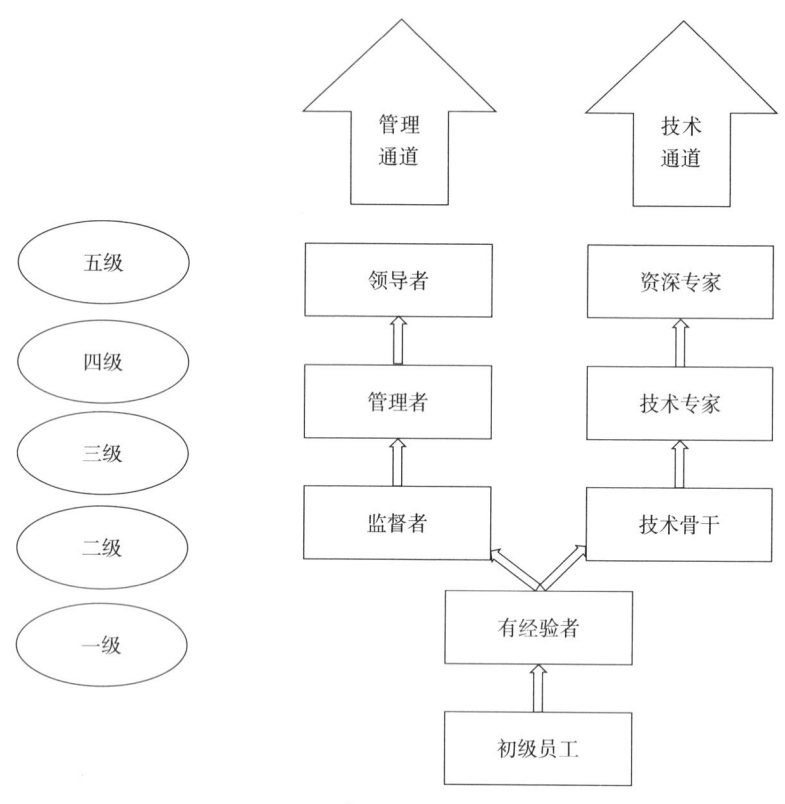

图 9-1 "五级双通道"模式

"双通道"主要指管理通道和技术通道，进入华为的新员工，在经过一段磨砺之后，会从初级员工（一级）逐渐过渡到有经验者（二级），然后员工会根据个人的特长和能力、优势，以及企业未来的发展需要，进入管理通道或技术通道。

在进入管理通道之后，员工可以通过努力将自己从被监督者变为监督者（三级），然后成为管理者（四级），甚至领导者（五级）。

如果进入了技术通道，那么员工将通过不断的技术积累，让自己成为技术骨干（三级）、技术专家（四级），最后成为资深专家（五级）。很多人认为，只有登上管理岗才能有丰厚的收入和高人一等的地位，其实不然，在华为在技术通道做到资深专家同样可以享受集团副总裁的待遇和职业地位。

在这个多通道模型中，华为的员工至少有两条职业发展通道。比如，一个新人在刚来华为时被安排到技术岗位，在获得二级技术资格后，员工可以根据自己的特长和想法向华为申请自己的发展通道，可以选择继续研究技术，也可以转入管理岗。

当然，两条通道对员工的要求也不同，比如某员工的技术非常扎实，但是沟通能力不强，也不擅长领导人，那么他可以选择技术通道继续研究技术并向上发展。如果成为资深技术专家，那么其待遇和同级别的集团副总裁相同。

当然，如果员工认为自己具备管理能力，那么在技术达到一定资格之后员工也可申请管理岗。两条通道互相交错、互相认证，员工可选择一条最适合自己的晋升通道。

为了帮助员工在最短的时间内找到正确的发展道路，也为企业造就更多的人才，华为在新人入职之初就会安排其参加"五级双通道"的培训，告知其晋升渠道有两条以及相应的标准。

"五级双通道"模式就是要告诉所有的华为人：你努力，那就上；你不努力，那就下。

### "饿狼逼饱狼"策略

除了"五级双通道"模式，为了让老员工得到倍速成长，华为还提出了"饿狼逼饱狼"的策略。

"饿狼逼饱狼"是华为绩效管理和薪酬分配体系建设中的一个重要的观点。华为的每一个职位都有符合条件的3~4个有利人选，如果员工的绩效不达标，马上就会有新人接替，在华为，没有一个职位是绝对"安全"的。在绩效管理、薪酬分配体系和任职资格的动态审核中，所有员工自然更有紧迫感，主动工作的能动性也更高。图9-2所示为华为专业任职资格等级参照图。

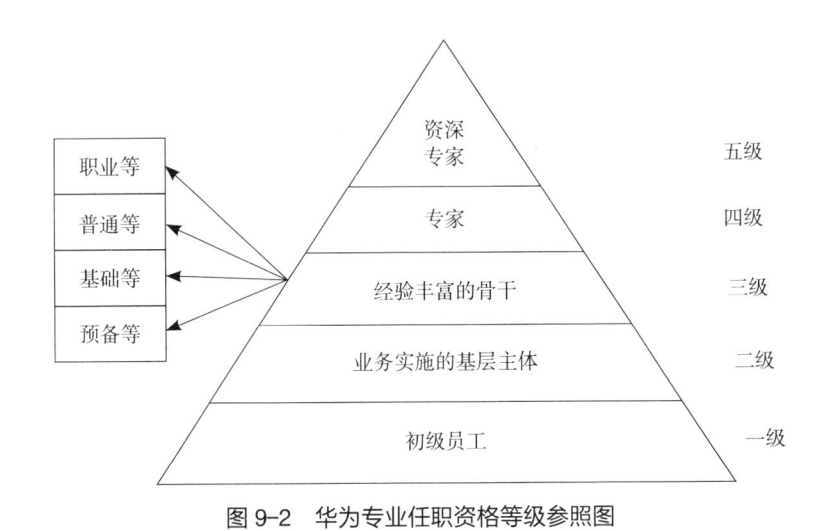

图中标注：
- 金字塔从上到下：资深专家（五级）、专家（四级）、经验丰富的骨干（三级）、业务实施的基层主体（二级）、初级员工（一级）
- 左侧方框从上到下：职业等、普通等、基础等、预备等

图 9-2　华为专业任职资格等级参照图

下面，我以秘书岗为例，具体讲一讲华为是如何通过"饿狼逼饱狼"让员工倍速成长的。

## 建立职业发展通道

华为的秘书职业发展通道借鉴的是英国的 NVQ（企业行政管理资格认证体系），它不仅规范了秘书的日常工作，提高了办事效率，而且解决了秘书向上晋升的问题。

1996 年，华为结束了代理销售模式，正式进入自主创业期。随着生产规模和产品线的不断增加，华为建立了自己的层级制度，行政岗位等都出现了大面积扩员的情况，仅秘书就超过 500 位。他们服务于不同的产品线、部门和不同层级的领导，在管理层项目推动的过程中，在各个层级、各个项目的协作中发挥着重要的作用。

华为的入门门槛较高，哪怕是秘书岗，也普遍都是知名院校本科毕业。刚开始很多人进华为主要是因为工资比较高，认为秘书的工作比较好上手。但是做了几个月，发现自己的工作无非是文件收发、资料录入、召开会议并做会议纪要，没有多少技术含量，做了一段时间就陷入了迷茫。

1998年，华为当时的副总裁张建国去欧洲考察，想要了解其他公司如何解决这方面的问题。张建国发现，久负盛名的英国NVQ非常适合华为，可以很好地解决秘书岗位职业发展通道的问题，不仅可以调动秘书的积极性，也给秘书指明了一条清晰的晋升之路。

不过在刚引进英国NVQ的时候，华为的秘书并不以为然。因为大家觉得对于常规工作很难做出公平、精准和动态的评估，而且常规工作的难度不大，无非是熟练不熟练的问题，能力很难有更大的提升。

但是随着深入了解，秘书才发现了英国NVQ的精髓。首先，工作效率是建立在有序工作上的，NVQ表面上增加了一些流程，但是它可以让工作更有序地运作起来，工作效率自然大大提升；其次，除例行公事之外，所有的工作都需要详细的思路，NVQ提供了一个清晰的思考方向或详细的工作思路，它能快速找到问题的症结所在，通过一套严密的逻辑提高了工作效率。

NVQ为秘书的行为建立了一套可行的规范，并形成了一套规范的机制。

考评的秘书标准就是秘书不断提升的动力，它提醒着秘书注意工作与标准之间的差距，从而解决了秘书想提升却找不到方向的问题。

华为承诺每位申请参与考评的员工在通过考评之后将拿到中英机构联合颁发的国际职业资格证书，这个证书在任何一家公司都是被认可的。当然，对于员工来说，这不仅是一本证书，更是对自我价值的认定。

为了保证考评的质量，华为严格按照英国NVQ体系的要求完善了内外部督考的相关政策，并借助督考工作，对各岗位层次之间的流程进行了梳理，这同时也改善了上下级的关系，让所有员工协调一致，为一个目标努力。

考评使得更多优秀的秘书得以去市场部轮岗，他们的能力得到了大大的提升，获得了更广阔的发展空间。

**定任职资格**

任职资格测评让每一位秘书明确了自己的工作职责以及必须达到的标准，对照这些标准秘书可以更准确地改进自己的工作。

在引进NVQ之初，公司组织了秘书和有关管理人员认真学习国际企业行政管理标准，然后对照这些标准来制定考核的内容，让所有员工明确工作改进的目标和秘书未来晋升的发展通道。

比如，华为人力资源部在学习国际企业行政管理标准时，反复研究秘书的任职资格标准，他们根据英国NVQ企业行政管理标准搭建了人事管理与人员培训平台，明确了秘书的工作规划和职业化目标，并结合华为自身的特点制定了秘书的任职资格标准，升级了一套最适合华为的级别评定和任职资格考评体系。

华为新的秘书任职资格将打字速度、会议通知、会议所用的文具、会议过程管理、做会议纪要的方法、办公室信息管理等各个流程都列了进去，以英国NVQ企业行政管理标准为基本要求。比如，开会前半小时必须电话通知每一位参会人，并确认能否出席，虽然这些都是小细节，但是体现了秘书的职业化水平。

在资格体系搭建完成之后，华为的秘书对自己未来的目标更为明确了。在其他公司电脑管理、文档管理、电话管理需要三个人来完成，在华为完成流程梳理的标准搭建之后这些工作只需要一个人就能完成，对公司而言这不仅省下了员工的工资、管理费用和办公空间，还提升了效率，秘书的职业能力也得以迅速提升。

为了更好地推进资格认证，华为成立了资格认证部，该部门负责制定考核的标准，同时培训秘书人员来执行评审工作，最终带动整个华为的秘书人员甚至整个公司的培训工作。

在完成秘书的考评体系搭建和评定工作后，华为的人力资源部开始研究成立任职资格研究小组的相关工作，刚开始成立了两个小组，每个小组三人，主要负责制定其他岗位的任职资格体系。

例如，组织对高级管理人员的任职资格认定工作，一方面，对一个阶段高级管理人员的工作情况进行总结和测评，同时探索资格认证的实施途径，便于为下一个阶段各个职级的全公司岗位认证工作开路；另一方面，对高级管理人员的职业素养和管理特点进行一个摸底，为下一个阶段的优化人员配置和华为的新增业务岗位的调整进行摸底。

销售人员的任职资格标准是在 20 名全国最优秀的华为销售人员中调研而来的，在制定标准之前，研究小组到华为各地的办事处和这些优秀的销售人员一起去拜访客户，看看他们是怎么和客户沟通、怎么谈判、怎么拿下合同的，根据这些一手素材制定了 1~5 级的销售人员任职资格标准。

之后，华为成立了任职资格管理部，该部门主要负责制定各个岗位的任职资格标准。为了帮助员工更清楚自己的工作能力和个人价值，找到更多的发展空间，任职资格管理部设计了管理和专业技术的双重职业发展通道模式，员工可以根据自己的情况、公司的发展状况，为自己设计切实可行的发展路径。

我当时在华为也有两条职业发展通道供选择：一是走管理通道，进入人力资源部系统，最终成为一个人力资源部管理者；二是走专家技术通道，坚持做人力资源的相关技术性工作，最终成为一个人力资源技术专家。

## 考评牵引力

在有了目标之后，如何让员工快速达成目标成了华为需要解决的下一个问题，为此华为人力资源部开始推广基于 NVQ 体系的新考评制度。

NVQ 考评和其他考评不同，它并不是员工评级的考核途径，而是建立一种考评人与被考评人互相帮助、互相努力的机制，在充分释放员工优势和能力的前提下,最终达到共同进步的方式。华为通过NVQ考评让公司上下统一目标和步伐,督促各个部门更融洽地工作,上下级在充分交流的情况下协同一致,完成公司的既定目标。

2012年,通过考核的我成功从中级秘书晋升为高级秘书,当晋升有了依据的时候,一切就显得那么顺理成章,各个阶段的成绩也一目了然。

# 第 4 部分

## "班长"（5~7 年）

# 第 10 章

猛将必发于卒伍,宰相必起于州郡

猛将必发于卒伍，宰相必取于州郡，干部一定要有成功实践经验。

——任正非

## 华为绝不会提拔一个没有基层工作经验的人做"将军"

1996年,老蒋加入华为,成为研发部一名普通的程序员。在研发部做了两年基层工作后,老蒋希望能承担更大的责任,走得更远。于是,他向领导主动申请到最艰苦的海外工作。

1999年,老蒋被派遣到沙特。因为条件有限,老蒋工作的地方几乎没有任何娱乐活动,这也使得老蒋能够把所有的精力都投入工作。沙特的业务量很大,市场竞争也很激烈,老蒋和同事从早忙到晚,一年365天都处于"打仗"状态。

苦吗?苦!对于一个年轻人来说,没有娱乐活动,甚至连口酒都喝不上。累吗?累!在华为驻沙特办公室里的灯几乎每天都亮到午夜。老蒋说,那段光阴,他们是在"全力以赴",而不是"尽力而为"。这两种状态是不一样的,"全力以赴"是努力到无能为力,奋斗到感动自己。

2010年,老蒋和同事拿下沙特的合同,打了胜仗。在得胜回国后,老蒋被任命为中东地区部副总裁,负责中东地区部整体工作。

如果你想在华为有一番作为,那么最好到更艰苦的一线去历练一番,只有这样,才能一步步成长为管理者。华为绝不会提拔一个没有基层工作经验的人做将军。

"宰相必取于州部,猛将必发于卒伍"是华为选拔干部的原则。华为的干部一定要来自基层一线,没有基层一线实践经验的人是不能被选拔成为干部的。

下面，我们来详细说一说华为是如何做到"猛将必发于卒伍，宰相必取于州郡"的。

### 干部选拔的最高标准是实践

《华为 EMT 纪要》指出，干部选拔的最高标准是实践。

《华为公司基本法》第 72 条明确规定："没有周边工作经验的人，不能担任部门主管。没有基层工作经验的人，不能担任科以上干部。"

对于干部的选拔，华为反复强调必须从有实践经验的人中选拔。据 Sam 说，目前华为 2/3 的中高层干部在一线做过市场相关的工作；1/3 的中高层干部做过与研发相关的工作。

比如，一个在非洲打过"胜仗"的人，可能会被提升到欧洲片区担任干部。这样跨区域的提拔，可以考验一个干部的战斗力，如果他能够在欧洲片区很好地完成项目并管理好团队，那么他就有可能被提拔成为"将军"。

在华为，无论你是本科生、硕士生还是博士生，都要经历实践这一关如何判断一个干部的实践能力，如图 10-1 所示。华为前副总裁郑树生、徐直军等高层管理者，也都是在博士毕业后直接被"发配"到基层，在一线做出杰出贡献后，他们才得到提拔。

小事不愿干、大事干不好的员工在华为是被淘汰的对象，华为坚持实践出真知的原则。华为人大多是知识型员工，理论知识深厚，只有经历一线"战火"的锤炼，才能成为真正可用的人才。事实证明，华为的这一干部选拔制度是正确且有效的——看看华为现在的"将军"们有多厉害就知道了。

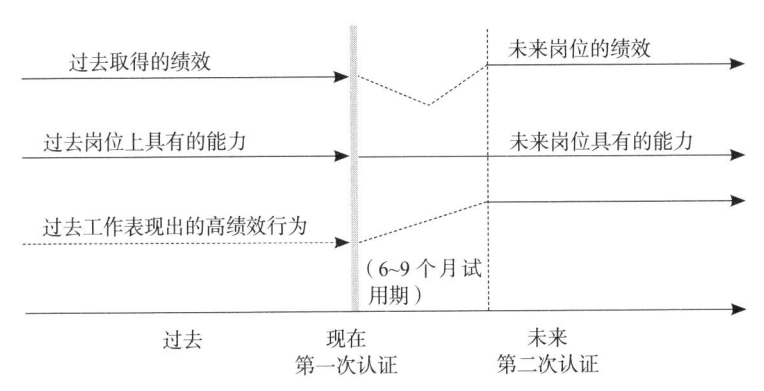

```
过去取得的绩效 ────────────▶         未来岗位的绩效 ──────────▶

过去岗位上具有的能力 ─────────▶       未来岗位具有的能力 ─────────▶

过去工作表现出的高绩效行为 ─ ─ ─ ▶                          ─ ─ ─ ─ ▶
                              （6~9个月试
                                用期）
    过去              现在              未来
                   第一次认证          第二次认证
```

以成功经验为基础，根据对成功的实践的总结，来看成功实践的延长线，进行第二次认证；在实践中，将干部的知识转化为能力。

图 10-1　华为干部选拔的最高标准是实践

这也从侧面印证了任正非说的那句话："大浪淘沙才是这个时代的本色与潮流，把资格、资历看得很重，终有一天要死亡。"

所以，如果你此刻正身在华为，正在为自己的"不得志"而郁郁寡欢，那么，你可以申请去一线，去经历"战火"的洗礼，等你打了"胜仗"回来，你的状态肯定会有所改变。

## 打下一个山头的人里面，终有一个人可以做连长

华为在干部选拔上，除了优先选拔有实践经验的人，同时坚持优先从成功团队中选拔干部。一个团队无论是大项目成功还是小项目成功，必然有人能将知识转化成实战能力，也必然拥有具有前瞻性意识的人才。用任正非的话说，打下一个山头的人里面，终有一个人可以

做连长。

华为在干部选拔上流传着这样一句话:"狼带领的一群羊一定能打赢由羊带领的一群狼。"优秀的干部就是头狼,头狼带领得好,团队的作战能力就能得到提升,这个团队就一定能成功。反之,好比由羊带领一群狼,即便团队拥有众多优秀员工,干部没有能力,团队注定要失败。

所以,华为规定:优先从优秀的团队中选拔干部;出成绩的团队要出干部;连续不能实现管理目标的主管要免职,免职部门的副职不许升正职。

"优先从优秀的团队中选拔干部"这一点其实很好理解。一个团队之所以能打胜仗,能做出优异的成绩,说明这个团队的成员是出色的,从中更能选拔出合适的干部。

"出成绩的团队要出干部"这句话非常直接,符合华为人的调性。在华为,如果你想当干部、想得到晋升,就要先做出成绩。

"连续不能实现管理目标的主管要免职"这一选拔规定是说对于一直不能实现管理目标的干部,要免职处罚。这样做一方面可以给普通员工激励,另一方面可以激活干部,让干部一直处于"奔跑"状态。

"免职部门的副职不许升正职"是因为一个部门就是一个团队,团队出现问题,不管是正职还是副职都难辞其咎。如果一个部门长期不能实现管理目标,那么可以证明该团队不仅正职能力欠缺,副职也同样没有尽到应尽的责任,对其不予提拔也是合理的。

正是华为强调"打下一个山头的人，终有一个人可以做连长"的干部选拔制，才为华为选出了一批批优秀的头狼，他们带领着各自的团队为华为在世界各地的市场上抢滩登陆。

## 要在"上甘岭"选拔干部

2008 年，华为 EMT（经营管理团队）会议再次强调，大仗、恶仗、苦仗一定能出干部，总部机关、产品体系都要派后备干部到艰苦地区锻炼，在艰苦环境中磨炼成长，公司要在"上甘岭"培养和选拔干部。

从艰苦的一线中选拔干部，是华为干部选拔制的又一重要原则。艰苦奋斗是华为企业文化的核心，华为所有的奖励都向艰苦者、奋斗者倾斜。

2016 年，李想（化名）被安排到华为南太平洋区的项目财务重装旅，专门负责查找并协助当地部门解决项目中的财务问题。当时，马来西亚和菲律宾两个代表处的财务问题相当突出，作为一名"救火"士兵，李想感到压力巨大。更难的是，当地项目组给他讲解问题，他却因庞杂陌生的专业术语无法领会对方的意思。这让李想在一开始就犯了难。

但李想并没有因此气馁，他每天和项目组的成员一起，白天商量产品交付情况，晚上梳理问题、研究财务改善对策。在那段时间，李想没有在夜里 12 点前下过班，没有周末，没有休息日。

经过半年的努力，马来西亚和菲律宾两个代表处的财务状况终于有了可喜的转变，李想超额完成了任务。同时，多次被总部通报的超一年开票收入差过大的问题也在李想和团队的努力下全部解决了。

基于李想在华为南太平洋市场的优异表现，他在项目结束后直接被提拔为南太平洋地区的财务主管。

华为的规模在不断扩大，这意味着需要更多的干部来管理公司，因此华为提出了要优先从主攻战场、一线和艰苦地区选拔干部，把那些具备高尚道德情操的员工，对公司忠诚、有强烈责任心、使命感和敬业精神的员工，视客户为衣食父母的员工，具备良好任职能力和高绩效表现的员工，以及愿意在艰苦地区吃苦耐劳的员工，选拔到公司的干部队伍中来。

员工有选择的权利，他们可以决定自己要不要去海外的主战场、一线和艰苦地区。任正非曾讲过："你可以不去，但是这样你就丧失了成长的机会。不愿意去海外，并不意味着不会成为好员工。只要能够完成工作任务，照样能够得到回报，但是你的晋升、成长受到了限制。"

## 赛马文化：提拔在竞争中跑在最前面的

周强（化名）是我在华为工作时的同事，他于2008年加入华为研发部。在周强刚进华为不到一周时，他的导师就对他说："你无论是从他人的著作中总结算法，还是在工作中获得的灵感，只要能够运用到工作中，都是一种创新。"

导师的一席话打破了周强对于创新的固有看法，以前他认为创新就是要研发出一款前所未有的产品，现在看来，只要是比以前有一点儿改进，都叫创新。这一下就打开了周强的思路，在工作中，他开始不断地创新。

在2016年的华为创新大赛中，周强提交了自己的创意产品。华为在每年6~8月会举办全员创新大赛，参赛作品聚焦无线网络产品，不论是新员工还是老员工，只要产品足够有创意、有商业价值、有可能实现，员工就有机会获得奖项并让自己的创意投入生产。创意产品并不需要完全做出来，哪怕只有一个想法都可以参加比赛。

华为内部员工有18万人，比赛的激烈程度可想而知。员工投递上来的创意需要经过海选、部门预审、专家预审、导师预审等多重关卡，最终选出15强作品进入决赛。在进入决赛后员工还需要与行业顶尖的专家评委面对面沟通，对作品进行阐述说明，最后由专家评委组成的评审团决定员工是否获奖。

周强自参赛后，积极地咨询了数十位专家，吸纳多方意见，对自己的作品进行了十余次优化升级。最终，周强的作品获得了第十名的好成绩，并被公司看中，正式投入生产。

周强本人也在竞赛结束之后，获得了职位的晋升。周强是一个不擅社交但工作非常认真的人，他曾经担心自己的性格在华为难以得到领导的认可，晋升之路永远与自己无缘。事实证明，他的担忧是多余的，因为在华为的干部选拔原则里，有一项叫赛马文化。

很多人在日常工作中非常出色，可一旦遇到大项目或挑战，就心里发怵，最终无法胜任。赛马文化要求员工不仅要工作干得好，内心也要非常强大，能抗得了压。华为一贯认为：先有为，再有位。员工要做出成绩，在一众"千里马"中脱颖而出，才能让领导和同事信服。

## 干部必须在跑得快的马里面选

要想真正弄懂华为"赛马文化"的选拔制，我们得首先了解华为为何要用"赛马"比喻这一选拔制。

### 何为"赛马"

赛马是蒙古族的盛会，器宇轩昂的骑手和奔腾嘶鸣的骏马，共同构成一副生动而又热烈的赛马场景。赛马是速度的竞争，马匹的奔跑速度和骑手驾驭马匹的能力都至关重要。马匹的速度和骑手的技巧相结合，才能让参赛的马儿在千万匹马中一骑绝尘。

曹操曾说过这样一句话："吾任天下之智力，以道御之，无所不可。"意思是说，广纳天下英才，把他们用在正途，就可以无往而不利。这句话其实也体现了赛马文化——取天下间有才能的人，加以勉力和敦促，最终使他们为我所用。

赛马文化作为一种人才选拔方式，与"伯乐相马"不同，它强调通过比赛来选拔人才。古话说，是骡子是马，拉出来遛遛，也是同样的道理。赛马文化抛开"伯乐相马"的主观性，将各路人才置于同一赛场，让他们互相竞争，分出优劣。这种选拔方式非常客观、公正，避免了人才的流失。

任正非曾说："干部必须在跑得快的马里面选。"华为的很多管理层、专家都是通过"赛马"的方式选拔出来的。除了举办像创业大赛这种全员参与的比赛之外，华为也非常注重在日常工作中选拔"跑在前面"的员工，因为本职工作做得好是员工晋升的先决条件。

2017年，华为驻外办事处有一个领导岗位出现空缺，当时有两位比较合适的候选人。一位是经验丰富，在相应岗位任职多年的"老将"刘华（化名），另一位是初出茅庐，刚刚崭露头角的新人李毅（化名）。为了公正、客观地选拔出更适合这个岗位的人选，华为决定让这两个人进行比赛，在为期一个月的时间内，两人分别带队作战，谁的业绩更高，谁就上任。

最后，新人李毅发挥强大的后劲，一举夺得胜利，成为新一任的领导。通过这种方式，李毅证明了自己的实力，让大家对他心服口服。这也刺激了老将刘华，他反思自己的不足，不断地努力，后来也成了另一个岗位的领导。凭实力得到晋升，是华为最值得发扬的用人方式。

**能者居上**

任正非曾说过这样一句话："我只关注最前面的人，这样后面的人就会紧跟着前面的人。"这句话也是赛马文化的一种体现。华为优先提拔"跑在最前面"的员工，让有能力的人才有机会担任要职。这种竞赛文化还能激发员工力争上游的进取心，在团队间形成一种积极向上的氛围，整个组织的效率也会因此提高。

华为强调结果导向，有能力者居高位。这也是目前的市场环境决定的。外部市场竞争异常激烈，华为要想生存下来并有所发展，一定要选拔出对公司忠诚、能够艰苦奋斗并有高效产出的人才。结果导向的本意就是要求员工不断解决困难，达到最完美的结果。华为员工如果在工作中出现失误，他们通常是不会辩解的，因为在华为没有理由和借口。

赛马文化并不意味着在一次竞赛中拔得头筹就能一直稳居高位。赛马是一个长期的、动态的过程，这不仅考验员工的冲劲，更考验员工的耐力。有些员工可能在前期工作中表现不突出，但就像在比赛中获胜的马匹一样，在比赛时节奏稳定，后劲十足，在最后冲刺环节后来居上，做出成绩；有些员工虽然前期冲得迅猛，却因为消耗过大坚持不到后半程，最终与冠军无缘。

所以选拔人才，不仅要选择目前具有一定优势的，还要综合考量，选出具有潜力的员工，进行人才储备，这些员工在慢慢发展的过程中，一定会稳中求进，不断追赶上来，成为企业的后备军。

## 内部比武

为了将赛马文化落到实处，华为参照赛马精神，为员工设置相应的干部选拔制度。华为在多年的人才选拔中总结出两点经验：一是要大力培养敢于拼搏的勇士；二是艰苦的环境更容易培养出人才。

既然要比赛，当然是参赛人数越多越好，这样挑选的范围会更广。华为希望每一个员工都能参加比赛，拥有上进心，在赶超对手的过程中不断进步。员工之间的良性竞争，不仅不会阻碍企业发展，还能促进企业进步。

华为就好比一个大舞台，公司鼓励员工像一只只黑天鹅一样在舞台上翩翩起舞。任正非曾说过这样一句话："理想的干部选拔就是能让黑天鹅都在咖啡杯中腾飞。"为了让更多的"黑天鹅在咖啡杯中腾飞"，华为采取了内部比武制度。

内部比武并不仅仅是员工技能大赛，它还会有多种多样、规模不一的各种比赛。上至部门内部组织之间的比拼，比如华为的三大BG（运营商BG、消费者BG、企业BG）一直是一种互相协作又互相竞争的关系，中间有团队之间业绩总额的较量，下至员工之间操作技能的对赌，都属于华为内部比武。

内部比武的目的并不是争个谁胜谁负，而是通过同事之间的互相比拼唤起员工的危机意识和进取心理，同时，员工还能通过比武对自己的工作技能进行查缺补漏。员工通过竞争，提升了个人能力，也拔高了企业整体工作水平。华为内部比武具有如下特点。

## 规模不一，种类繁多

华为内部大大小小的比武，每年至少有3 000场。这些比武规模不一，涉及领域也非常广。有的是全公司范围的比赛，参赛选手多达几百人，有的则是部门内部小型活动，一般有数十人参与。大型比武活动由公司组织专人负责，小型比武活动多由员工自发举办。无论是大型比武还是小型比武，都必须让员工通过比武有所收获，不然这次比武就没有效果。

**不分等级，不论年龄**

在华为的比武里，没有性别、年龄、辈分之分，只有实力的较量。这种方式让新员工充满斗志，希望通过比武证明自己，得到晋升的机会；对于老员工来说，为了不被新同事比下去，他们也得不断努力，不能仗着资历深吃老本。

**有表彰，有鼓励**

比武有胜负之分，就一定有奖励和表彰。华为有明文规定：比武结束后管理部门要尽快对优胜者进行表彰，不管人数有多少，只要成绩优秀，都要鼓励。

员工参加比武的成绩还会被记入员工档案，作为员工绩效考核和晋升的参考依据。

**保证竞争公平，避免内部恶性竞争**

华为支持正当的比拼，坚决抵制恶性竞争。华为的比武本身就是非常公平的，极少出现恶性竞争。在一次又一次的比武中，各个部门的员工相聚一堂，建立起深厚的友谊。我在"秘书大比武"中也结识了其他部门的秘书，在比武结束后，我们还经常聚在一起探讨秘书工作的重点和难点。

近几年来，华为已经将比武作为人才竞争战略在内部推行开来，也联合外部友商、合作伙伴共同展开比武活动，以吸取他人的长处。

2019年7月，第7届华为生态伙伴精英赛正式开赛，邀请了全国

30 多个赛区的合作伙伴精英同台竞技。华为生态伙伴精英赛是华为人才生态的一次"大练兵"和"大比武"。作为优秀人才锻炼和展示自身能力的平台，比赛旨在以竞技的方式为 ICT 领域发现并培育更多的优秀人才，树立专业标杆。

这种全国甚至全球性质的比武活动，能够很好地推动华为与合作伙伴的关系，使得双方在竞争中取得共同进步。对于华为来说，这些比武活动也能够将华为文化传播出去，有利于扩大华为品牌的影响力，提升华为的深层竞争力。

## 7 年升 7 级的"少将连长"

在华为"心声社区"的"华为家事"有这样一个故事：看 7 年升 7 级的"少将连长"如何"炸碉堡"。

这位 7 年升 7 级的"少将连长"名叫刘翔，是巴基斯坦 T 子网系统部部长，T 子网炸碉堡项目 PD，历任 STC（科技咨询）系统部和沙特代表处重大项目部部长、巴林办事处主任、卡塔尔电信集团系统部销售副部长。

2015 年 7 月底，刘翔的主管找到他，希望他能够奔赴巴基斯坦，为华为打开巴基斯坦的市场缺口。巴基斯坦的 T 子网长期被友商占据，华为难以"炸开碉堡"，急需一位经验丰富、实力强劲的干将前去打开局面。

刘翔在之前的工作中表现出色，绩效考评经常得 A，而且身上还有三个军功。中东地区市场环境艰难，而且主管给他安排的岗位职级比他现在的还低，刘翔产生了抵触心理，试图写出更多的理由来拒绝主管的这次安排。

转眼到了 8 月，刘翔前去巴基斯坦的事情已经迫在眉睫，可他心里还是不乐意。这时中东地区的几位领导找到他，告诉他派他去巴基斯坦的原因。A 领导说："华为一直无法在 T 子网取得成绩，派了很多人去，都没什么效果。我非常相信你，如果你也做不好，那我们就只能放弃 T 子网了。"

虽然还是不太能够接受自己即将远赴中东，但刘翔非常明白，这是组织对他的信任，他在心里给自己打气：战场需要我，华为需要我。下定决心后，刘翔便抛开所有的犹豫和不甘，只身前往巴基斯

坦，立誓要炸开这座坚硬的碉堡。

刘翔带领员工，深入研究巴基斯坦 T 子网的特点，了解当地居民的消费习惯，不断地尝试、改进，哪怕没有炸动碉堡，只是让它掉了一层灰，刘翔也异常兴奋，因为他离成功更近了一步。

就这样，刘翔和他的团队花了 7 年的时间去"炸碉堡"，不仅成功攻下山头，刘翔还因此被破格提拔 7 次，成了名副其实的"少将连长"。

## "少将连长"：破格提名权

除了刘翔这个典型的"少将连长"之外，华为还有很多少年英豪，他们代表着华为打破常规的人才选拔方式，是华为企业文化的一种体现。

在很多大型企业尤其是以资历定待遇的企业中，很多员工常常需要"熬"很多年，才有机会进入管理层。但在华为，奋斗 10 年就有可能成为研发主管，管理 4 000 多个人。这对于刚毕业就进入华为的员工来说，意味着在 30 岁出头就能进入中高级管理层。这也是任正非强调的"少将连长"策略。

华为的管理层普遍比其他企业要年轻，而且都是从基层提拔上来的。员工通过努力打拼，只要身上有"战功"，年纪再轻都有做"少将"的机会。

为了全面落实"少将连长"政策，华为给每个轮值 CEO 每年 50 个破格提名的名额，让有突出贡献的员工得到超常规提拔。破格提名不仅能让优秀的人才为企业重用，加速企业的发展，更能通过提拔一个人激活一大片人。

一旦团队中有一个人受到破格提拔，这个人就一定会给团队内的其他成员带来触动。有些人心里就会想：大家都是同一批进入公司的，为什么他行我不行？华为非常支持员工想当少将的心态，但想成为少将就必须拥有对等的能力、发挥相应的价值。任正非曾经说过："人的生命只有几十年，你只能在这个短暂的时间内把自己培养成航母舰长。"所以，要想成为"少将连长"，就得不断进步。华为大胆的破格录取，就是要及时发现"千里马"，让他跑起来。

任正非强调："本来世界就不公平，我们也不怕一般员工跑了，领袖型的人物你不抓紧时间提拔，等到上航空母舰的时候，他都弯腰驼背，指挥不动作战了。"破格提拔的重要意义就是留住人心，让优秀人才尽早为企业贡献出更多力量。

2017年，任正非表示华为要对员工进行持续地破格提拔，在15、16级中提拔3 000人，18、19级中提拔2 000人，从其他层级提拔1 000人。所以，华为在2017年就破格提拔了6 000余人，且之后每年破格提拔的人数呈递增趋势。

员工因为破格提拔得到晋升机会，为了回馈企业，他们将更多精力投入工作；企业因为破格提拔获得了人才，得到了更加忠诚、有能力的后续发展人员。这是一个双赢的局面。

### 成为"少将连长"的两个途径

在华为，要想成为"少将连长"，有两种途径：

## "少将当连长"

"少将当连长"就是让华为高级干部前往一线，亲自带着士兵冲锋陷阵，或者是让老干部利用自身资源、人脉等优势，到一线协调指挥重大项目。

我的上司 Sam 就是一名"少将连长"，他是从艰苦地区一路奋斗成长起来的华为干部。

Sam 初入华为时，因工作表现出类拔萃，被上司看重，作为部门重点培养对象。当时华为正在试图拓建非洲市场，Sam 随即被派往尼日利亚历练。尼日利亚的通信业务当时正处于起步阶段，当地的工程师技术水平不够，需要华为的工程师监督、辅导。Sam 就被派到指定区域，成了一名"站点督导"。

在这个平凡却又锻炼人的岗位上，Sam 飞速成长着，没过多久，他又承担起另外一个重点项目，成为能够独当一面的技术人才。Sam 能够如此迅速地成长，与他勤奋好学的态度是分不开的。他除了监督项目施工，完成每天的工作任务，还要抽空学习新的技术，每晚几乎只睡两三个小时，最后 Sam 负责的项目都取得了很好的成绩，客户满意度也很高。

Sam 在非洲工作了 14 年，就是这样一个项目一个项目的累积，从站点督导做起，后来成为团队负责人、项目经理，再到部门主管，他成了名副其实的"少将连长"。

通过 Sam 这种方式晋升起来的员工，在华为数不胜数。早期的华为人为了开拓海外市场，常年离乡背井，用青春和热血换回了华为现在的成绩，也为自己谋得了更高的职位和更好的薪酬待遇。华为对从基层奋斗起来的干部非常尊敬和器重，鼓励员工在基层磨炼，体验真实的"带兵打仗"的过程。

"让少将当连长"也是一种促进人才流动的方式，能够将优秀的员工安排到合适的岗位上，发挥出最大的作用，这也非常有利于打破固有的、僵化的人才体制，使得企业掌握人才分配的主动权。

有战功的"少将连长"，可以自行选择留在"前线"，或者返回总部转成专家岗。企业通过这种方式形成一种开放、循环的良性管理者培养模式，为企业后续发展提供长久动力。

**"连长配了个少将衔"**

"连长配了个少将衔"就是提高一线员工的级别，让一线员工虽然做着"连长"的工作，却拥有"少将"的级别和薪酬待遇，以吸引优秀人才留在一线奋斗。

舒林与我同一年进入华为，他属于技术岗位，从事 GMSC（移动网网关局）35 产品的技术研发工作。起初他只负责简单的远程技术支持、现场开局等基本工作。但他并没有因为工作简单而懈怠，力求把每件工作都做到极致。

慢慢地，舒林在工作中积累了很多经验，技术水平也越来越突出。一年后，在华为实施中国移动 GSM（全球移动通信系统）目标网全网升级项目时，舒林被破格提拔为该项目的负责人。舒林不负众望，以出色的成绩完成了这次项目。

在舒林进入华为的第三年,他又因个人绩效突出,被破格提拔为无线产品二线技术支持工程师、国内 GSM-NSS（GSM 网络交换子系统）产品责任人。一年后,舒林又被调到北京分部,负责移动软交换长途汇接网项目。从基层做起,逐步积累经验,丰富自己的知识,并靠着过人的毅力,舒林 4 年完成了"四级跳"。

在通信行业,技术人才非常匮乏,培养一个专家需要付出大量的物力和财力。而在飞速发展的新时代,拥有大量行业领军专家,对于企业来说非常重要。因此,华为在尽量减少行政管理人员,增加技术研发专家,赋予专家权利,让其职级和薪资待遇与贡献相匹配,加大技术研发投入,让专家享受更好的待遇。任正非说:"我们要重视专业技术的领军人物,领军人物就要有'少将'军衔。做出突出贡献的首席单板专家、软件首席程序员能否提到 23 级?可能不能一次提到 23 级,但可以先提到 20 级。你有几百个单板专家,那就是有几百个'少将'。提高领军人物的职级,我们就有了一群'少将连长',他们可以影响更大的一群人,这样会继续出来一大批'少将连长'。首席专家要有任期制,三年一任期,期满复核,能上能下。让做得好的专家获得发展,激活我们的专家队伍。有经验的专家可以做'博导',要给导师合理的地位、权力与责任,让他们辅导新员工、新主官、新专家,起到传帮带的作用。"

# 第 11 章
## 苗子是自己蹿出土面的，不是用锄头刨出来的

苗子是自己蹿出土面上来的，不是我拿着锄头刨到地下找到这个苗子。认可你，然后给你机会，但能不能往上走在于你自己。机会是靠自己创造的，不是别人给你安排的。

——任正非

## 品德与作风是干部的基本要求

在华为的核心价值观中,"长期坚持艰苦奋斗"是公司对干部品德与作风的要求。

华为强调的品德与作风,不仅指干部的思想道德和生活作风,更多的指的是其是否认同华为的文化,有没有敬业精神和献身精神等。

如何才能看清一个人的品德和作风?对此,任正非有自己的方法:"要看清一个人的政治品德是很难的,但先看这人说不说大话,拨不拨弄是非,是不是背后随意议论人,这是容易看清的。这种人是小人,小人的政治品德一定不好,一定要防止这些人进入我们的干部队伍。茶余饭后议论别人,就算议论的是事实,也说明议论者政治不严肃,不严肃的人怎可以当干部?如果议论的内容不是事实,议论者本人就是小人。"

干部任用不当,对企业来说有时候意味着致命的打击。这也是华为为什么把品德与作风作为干部的基本要求的原因。

## 注重个人成就感的人不能当干部

华为选拔干部的另一原则是:注重个人成就感的人不能当干部。在一个团队中,干部要淡化个人成就感,要源源不断地把自己的部下培养成"英雄",而不是自己争着去当"英雄"。

对此,任正非曾说:"'英雄'也可转化成'领袖','领袖'就是我们的项目经理、科长、处长、办事处主任等。'领袖'不重视个人成就感,只注重组织目标的成就感……我们有非常多的无名英雄,他们是我们未来的一切,我们要依靠他们团结奋斗,充分发挥他们的个人能力。我们要构建干部体系,通过价值评价体系把我们需要的优良作风固化下来……那么在下个世纪,我们将是大有希望的。"

事实上,华为也是从"英雄时代"一步步走过来的。在华为刚成立时,为了创造业绩,任正非鼓励员工发挥个人才干,争做"英雄",华为现在很多的高级将领就是那个时期涌现出来的。

后来,随着华为的不断壮大,公司内部的治理除了工作激情,更需要制度。任正非敏锐地觉察到了这一情况,平常喜欢把"英雄"挂在嘴边的他,不再频繁地提及"英雄"二字,而是开始思考干部的职责。

2000年,任正非曾组织华为的干部进行过一次考试,考试的主题是"如何有效地治理公司"。在这次考试中没有取得好成绩的干部,可以努力学习,争取通过下一次考试。如果一个干部多次考试均不合格,就有可能被免职。

通过一场场考试,原来从"英雄时代"成长起来的很多干部,逐渐转变思想,不再争当"个人英雄",而是开始积极主动地培养"英雄"。

后来,华为规定:注重个人成就的人不能当干部,而帮助员工成为"英雄",是每一个干部的责任。

孟子有云:"尊贤使能,俊杰在位,则天下之士皆悦,而愿立于其朝矣。"华为要求干部放宽胸怀,甘为奋斗者做人梯,敢于起用人才,乐于提拔人才,以此激发整个组织的活力。

## 敬业精神和献身精神都不可或缺

华为对于干部道德素养的第三个要求是：必须具备高度的敬业精神和一定的献身精神。

敬业精神是工作高效的保证，只有敬业，才能把工作做精、做好，才会不断寻找突破。献身精神说的是华为的干部要从大局出发，要受得了委屈，修炼自己强大的内心。

管理者要学会自己舔伤口，舔完自己的伤口还要去舔别人的伤口。生活和工作中充满了各种不确定和挫折，如果缺乏足够的自我调节能力，每个人都可能会被生活和工作压得喘不过气。尤其是管理者，除了调节自我，还要调节团队，要训练自己强大的内心。这就需要管理者有一定的献身精神。

在过去的30多年里，无论华为的干部选拔和培养制度如何改变，有一点始终是不变的：各级干部都必须具备艰苦奋斗这个基本要求，即"要服从'四海为家'的要求，愿到艰苦地区工作，不计较个人得失"。华为的干部要像一块"砖"，哪里需要就往哪里搬。要做到这一点，就离不开敬业和献身精神。

《华为人》第345期刊登了一篇文章，题目是《穿梭索马里"战火"中》，故事的主人公叫张宾。

2017年，张宾结束了在中东的三年工作后，来到肯尼亚成为一名产品经理，没多久，索马里办事处正好缺一位负责当地小运营商、企业和政府客户关系的客户经理，代表处鼓励张宾去试试。

虽然客户线对张宾充满了吸引力，但是残酷的现实也摆在他面前：索马里市场运营商的业务量非常小，市场很难拓展，当前华为和客户的关系也非常薄弱；另外索马里当地局势动荡，环境比较恶劣，生命安全可能会受到威胁。

但是，骨子里的闯劲让张宾跃跃欲试，他认为，没有机会才是最大的机会，盐碱地才是最容易出成绩的地方，不能畏惧艰难，前人没有开垦的荒地可能是最肥沃的土地、最容易开花结果的地方。经过深思熟虑，最终他决定遵从自己的内心，选择了对于自己来说一个全新的开始。

在他刚确定成为索马里客户经理的第三天，活儿就来了。索马里联邦政府通信部主动向华为发出邀请，希望能与华为面对面就本国通信行业的发展举行专项讨论会议。这是一次非常好的贴近客户、倾听客户声音的机会，代表处非常重视，但是索马里当地局势不稳，同事担心张宾还没有做好过去的心理准备，张宾告诉大家："放心，既然我接受了新的工作，就一定会义无反顾地面对挑战。"

出发前，张宾联系了当地的安保公司租赁了防弹车，据说这个车是普通火箭弹都击不穿的，当地政府为了感谢他迎着枪林弹雨前来参会，专门配备了重机枪装备的安保部队护航。刚得知这一切的张宾，内心兴奋又感动，但是转而又陷入了恐慌：这些都是真枪实弹啊，看来局势比自己预计的还要紧张！

在一声声的枪炮中，张宾结束了人生第一次索马里之旅，这次会议奠定了华为与索马里政府通信部的密切联系。此后，每次通信部长来到肯尼亚都会抽时间跟张宾见面，讨论索马里未来通信的发展、运营商的现状和通信部的需求等。

张宾在索马里奋战期间，华为索马里办事处的业务蒸蒸日上，通信事业的发展也给当地居民带来了诸多便利。

张宾用自己的敬业精神和献身精神为华为、为自己赢得了胜利。铁血荣光，决胜疆场，此生无悔，这就是男儿该有的情怀。

**以绩效为"分水岭"**

在华为，以"责任结果为导向"的绩效评估制度，不仅是对员工的要求，对干部同样如此。例如，某个干部在年初制定目标后，若年终未能达到标准，可能就会被免职。

任正非曾说："要将那些责任结果不好、专业素养也不高的干部辞退；那些责任结果不好但专业素养高的员工担任干部上台，不仅会让企业产生发展的泡沫，还会造成资源的浪费与机会的缺失，更无法打造出一个有利爪的狼群，因此这样的人不能成为管理者。"

在任正非的理念与严格的绩效制度的引领下，华为诞生了一个又一个"狼群"。这项能力在牙买加 AMX 全 TK 项目中展现得淋漓尽致。该项目的中标函在 2007 年 11 月与 AMX 签订，华为仅在第一期就交付了 250 个站点，在第二期华为又交付了 250 个站点，展现出极强的交付能力。这些成绩的背后，以"责任结果为导向"的绩效评估制度功不可没。

该项目实施起来十分困难，主要有五大难点：

一是牙买加的地貌以山地为主,这极大地拔高了网规设计的难度,多达85%的站点需要修便道、挡土墙,这极大增加了项目的工作量。

二是该地气候不利于项目的开展,8个月的雨季与3个月的飓风,极大地缩减了施工时间,阻碍了项目的进程。

三是牙买加是英联邦的成员之一,站点的审批流程需要3~6个月,时间长且获取难度大。

四是华为在牙买加的分公司刚注册不久,无法为前来支援的人提供工作签证。

五是当地社会势力的排外性,这在一定程度上阻碍了项目进程。

在海外开拓市场,对华为的交付能力本就是一个重大挑战,而上述难点更是让该项目陷于举步维艰的境地。但项目组的人员并没有因此灰心丧气,而是积极寻找方法,克服这些困难,最终如期完成交付承诺。

在这个项目到期前的最后10天,项目组夜以继日地努力,再次创造了奇迹,平均每天建起6座高塔,并创造了"连续3个月每月交付70个站点"的成绩。这不仅获得了客户的赞扬,也在国际舞台上又一次证明了中国、中国企业以及中国人的实力。

以华为核心价值观为底蕴,以责任结果为导向的绩效承诺机制,成了激励华为人勇往直前、激流勇进的不竭动力。

## 不承认茶壶中的饺子

"茶壶中的饺子"就是倒出不来的饺子,这是指做的都是无用功,结果不能达到预期。

华为的核心价值观中的第一句话是"以客户为中心",这也是华为践行以责任结果为导向的干部考核机制的根本原因。如果干部群体不能有效地组织团队高效运转,公司就需付出更多的时间、人力、物力成本,这些额外成本最终需要客户买单,这就违背了"以客户为中心"的核心价值观。

任正非曾说:"不能为客户输出任何有益结果的能力,我们是不承认的,这就是我们多年来不承认茶壶中饺子的原因。"

就算一个人的创新能力十足,充满智慧与学识,他也需要通过作品展示出来,才能够得到他人的承认。在职场上,员工的作品就是项目、数据、研发出的产品。这些作品就是员工做出的贡献和成绩。

促使部门业绩提升、员工效率提高等,就是干部的作品,企业通过干部的这些作品来评估干部的价值。所以以责任结果为导向的干部选拔机制和以贡献为准绳的待遇体系是科学且客观的。

与晋升机制相对应的是待遇体系,员工渴望晋升的根本原因是高职位能带来高薪酬。但华为的高职位并不意味着一定会获得高薪酬。任正非对这一现象曾做出过解释:"我们的待遇体系强调贡献,以及以实现持续贡献的能力来评定薪酬、奖励。有领袖能力、能团结团队的人,可以多给予一些工作机会,只有他们在新的机会中做出贡献,我们才会予以考虑晋升或奖励。"

关于绩效和贡献的考核依据,华为有三条通用标准:最终对客户产生贡献的才是被认可的真正绩效;关键行为过程要以结果为导向;

素质能力不等于绩效,只有形成有结果的产品才能被公司认可。

通过具体的标准,公司也能够判定出干部所做出的成绩是否为企业所认可,如果一个干部工作很努力,但最终做出的成果完全不符合客户的期望,这肯定不能算做出了高绩效。

为了进一步加强对干部的考核和管理,华为把干部的管理分为4个象限:干部素质(包括品德和领导风范)和干部工作绩效(责任结果)为横纵坐标,如图11-1所示,干部在这两方面的表现决定了其

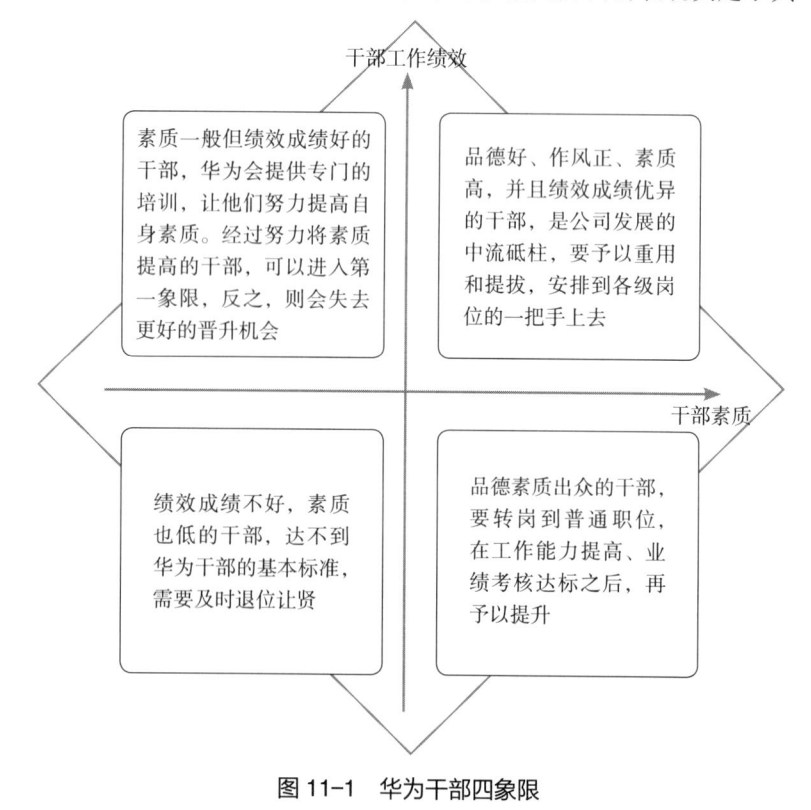

↑ 干部工作绩效

素质一般但绩效成绩好的干部,华为会提供专门的培训,让他们努力提高自身素质。经过努力将素质提高的干部,可以进入第一象限,反之,则会失去更好的晋升机会

品德好、作风正、素质高,并且绩效成绩优异的干部,是公司发展的中流砥柱,要予以重用和提拔,安排到各级岗位的一把手上去

→ 干部素质

绩效成绩不好,素质也低的干部,达不到华为干部的基本标准,需要及时退位让贤

品德素质出众的干部,要转岗到普通职位,在工作能力提高、业绩考核达标之后,再予以提升

图 11-1 华为干部四象限

所处的位置。

这一考核方式打破了各个考核体系的壁垒，通过干部管理象限，公司可以很明确地判断一个干部处于什么位置，需要向什么目标进发。

任正非认为，以结果为导向的绩效考核和以过程为导向的关键事件行为过程考核并不冲突。他提出："我认为关键事件行为过程考核同样是很重要的考核，但不是一个关键事件行为就能决定一个人的一生。对一个人的考核要多次、多环节。不要把关键事件行为过程考核与责任结果导向对立起来。责任结果不好的人，哪来的关键事件？"

所以员工要想得到晋升、加薪、优待，就必须努力达成绩效结果，要想最终获得优异成绩，就要对工作过程中的每一件事情尽心尽力。

## 绩效是必要条件和分水岭

其实企业利益与员工利益并非此消彼长的关系，而是互相促进的关系。员工为了获取更高的报酬努力工作，为企业创造了更高的利润，企业在得到更高的利润之后，也会反过来给予员工更高的薪酬。华为遵循这个规律，将员工的薪资待遇与公司的效益结合起来，提出了虚拟利润法和KPI考核制度。

虚拟利润法和KPI考核制度是将员工的收益直接与公司效益挂钩，采用类似于虚拟股票的方式，刺激员工提高效率、增加产能，从而促进公司营业额的增长。员工的利益与公司效益挂钩，同时也承担着公司可能亏损的风险，公司利益与每个员工的责任紧密相连。

比如，之前华为的一个子公司安圣电气，制定了这样的待遇规则：公司的虚拟利润每增加1元，员工的待遇包就会增加0.5元；虚拟利润每减少1元，员工的待遇包就会减少0.32元。这极大地提高了员工的工作积极性。

1996年，华为特地聘请了美国合益咨询公司香港分公司任职资格评价体系的专业工作人员，帮助华为建立任职资格评价体系。没过多久，华为的相关人力资源管理制度就初步建立起来了。

华为干部的绩效考核与员工的类似，但也有一定的不同。干部考核中有两个硬性要求：第一要让管辖的部门赢利，第二需要有战略贡献。

不能带领部门赢利的干部，将会面临被淘汰的风险；只赢利却没有战略贡献的干部，也不会得到提拔。在工作中浑水摸鱼、无法胜任本职工作的干部，将被清理下台，由那些绩效成绩突出、对公司贡献大的员工顶替上来。

经济全球化带来的人才全球化，让华为有了不少外籍员工。对于这些外籍员工，华为没有差别待遇，依旧一视同仁。

华为曾经花重金聘请了一位IBM前采购总监，让其担任华为副总裁。由于在文化背景、沟通方式等方面存在差异，这位副总裁业绩平平，甚至不太能胜任华为的工作。同时他为人傲慢，与同事难以沟通交流，甚至经常与同事发生争执，严重影响公司内部和谐。任正非在知道这件事情之后,直接辞退了这位"洋"总裁。

他不是华为辞退的第一个干部,也绝不是最后一个。华为近年来一直致力于管理层改革,这种改革也将成为一种长期的趋势。关于以绩效为考核标准,任正非曾说:"辞退干部并不是整改的最终目的,公司希望的是通过整改,让干部队伍看到自己的不足,不断充实自己的能力。你有多大能力,我任正非就敢给你多大权利;如果没有能力,对不起,企业需要你把位置让给有能力的人。"

## 不想当将军的士兵不是好士兵

拿破仑曾说:不想当将军的士兵不是好士兵。

在任正非看来,如果想当干部,首先你就要有将军的特征,不想当将军的士兵不是好士兵,对于不想当将军的人,绝对不浪费时间和精力。

直白地说,如果你每个月挣几千元就非常满足,这样的人华为是不会予以提拔的。

姚远是一位负责华为解决方案的销售员,在刚入职时,他在机关解决方案销售部负责某一领域的产品接口,做项目进展管理,帮助一线解答疑问,支持答标。但他并不满足于此,他曾经无数次幻想自己驰骋于一线,开疆拓土、攻城拔寨。

后来,姚远主动申请去一线,到北非工作。经过两年没日没夜的工作和努力奋斗。他被提拔为系统部的产品经理,如愿成了一名

"将军"。

通过姚远的故事，我们可以发现华为判断一个人是否有将军特征的方式：

一看你是否有战斗的激情和欲望，也就是干劲。

二看你是否同时具备能攻坚、能打胜仗的能力和素质。

## 没有干劲的人不能进入高层

如果一个人对什么事情都不感兴趣，做什么工作都打不起精神来，那这个人注定将碌碌无为。

任正非坦言："没有干劲的人不能进入高层。"一个企业的管理人员首先要有强烈的进取精神与敬业精神。现在很多人崇尚"佛系"生活，主张无欲无求，随性生活。但在职场上，千万不能"佛系"。试想，一个部门的管理人员，对于自己团队内员工的工作状态、取得的业绩成果漠不关心，自己的团队被别的团队远远甩在后面也无动于衷，这个团队还有进步的可能吗？

与之相反，充满干劲、积极向上的管理者，会认真观察每一位员工的工作，时刻想着如何赶超对手，拥有这种管理者的团队，即便不能成为第一名，也永远不会成为最后一名。

当然，拥有干劲的领导并不是指只会向下属施压，而自己只动动嘴皮子的人。任正非在《不做昙花一现的英雄》一文中这样说道："各级干部都要亲自动手做具体事。那些找不到事又不知如何下手的干部，要优化精简，不仅要精兵简政，也要精官简政。我们要把没有实践经验的干部调整到科以下去。在基层没有做好工作的，没有敬业精神的，不得提拔。任何虚报数字、作风浮夸的干部都会被降职、降薪。"

管理层承担着为企业的发展指明方向、将企业发展壮大，同时还要让下属员工感受到希望的重任，所以管理者必须拥有务实精神，兼有强烈的社会责任感和企业使命感，不能空喊口号、眼高手低。领导干部要起到带头的作用，要成为员工的榜样。

干劲并不能停留在口头上，很多干部看似风风火火，忙个不停，实则没有效率，虚耗光阴；也有一些干部"不求有功，但求无过"，不会为了工作的成功拼尽全力。这都大大阻碍了企业的发展，企业内部成为"一潭死水"，缺乏活力。

在企业中，干部的素质往往决定了员工的素质，华为要求领导干部具备以下 4 个基本素养：

第一个人能力强劲，充满斗志，能不断拼搏。领导干部需要有很强的学习能力和自我提升的能力，故步自封、墨守成规只能让人越来越滞后，越来越与时代脱节。活到老、学到老，保持初心，不骄傲、不自满，才能维持长久的进步。

第二认同并坚守企业核心价值观，务实笃行。干部个人价值观与企业核心价值观相符，是个人与企业共同进步的前提。同时，干部需要不断地想事、做事，这样才能不断促进企业机制的改善。踏踏实实做事、认认真真管理的干部，一定会得到重用。

第三善于与下属沟通，懂得安抚下属情绪，能及时给予下属帮助和辅导。管理者对下属要一视同仁，不能带着个人情绪去看待下属，在平时的工作中，管理者要努力帮下属找到问题并解决问题，促进部门内部的和谐。

第四敢于担当并能够承受压力，同时懂得将压力传递到团队中，激发团队的积极性。压力也是成长的动力，在必要的压力之下，团队更能一鼓作气、一飞冲天，超越过去的成绩。

华为的干部秉承着这 4 项原则，在各自的领域发光发热。很多外资企业将华为誉为"值得尊敬的顽强团队"，这样一份赞誉的背后，其实与华为长期坚持"没有干劲的人不能进入高层"的原则密不可分。

## 具备能攻坚、能打胜仗的能力和素质

除了拥有充足的干劲，管理者还要掌握科学的管理方法。能打胜仗的将军，最重要的不是冲锋陷阵的能力，而是运筹帷幄的本领。因此，华为要求干部要有方法论。通过对不同岗位管理者的能力分析，我们发现成功的管理者通常拥有很多相似的能力。华为据此开发出了华为领导力模型，主要包括三项内容：一是建立客户能力，二是建立华为公司的能力，三是建立个人能力。

这其中囊括了管理者的 9 个关键素质，被称为"干部九条"：第一管理者必须要长期艰苦奋斗，第二要有敬业精神和献身精神，第三五湖四海不拉帮结派，第四干部要有开放、妥协、灰色的精神，第五实事求是，敢讲真话，鼓舞干劲，第六以身作则，不断提升自身的职业化水平，第七自我批判的精神，第八保持危机意识，惶者生存，第九个人利益服从组织利益。

"干部九条"在发展中，逐渐变成了更为简单的"干部四力"，即理解力、执行力、决断力和人际连接能力，如表 11-1 所示。

表 11-1　华为"干部四力"

| 理解力 | 执行力 | 决断力 | 人际连接能力 |
| --- | --- | --- | --- |
| 能正确领会上级领导的意图，明确理解其他部门的配合请求以及下属的需求和工作计划，能明白客户的要求和潜在需求 | 有明确的目标与责任人，能够进行及时的激励、严格的考核、畅通的沟通、有效的辅导等，最终目标的达成、责任人的落实、标准的明确和利益的分配是执行力的考核指标 | 在各方利益纠缠不清时能勇于担当责任并指明战略方向，带领团队最终实现目标；决断力是对于直觉的把握能力和缜密思考的判断能力的综合体现 | 任何一家公司，无论是矩阵式、项目式、直线式还是事业部式，都是一个复杂的综合体。任何一件跨部门的事情都需要责任人的持续推进和跟踪，这就要求责任人具备足够的人际连接能力 |

高级干部要具有比较强的决断力和人际连接能力,中层干部要有理解力,基层干部要有执行力。

此外,华为还要求干部必须具备良好的心理素质。首先,抗压能力要强。干部需要承担的责任非常多,面临的压力也相应比较大。如果没有良好的抗压能力和强大的内心,干部很容易被压力击垮。其次,面对困难,要时刻保持冷静。在工作中,问题、危机随时会出现,管理者是整个团队的主心骨,一定不能自乱阵脚,必须保持沉着冷静的心态,想办法解决问题。最后,戒骄戒躁,在取得成就和荣誉后不能骄傲自满。在领导团队获得荣誉、受到嘉奖时,管理者应该保持一颗谦卑的心,意识到自己还有很大的提升空间。

企业需要能够带领士兵冲锋陷阵、取得胜利的将军,而员工也希望成为将军,以获得更多的资源和晋升机会。这是一个双向选择的过程,企业和员工都要不断地增强自身实力,才能获得出路。

# 第 12 章
## 让想跑的马有机会跑，让能跑的马跑得快

要让十几万"秀才"变成骁勇善战的"战士""将军"。要让想跑的马有机会跑,让能跑的马跑得快。

——任正非

## 如何把"秀才"塑造成"将军"

众所周知,华为人大多都是高学历,用过去的老话说就是"秀才"。"秀才"最大的特点是有知识,但缺点也很明显——脸皮薄、自视清高。

华为董事会秘书江西生曾去拜访一位邮电局局长,他推门进去,不敢正眼看对方,涨红着脸将资料放在桌上,说了一句:"局长,这是我们公司的资料。"然后拔腿就跑了……然而就是这样一位说话都脸红的"秀才",在一年后成了华为第一任市场部负责人。江西生后来说道:"脸皮就是在一次一次的经历中磨厚的。"

不管是老蒋还是江西生,或是Sam、老余,在进华为之前,他们身上都有点"秀才"的气质,但在华为,他们变成了"士兵""英雄""将军"。

从"秀才"到"将军",是华为人的职业发展路径。而对于华为来说,挑选人才犹如大浪淘沙,要在沙子里筛选、培养出"脸皮厚"、个性坚强的"金子"。华为一波一波的"秀才",包括如今的90后、95后员工,都是这样被塑造成"英雄"和"将军"的。

### 从"秀才"到"将军"的四部曲

在华为,从"秀才"到"将军",要经过系统的训练和实践,主要包括严格选拔、系统培训、导师制和"压担子"四大核心步骤,简称"四部曲",如图12-1所示。

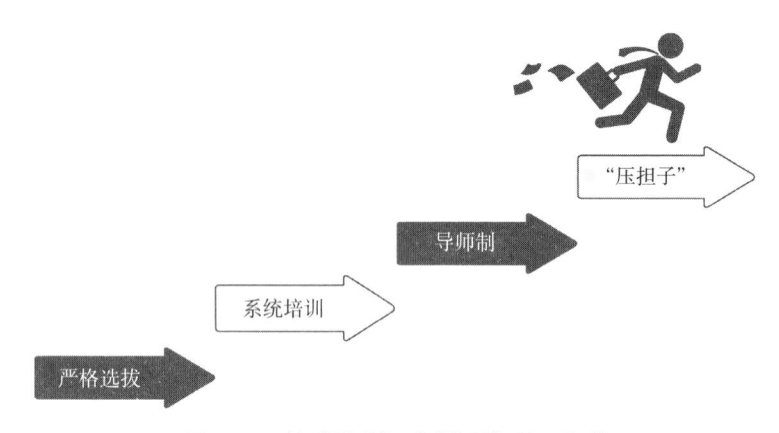

图 12-1　从"秀才"到"将军"的四部曲

## 第一部曲：严格选拔

华为对于干部的选拔是员工实现从"秀才"到"将军"的关键环节之一。关于选拔的标准，在第 10 章已详细讲述，这里不再赘述。

## 第二部曲：系统培训

刚刚从大学校园走出来的年轻人，对于理论知识的学习比较多，但当理论付诸实践时常常会产生问题，他们在理论知识与现实工作之间难以找到一个连接点。就算是之前有过相关经验，他们在进入新环境和接手新工作时，难免会存在一定的不适应性。这时就需要系统、有效的岗前培训，来预防这些可能出现的问题。华为全方位、针对性强的岗前培训，能让员工迅速融入工作。

## 第三部曲：导师制

任何一位新员工在入职华为后，都会有一位导师来带领他。在导师的帮助下，新员工能够更快地融入工作。导师的职责主要有两方面：一是在技能和工作上对新员工进行指导，让员工的工作能力得到有效增长；二是在思想和价值观念上进行指导，让员工能够迅速建立起与华为核心价值观相匹配的个人价值观。

## 第四部曲：压担子

从入职华为的那一刻开始，员工就会面临各种绩效考核。无论是新老员工还是干部，都面临着以结果为导向的绩效考核，这个考核在华为内部被称为"压担子"。

绩效考核优异、对企业有突出贡献的员工，就有可能得到晋升或破格提拔。从"秀才"到"士兵"，从"士兵"到"士官"，再从"士官"到"将军"，员工都是根据自己的真才实学，在各自的岗位上兢兢业业、勤勤恳恳地做出贡献，再通过绩效考核一步一步达成的。

### 选拔程序："三权分立"

华为在干部选拔过程中采用"三权分立"的方式，这三项权力分别是建议权与建议否决权、评议权与审核权、否决权和弹劾权。

这三项权力在干部的选拔流程中遵循一定的先后顺序，如图12-2所示。

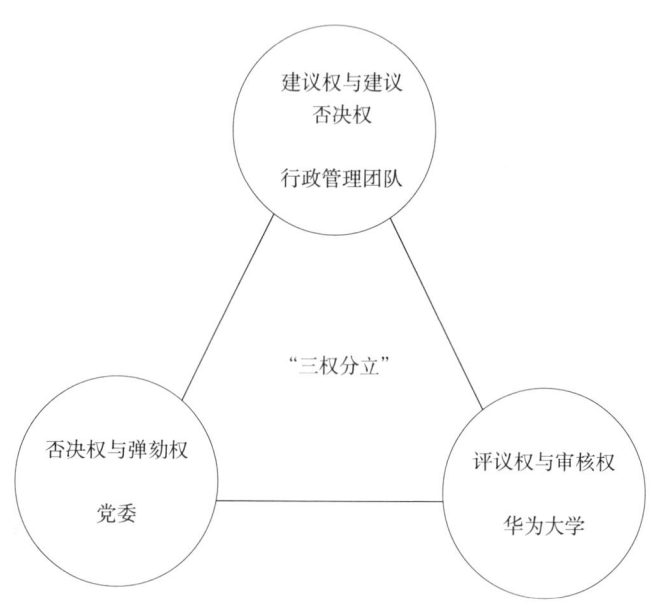

图 12-2 华为"三权分立"示意

在华为,这三项权力分别由三个不同的组织行使,以起到相互制衡和牵制的作用。

在华为的各级管理层中,有两个特定存在的组织:行政管理团队(administration team,AT)和经营管理团队(staff team,ST)。这两个组织贯彻了整个权力的行使过程,下面我们将结合三项权力展开论述。

## 建议权与建议否决权

建议权由负责日常直接管辖的组织来行使,比如对于某个干部的建议权,就由其所属团队的 AT 来行使。

ST是由组织内部的一把手组成的，主要做一些决策型工作，起到"拍板"作用，也担负着最终的责任。AT的成员是从ST的成员中选拔出来的，AT主要是在干部的选拔和评价工作中行使权力，比如绩效考核、薪酬调节、股份分配等。

对于干部的建议权由其所属的组织的AT来行使，对于在矩阵组织中的这些部门的否决权，由矩阵里的其他组织来行使。

## 评议权与审核权

评议权由负责促进公司员工成长的培训组织——华为大学来行使。审核权由日常行政管辖的所属上级组织来行使，也就是由行使建议权的组织的上级部门来行使。

## 否决权与弹劾权

通过华为"三权分立"示意图，我们可以看出，否决权与弹劾权归属于党委。党委是独立于其他组织之外的，其决定了华为全流程运作要求、全局性经营利益和长期发展的方向。

在干部选拔中，党委拥有一票否决权，如果党委根据某员工的工作表现，认为其不适合担任某岗位的干部，就可以行使否决权。弹劾权是在干部的日常管理中行使的，某干部如果在工作中被查证存在违纪违规行为，党委就会行使弹劾权。

华为的内部管理组织包括办公会议、行政管理团队、委员会等，他们职能和责任各有区别。比如办公会议主要负责部门内部的日常运作，领导针对员工的日常工作与之进行会谈，在这个流程中，强调首长责任制，以首长最后的决定为准；行政管理团队一般负责组织内的人力资源事宜，比如干部选拔、人员调岗等，在团队内大家共同商讨，每人都可投票；委员会主要负责确定企业的发展方向、重大战略等。

在选拔和任命干部的过程中，部门一把手具有提名权，可以提名自己看好的员工，但不能批准员工是否能够上任；行政管理团队能够批准员工是否具备该岗位的上任资格，但没有提名的权力；委员会对以上组织的决议享有否决权；党委对干部的品德会有一个考察，如果党委觉得此员工的素质、品德不能胜任该岗位，就可以对其上任的决议予以否决。

华为把"三权分立"的方式用在干部选拔上，以此来确保选拔的公正性和公平性。"三权分立"的方式也可视为华为对行政主管个人权力的一种制衡。

## 干部的"转身"与培养

2006年，李玲（化名）从大学毕业，加入华为成为一名客户经理，参与华为在越南的相关工作。当时团队有一个大项目在谈判，团队所有的人都全身心地扑在这个项目上。李玲的内心有些激动也有些担忧：刚进入华为就能参与这样的大型项目，对于自己来说是一个非常好的学习机会；同时她也会担心自己在这次项目中表现不佳，拖团队的后腿。

李玲在这样的压力下，开始恶补专业知识，学习典型谈判案例，在经过持续不断的自学后,李玲的技能水平迅速提升,达到了团队所要求的专业水准,这次项目谈判最终成功了。

李玲的表现引起了领导的关注,正好马来西亚代表处需要一名专职行政主管。经领导推荐,亚太区的行政主管找到陈芳,希望她能担任这个职位。李玲面临着两个选择:留在原来的岗位上继续深造,或者选择新的领域另有发展。在经过内心激烈思考以及对实际情况的权衡之后,李玲决定挑战自己,收拾行李,办理交接之后出发赶往马来西亚。

李玲在抵达马来西亚之后,迅速投入工作,尽管这是一个之前从未接触过的领域。在其他员工的帮助下,李玲对各项事务进行了充分考察,与客户、同事进行交流沟通,快速熟悉公司各项目的业务流程,逐步让自己融入新的工作环境。

2009年，在李玲与其他同事的共同努力下，华为驻马来西亚办事处的行政服务水平稳步上升，打开了新的发展局面，在当年的华为南太地区行政服务评比中获得了第一名。2013年，李玲被提拔为华为马来西亚办事处的重要主管。

李玲的"转身"就是华为干部"转身"与培养的一个缩影。华为对于新干部不仅有"管事"的青训班赋能和"管人"的FLDP，还有"新干部90天转身计划"，目的是让新上任的干部尽快完成角色转变，成为一名合格的管理者。

## 管事：项目管理——青训班

"青训班"是华为的青年管理干部特训班。青训班强调训战结合，从项目管理与经营中选拔、发展后备干部。

所以要想成为华为的干部，一定要有相关的知识储备。从某种意义上来说，青训班就是教干部如何"管事"。

对此，任正非说："美军从士兵升到将军有一个资格条件——要做过班长。将来华为干部资格要求一定要是成功的项目经理，有成功的项目实践经验。"所以，华为以项目管理为主线来培养干部，青训班主要针对项目管理展开，尤其是从事市场和交付方面的管理干部。因为研发部门的侧重点不同，所以华为大学专门针对研发部门设立了培训内容不一样的青训班如表12-1所示。

表 12-1 华为青训班培训内容

| 业务价值 | 改善项目经营土壤，选拔发展后备干部，支撑公司向以项目为中心转型 | | | |
|---|---|---|---|---|
| 阶段 | 网课认证 | 集中沙盘演练 5 天 | 项目实践 2~3 个月 | 答辩认证 |
| 内容 | 项目管理的基础理论知识和经营知识在平台上由学员自学完成 | 沙盘模拟一个项目端到端的流程，基本上是案例角色的演练，会有教练的点评以及精华知识点讲解，集训更多以项目管理的实践，以及角色扮演和演练为主 | 学员会被安排到一线项目中实践，并且在这个项目中要承担一个关键的角色。学员担任的角色是经过评审挑选出来的 | 实践之后学员要到华为大学进行答辩，答辩通过后其才能进入公司的后备干部资源库，并被打上相应标签。未来有一线管理干部选拔的时候，公司就会从这些人中选择 |
| IT 平台 | 公司政策、学习资源、训战过程管理、优秀实践案件等 | | | |

华为的青训班是收费的，就像华为大学的一些专业培训一样，目的是让培训的投入和产出相抵。在青训班的培训内容中，因为以项目管理为主，所以培训会模拟一个端到端的项目管理和经营的全流程。

青训班的培训分阶段进行：

**第一阶段：网课认证**

华为将一些基础的理论知识放在内部学习平台，供干部自行下载学习。

**第二阶段：集中沙盘演练 5 天**

这个阶段针对已经完成自学并通过相应考试的干部。集训的时间一般是 5 天，集训类似于沙盘演练，培训方式就是对一个项目进行模拟，让相应干部从项目开始一直实际参与直到项目结束，而且这个项目一般是华为真实工作中的经典案例。之后，专业的教练会根据干部的表现，对干部做出评价，并指出他们的问题、讲解其中蕴含的知识点。

**第三阶段：项目实践 2~3 个月**

5天集训结束之后，干部培训进入第三阶段——直接参与一线项目管理，并承担一定的工作任务，甚至一个关键岗位的职责。华为大学会与一线部门协调，根据每个干部的个性特点，将之安排进不同的项目。

**第四阶段：答辩认证**

在项目结束之后，学员要到华为大学参加评审答辩。答辩不合格的学员，无法获得结业证书，这也就意味着这次培训是失败的；答辩合格的学员，会进入华为储备干部资源池并被分类，未来华为在进行干部选拔管理时，会优先从资源池里挑选。

青训班的培训侧重于将理论知识付诸实践，引导学员在实践中理解管理方法。其中的培训项目是华为大学邀请数十位专家，花费数月精心制定和开发出来的。

老蒋入职华为的第二年参加了IPD（集成产品开发）的青训班。IPD是以客户为中心，利用集体智慧，不断创新，最后获得商业成功的过程。"君子弃瑕以拔才，壮士断腕求佛法。"IPD的导入是先僵化，后固化，再优化的过程，将IPD的思想与华为的具体情况进行结合，帮助华为走出一条独特的成功之路。

参加这次培训的学员来自不同部门和组织，不同的思想在IPD大框架的刺激下，不断碰撞、交流。在整个过程中，大家根据各自所长，把各自领域的宝贵经验奉献给大家。

除了知识培训，华为大学还组织学员进行拔河、拉歌等活动，让学员通过这些活动培养团队荣誉感，互相增进了解，以便在工作中能够更加和谐。

老蒋感觉通过这次培训，大家成了一家人，自己在业务能力和专业知识方面也受益匪浅。

## 管人：从骨干到管理者的转身——FLDP

对于一个志在成为"将军"的华为干部来说，仅靠业务的项目管理赋能是不够的。一名合格的基层管理者，不仅要会"管事"，还要会"管人"。

那么，华为是如何教干部"管人"的呢？

华为大学针对中基层管理者有一个赋能培训项目，叫"FLDP"，FL 是 first line 的缩写，即一线管理者。

华为对于基层管理者有两层定义：一是在一线，不单指在业绩一线，更指在管理一线；二是通过管理个人贡献者来管理工作，而不是通过管理其他管理者来管理工作。

在华为，基层管理者有几千名，在公司占据很大的比例，这还不包括储备资源池里的后备干部，所以对于管理者的赋能，是华为培训工作的重点。基层管理者处于整个管理金字塔的最底层，基层是否稳固，直接决定了上层建筑的稳定性。所以华为大学管理类项目中开班最多、频次最高的也是 FLDP 项目。

## FLDP 项目的 5 个阶段

华为的 FLDP 项目主要分为 5 个阶段，如表 12-2 所示。

表 12-2　FLDP 项目的 5 个阶段

| 赋能环节 | 概述 |
| --- | --- |
| 自学与考试 | 学员通过自学初步了解管理理论及相关知识点。自学通过 iLearning 平台来实现，平台上的内容包括华为大学自己开发的课程，外购的基础课程包括管理理论、人力资源管理的政策导向、公司高管僵化等 |
| 集中培训 | 基于公司对基层管理者的要求，培训课程包括基层管理者角色认知、团队管理、绩效管理、有效激励和公司人力资源管理政策，侧重转换学员思想，为学员植入管理意识和理念。一般情况下集中培训是封闭式的，学员要统一入住华为百草园或者安普酒店等 |
| 实践检验 | 任岗实践 5~6 个月，同时采编管理和文化案例，通过具体实践固化行为。一方面把学习的知识带到工作岗位中进行练习，另一方面还要去采编管理的案例以及文化的案例。质量比较好的案例，会在心声社区、《管理优化报》或《华为人》等平台或内刊中展示，也有可能被收录到教材中作为案例呈现。下一个班的学员在学习的时候，可能会看到上一个班学员提供的案例 |
| 论述答辩 | "思想"和"业务"双重过硬的"班长"可通过考核答辩，成绩将作为新任干部未来晋升和进一步培养的依据 |
| 持续学习 | 在学员完成答辩后，公司会通过持续的资源推送和绩效支持，来帮助这些新任管理者在工作岗位上持续产生高绩效。这主要通过 eLearning 平台实现。推送的内容包括管理课程，公司人力资源的知识、案例库、知识管理内容等 |

### 第一阶段：自学与考试

在华为的大多数培训中，理论知识通常要求员工自学，这就要求员工具备一定的自学能力。在华为内部的网络学习平台 iLearning 上，培训负责人会及时发布相关的管理理论知识，员工可自行下载学习并参加考试。

**第二阶段：封闭式集训**

在通过自学考试后，学员会被统一安排进华为百草园或安普酒店等，参加封闭式集训。集训内容主要包括管理的角色认知、绩效管理、人力资源知识、公司相关流程等。集训采取半军事化管理，有早操等训练安排。

**第三阶段：实践检验**

学员在结束集训、返回工作岗位时，还需要经过一段时间的检验，时长为5~6个月。在实践检验的过程中，员工首先要结合工作具体内容对培训中学习到的知识，进行消化和理解。

此外，学员还需要搜集管理和文化案例，对这些案例进行汇总和编辑。这些内容会经过评审委员会评定，如果质量过差，则需要重新编写；如果质量非常好，那么有可能被录入华为心声社区、《管理优化报》或《华为人》等内部平台或刊物，甚至可能作为典型案例用于管理课程。这些案例也会在下一届培训中被研讨，经验和知识就是这样一代代传承下来的。

**第四阶段：述职答辩**

述职答辩是华为大学组织的对基层管理干部进行考核的过程。答辩结果会影响干部未来的晋升，还会成为华为对干部后续培养的参考标准。

**第五阶段：后续培养**

完成答辩并不意味着基层干部的培养就结束了，公司还会对学员进行后续的其他形式的培养，比如持续推送资源或绩效支持等。这些培养会帮助新任管理者在工作岗位上得到更大的进步，获得更好的成绩。后续培养的内容主要通过华为内部资讯平台推送，其中包括管理课程，公司人力资源的知识、案例库、知识管理内容等。

以上就是华为对于基层管理者培训的5个阶段。

华为的FLDP项目侧重于培养管理者的精神世界，教授管理的方法，而不是强调具体的知识点。从业务骨干转变为管理者，是一次非常重要的转身，这次转身决定了员工后续的进步空间。

所以华为非常注重对干部管理意识、管理精神的培养，具体的管理技能其实是很好掌握的，但如果不具备相应的意识，没有发现问题的能力，管理者就很难做好管理工作。华为通过FLDP项目，在基层管理者的内心埋下一颗种子，并不断给它浇水、捉虫、晒太阳，让这颗种子生根发芽，最终长成一棵参天大树。

## FLDP培训项目的三大特点

华为在FLDP培训项目上有三个非常明显的特点：

### 特点一：强调角色认知

华为的基层管理者，都会被要求了解角色认知模型。这个角色认知模型是由华为的高级管理层、华为大学、人力资源部等共同商讨出来的。这个模型明确地表达了华为对于基层管理者的期待，让干部拥有明确的进步目标，使之对自己的岗位职责有清醒的认知，是培训工作的重点。

**特点二：兼顾人力资源管理理念**

除了管理知识之外，FLDP 培训项目也会向基层管理者传授一些人力资源管理的理念。通常情况下，管理者不仅要指导员工的工作事宜，还要兼顾一些人力资源管理上的工作。因此，该培训首先会向干部传递人力资源管理的相关理念。

人力资源管理的相关内容在日常工作中使用频率非常高，因此，能够熟悉掌握这方面的知识，对干部管理团队非常有帮助。所以华为大学设计了很多相关课程，帮助干部学习如何管理员工绩效、如何与员工沟通交流等技能。

**特点三：对于权力的下放**

华为的一线管理者，不仅享有很高的决策权，也享有相关财物的管理权。如何将公司的财物用在恰当的地方，不浪费、不滥用，华为大学也会设置相应的课程对相关问题进行讲解说明。

在华为，FLDP 项目被誉为"将军成长的摇篮"，这个形象的比喻，足以彰显出 FLDP 项目在华为的重要程度，以及在基层管理人才培养方面的重要程度。

## 新干部 90 天"转身"计划

都说"新官上任三把火"，可为什么很多"新官"上任以失败告终？归纳起来，这些失败的新官主要毁在如下 5 个方面：

第一，能力无法有效展现；

第二，对团队的过去缺乏了解；

第三，展开急功近利、不切实际的变革；

第四，不知道何为成功，没有明确的目标和方向；

第五，不能很好地处理各种人际关系。

鉴于这些原因，华为开展了新干部90天"转身"计划，如图12-3所示，首先，让新干部知道自己该干什么；然后，帮助新干部看清自己能干什么；最后，引导新干部对自己的工作成果进行审视，让干部尽快完成"转身"。

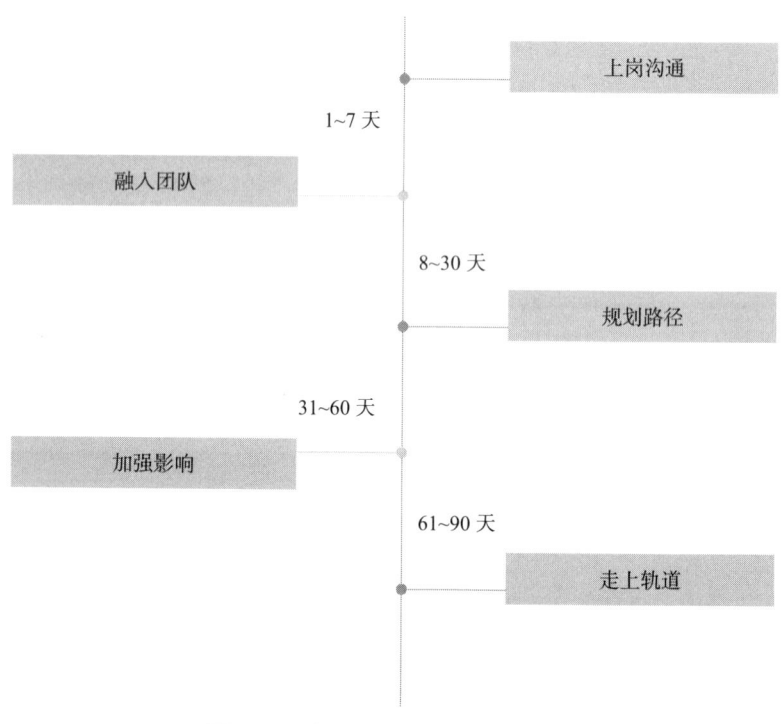

图 12-3 新干部 90 天"转身"计划

## 上岗沟通

新干部上任前的转身准备主要体现在三个方面：

第一，给新干部介绍工作的整体范围和领域；

第二，让新干部了解本岗位的基本职责和要求；

第三，帮助新干部熟悉办公环境、周边同事及团队状况。

主要任务和责任人如表 12-3 所示。

表 12-3　新干部转身准备

| 主要活动 / 任务 | 实施方式 | 责任人 | 时间 |
| --- | --- | --- | --- |
| 安排办公座位，准备相关办公设备和用品 | F2F沟通、团队活动 | HRBP（人力资源业务合作伙伴） | 上岗后1~2天内 |
| 开欢迎会或聚餐，介绍部门成员（可选） | | HRBP | |
| 直接上司与新干部面谈沟通，让其了解部门业务管理及团队管理的现状和挑战 | | 直接主管 | |
| 教练与新干部沟通，帮助其明确自身的发展空间和价值 | | 教练 | |

## 融入团队

这一阶段的主要内容有三个方面：

一是详细了解所属部门的业务和过往的业绩情况，熟悉部门内部的管理规则和流程；

二是与直接下属深入交流，了解每位成员的专业能力、特长、职业规划等；

三是自我学习"岗位角色认知"类课程，主动与上司、下属和关联部门沟通了解情况。

主要任务和责任人如表 12-4 所示。

表 12-4 新干部上岗第一周内主要任务

| 主要活动/任务 | 实施方式 | 责任人 | 时间 |
|---|---|---|---|
| 搜集与学习部门业务及管理相关的文档资料 | 参会、阅读 | 新干部 | 上岗后第一周 |
| 学习"岗位角色认知"类课程并参加相关测试 | 自学 | | |
| 利用用餐时间和上下班时间与下属和关联部门平级接触,消除陌生感 | 随机谈话 | | |

这一阶段的培养侧重帮助新干部分析在新的管理岗位上需要承担的关键角色;为了承担好这些关键角色,应该实施哪些关键行为;为了支持这些行为,要提高哪些能力。

## 规划路径

这一阶段的培养内容有三点:

一是通过培训以及和高管交流,消除新干部的焦虑和迷茫,帮助新干部树立对业务发展的信心和自身职业发展的方向感;

二是通过导师辅导,帮助新干部尽快了解岗位工作的核心要点和经验教训;

三是系统梳理新岗位上的工作开展思路,确定未来的工作规划和实施路径。

这一阶段的主要任务和责任人如表 12-5 所示。

表 12-5 新干部上岗第一月内主要任务

| 主要活动/任务 | 实施方式 | 责任人 | 时间 |
|---|---|---|---|
| 参加一轮培训：干部角色认知、目标管理、团队建设、高管对话 | 培训、研讨 | 新干部 | 上岗后第一个月 |
| 进行一次交流：与导师（岗位前任或同僚）做一次深入交流和谈话，不少于一个小时 | 谈话 | | |
| 输出一份规划：通过问题分析和系统思考，对本岗位的工作进行中短期的规划和设想 | 汇报、评审 | | |

**加强影响**

这一阶段的培养内容有三点：

一是通过集中培养，为新干部提供管理类问题的解决思路和方法，帮助其拓宽思维，调整能力结构；

二是通过"速赢项目"的实施，树立新干部在团队内、外部的权威，加大其影响力；

三是 HR 将项目总结以案例形式进行分享和传播，要起到复制经验或规避教训的作用。

这一阶段的主要任务和责任人如表 12-6 所示。

表12-6　新干部上岗第二月内主要任务

| 主要活动/任务 | 实施方式 | 责任人 | 时间 |
|---|---|---|---|
| 参加二轮培训：项目管理类、绩效管理类、沟通激励类 | 培训、研讨 | 新干部 | 上任后第二个月 |
| 实操一个项目：根据部门业务现状，选择一个可以在一个月左右成功输出的速赢项目，落实相关工作 | 项目实操 | | |
| 实施一次分享：做一次速赢项目的总结回顾，并以案例分享的形式在相关业务体系或部门内进行传播和推广 | 授课、分享 | | |

## 走上轨道

这一阶段的培养内容有三点：

一是通过测试和答辩等形式，验证新干部的学习和工作成果，纠偏工作思路和方法；

二是采用PARR（prepare、action、reflect、review，准备、行动、反思、回顾）和团队作战的方式，系统展开部门业务工作；

三是与绩效管理工作接轨，易岗易薪，对干部实施在岗管理。

这一阶段的主要任务和责任人如表12-7所示。

表12-7　新干部上岗后第三月内主要任务

| 主要活动/任务 | 实施方式 | 责任人 | 时间 |
|---|---|---|---|
| 接受测试：参与HR组织的管理类知识和技能培训考核 | 考试和公示 | 新干部 | 上岗后第三个月 |

续表

| 主要活动/任务 | 实施方式 | 责任人 | 时间 |
|---|---|---|---|
| 参与答辩：参与HR组织的转正答辩，回顾上岗试用期内的工作成功事件，展望未来工作规划及近期工作计划 | 现场答辩 | 新干部 | 上岗后第三个月 |
| 明确绩效目标：与上级沟通制定后续绩效目标及重点关键任务，接受绩效考核 | 绩效沟通 | | |
| 人岗匹配，易岗易薪：针对转正干部进行定级定薪调整 | — | 人力资源部 | |

## 如何判断一位新干部转身成功

如何判断一位新上任干部是否转身成功呢？

华为在判断新上任干部是否够转身成功主要通过表12-8所示的5个方面，能够成功转身的干部往往在这5个方面表现优异。

表12-8 成功转身/未能成功转身干部的行为特征

| 未成功转身的干部 | 成功转身的干部 |
|---|---|
| • 过分聚焦于工作任务进度，忽略了建立并发展信任的工作关系，表现出惯于独立做事的倾向<br>• 同一时间追求太多目标，且缺乏有说服力的策略<br>• 没有与主管澄清期望<br>• 只关注变革，而忽略了下属对于稳定性与安全感的需求 | • 拥有很强的专业知识并精通行业，善于迅速分清主次<br>• 能够识别并发展各种关键关系，在组织中迅速建立人脉网络并展现团队导向<br>• 知道如何融合多个问题形成一个统一的目标并激励下属为之努力<br>• 与主管清楚地沟通战略和领导风格等<br>• 掌握领导变革的流程和方法，基于对变革正确的评估，明确地传递对变革的自信心和对下属的信任 |

## 全方位辅导，保障"转身"成功

在这 90 天里，除了导师之外，还会有一位管理教练帮助新干部学习如何适应和了解新环境，与相关利益关系人建立良好的关系。新干部在这段时间内，需要与上司展开 5 次谈话，管理教练会提供谈话清单，帮助新干部通过上司考验。

最重要的是，管理教练经验老到，而且由于其处于旁观者的位置，他能够非常准确、及时地发现新干部在上岗后自己无法发现的问题，并加以指正和教导，使得新干部能够迅速在新岗位上做出成绩，确保新干部成功"转身"，图 12-4 所示为新干部"转身"的保障流程。

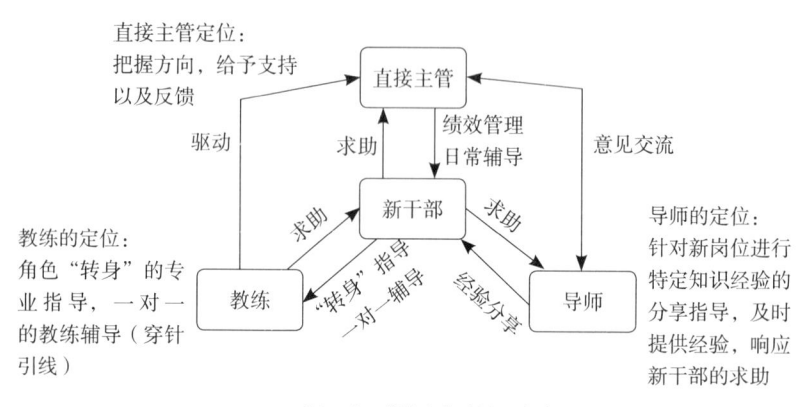

直接主管定位：
把握方向，给予支持以及反馈

教练的定位：
角色"转身"的专业指导，一对一的教练辅导（穿针引线）

导师的定位：
针对新岗位进行特定知识经验的分享指导，及时提供经验，响应新干部的求助

12-4 新干部"转身"的保障流程

华为的干部在成功"转身"之后，又会进入下一个培养阶段，各个阶段环环相扣，助力基层管理者不断提升自我能力。通过这一系列的管理培训，华为的干部将迅速肩负起华为发展的重担，帮助华为向更高的台阶迈进。

# 第 5 部分

## "将军"（7~10 年）

# 第 13 章

## 将军不是培养出来的，要早点上战场

我更支持短训班,绝对不支持长训,将军不是培养出来的,要早点上战场。

——任正非

## 用鸡毛掸子掸灰尘

2016年3月29日,对于华为来说是一个值得庆祝的日子,因为华为拿到了中国质量领域的政府最高殊荣——"中国质量奖"。虽然华为是一个拿奖拿到手软的公司,但是这一奖项让华为人倍感自豪。

华为常务董事、产品与解决方案总裁丁耘先生在接受中国通信网采访时回忆道:"如果没有那次'呆死料大会',没有充满阵痛的质量体系建设,华为不可能走到今天。"

2000年9月,华为6 000名员工在深圳体育馆参加了"呆死料大会",这是华为内部人对这次会议的称呼。当时研发体系各个部门的领导依次上台,领取因为研发人员的技术不成熟而报废的单板、"救火"产生的机票和报废的操作指导书,这些因研发失误留下的产品被行政部裱成奖品。这些领导在上台"领奖"时,心中因为产品不合格而产生的羞耻感尤为强烈。

任正非在这次"呆死料大会"上讲了一段感人肺腑的话:"这些年由于工作不认真、BOM(物料清单)填写不清、测试不严格、盲目创新产生了大量废料,今天我们通过这个几千人的大会将这些东西发给大家,就是让大家牢牢记住这个教训。这个教训不仅需要大家今年记住,更要让大家一辈子记住,只有这样才能让华为的工匠精神薪火相传。华为需要一批有高度责任感的领导,这场会议将是一个很好的洗礼。"

任正非把这次带有自我批判性质的"呆死料大会"比喻成"用鸡毛掸子掸灰尘",并且还特别强调"没有自我批判精神的人,不能做将军"。

这次会议让华为的研发体系从"工程师"文化走向"工程商人"文化,将公司对质量的重视度推向了前所未有的高度。

### 自我批判是选拔将军的标准

任正非一直强调自我反省、自我批判,他甚至将自我批判的精神列为华为对干部的基本要求。在任正非看来,自我批判是一个管理者对自己的管理和自我管理时的理智力、自律力和内在控制力的表现,是一个人思想上、观念上去糟粕、纳精华,进而不断升华和成长的过程。

关于自我批判的管理思想,我们可以通过任正非的文章、讲话中窥探一二,如表13-1所示。

表13-1 任正非从1996~2018年关于"自我批判"的文章或讲话

| 时间 | 文章(讲话) |
| --- | --- |
| 1996年 | 《反骄破满,在思想上艰苦奋斗》《再论反骄破满,在思想上艰苦奋斗》 |
| 1998年 | 《在自我批判中进步》《一个人要有自我批判能力》 |
| 1999年 | 《自我批判和反幼稚是公司持之以恒的方针》《自我批判触及灵魂才能顺应潮流》 |
| 2000年 | 《为什么要自我批判》 |
| 2006年 | 《在自我批判指导委员会座谈会上的讲话》 |

（续表）

| 时间 | 文章（讲话） |
|---|---|
| 2007年 | 《将军如果不知道自己错在哪里，就永远不会成为将军》 |
| 2008年 | 《从泥坑里爬起来的人就是圣人》 |
| 2010年 | 《开放、合作、自我批判，做容千万家的天下英雄》 |
| 2014年 | 《自我批判，不断超越》《一杯咖啡吸收宇宙的能量》 |
| 2015年 | 《转发〈财经管理团队民主生活会纪要〉》《华为公司改进作风的八条要求（重申）》 |
| 2016年 | 《前进的路上不会铺满了鲜花》《华为，可以炮轰，但勿捧杀》《不分国籍、不分人种、万众一心，用宽阔的胸怀拥抱世界、拥抱未来！》 |
| 2017年 | 《在行政服务解决"小鬼难缠"工作进展汇报上的讲话》《要坚持真实，华为才能更充实》 |
| 2018年 | 《从泥坑中爬起来的是圣人》 |

任正非认为，一个企业长治久安的关键，是它的核心价值观被接班人确认，接班人又具有自我批判的能力。

在华为，各项考核、各种标准都充分反映了任正非的自我批判精神，无论是干部和员工的任职标准、领导力素质模型，还是华为干部象限、干部信息档案，其中都包含了自我批判的内容。在华为，自我批判绝不是走过场，而是真正的走心，它已经完全融入华为的制度和华为人的思想之中。

比如，在华为任职资格标准中，除了品德这个基本要求之外，自我批判就是其中一个非常重要的考核项目，也是员工进阶为干部的基本要求。后备干部选拔一直是华为的重点，其中有一个重要考核内容是品德考评，它有两个考评项：一是关键事件；二是自我批判。如果候选人自我批判的分数不够，就直接淘汰，晋升再无可能。在其他公司，自我批判可能只是嘴上说说，但是在华为完全是动真格的。它通过制度让自我批判深植于华为人的思想，而不是靠培训、讲座、宣传等外在刺激来强化。

对于"自我批判"，任正非有自己独特的见解："我们提倡自我批判，但不提倡批判他人，因为批判他人，一旦掌握不好轻重，就会伤到对方。而自我批判是自己批判自己，往往会手下留情。虽然是鸡毛掸子，但多打几次也会达到同样的效果。"

有一次，任正非和当时华为的轮值 CEO 一起招待客人，双方聊到了华为的 IPD（集成产品开发）变革。徐直军当面对客人说："老板懂什么？这个变革他懂什么？这个 IPD 变革，他就懂这三个英文字母。IPD 啥意思，IPD 怎么搞，老板不知道。"

任正非听了非但没有生气，反而说徐直军说的是对的。但回去后，任正非马上开始学习 IPD。

这就是华为的自我批判，要么自我批判，要么被别人批判，要么就一起进行，否则，个人和企业就不能进步。对此，任正非说过这样一段话："面子是给狗吃的，只有勇于自我批判的人才能够取得进步。对不同级别的干部有不同的要求，凡是不能使用自我批判这个武器的干部都不能提拔。"

在任正非看来，所谓"面子"不过是狭隘的"小我"的外显，专注于面子就没有办法走向更高的奋斗目标。

"自我批判"虽然是让个人和企业进步的好事,但人的本性是喜欢接受赞美,不愿接受批判的。那么,华为人特别是干部怎样做好自我批判呢?

华为的自我批判是从上而下地进行。2018年,华为"蓝军"曾发表《任正非十宗罪》,任正非在华为"罗马广场"、心声社区公开表明"我错了,我改",这样的例子还有很多,由此华为才形成了实事求是、批判成风的氛围。

对于下属的批判,任正非说:"我没有生气,让我生气的是那种唯唯诺诺,根本就不动脑筋的人。"

人性是脆弱的,面子、自尊等都是脆弱的证明,而强大是反脆弱的过程,没有自我批判、重塑过,就谈不上成熟、强大。自我批判就是一个优化自我的工具和方法,华为把它用到了极致。

## 华为如何落地自我批判

自我批判固然重要,但企业在批判的时候也要注意方法。任正非说:"我认为人是怕痛的,太痛了也不太好,像绘画、绣花一样,细细致致地帮人家分析他的缺点,提出改进措施,和风细雨式最好。批判不能用力太猛、火药味太浓,高层的素质高,批判可以尖锐一些,但是越到基层应越温和,要把握尺度。"

那么,华为是如何把自我批判深入每一位华为人的脑海和日常工作的呢?

**自我批判的组织保障**

在华为，有两个组织负责监督和协调华为人的自我批评工作，即员工自我批判委员会和CEC（道德遵从委员会）。

员工自我批判委员会于2006年成立，它和其他组织一样有分级委员会。自我评判委员会的责任是为全公司包括各个产品线、各个部门的自我批评制度建设及自我批判活动提供政策方向、政策指导和组织实施方面的工作。

CEC于2014年2月正式成立。这也是一个自上而下的延伸机构，实体机构叫OEC（道德遵从办公室）。这样的办公室华为有107个，下设7 758个OEC小组。这些小组会定期民主选举各级委员，这些委员则负责道德遵从、文化、干部培养、自我批判相关的工作。华为一直强调"三驾马车"，除了董事会和监事会之外，第三驾马车就是道德遵从委员会，如图13-1所示。

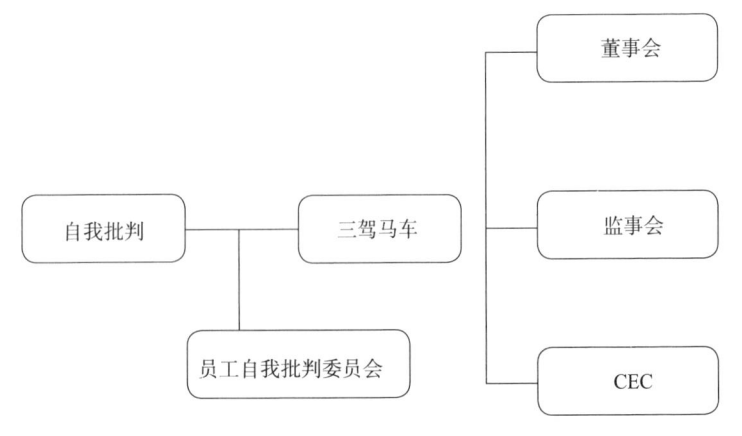

图13-1 华为自我批判的组织保障

**各级干部的集体宣誓**

华为自 2007 年开始,每年会定期举行宣誓且每年宣誓的内容各不相同,第一次宣誓的内容主要关于高级干部的自我约束,其中包括自我批判、吾日三省吾身。最近几年,华为宣誓的内容是关于改进工作作风八条要求,简称"干部八条"。

**蓝军参谋部**

关于"蓝军",前文也有介绍,它的主要作用就是通过红蓝对抗的方式不间断地促进组织进行自我批判,保证华为始终走在正确的道路上。

比如,在公司的大力推动和各个层面的积极组织下,员工通过辩论、模拟实战、战术推演等方式对当前华为的战略思想进行反向分析和批判性辩论;在技术层面,员工不断推翻现行的技术架构,跳出常规思维,寻找颠覆性的产品;在战略和技术层面,员工通过逆向反思、推演和论证解决公司在战略/产品/技术层面存在的各种漏洞,并提出升级方案。

如今,蓝军参谋部在华为的发展中起着越来越重要的作用,这不仅推动着华为不断深入自我批判,还为华为的下一步发展献计献策。

**自我批判的培训与引导**

在新员工培训中,自我批判是作为重点深度讲解的。在华为有一本叫《自我批判不断进步》的培训教材,一共有 4 章内容:

- 第1章　在自我批判中进步
- 第2章　如何正确处理工作中的挫折
- 第3章　勇于自我批判，做学习型的人
- 第4章　自我批判就是自我超越

此外，华为还会经常给员工发放一些关于自我批判的自学资料。

任正非在后备干部培训的毕业证上写了这样两句话："只有懂得牺牲并随时准备牺牲的人，才能最终成为受人拥戴的将军。只有长期坚持自我批判的人，才有容纳天下的胸怀。"这些话是对华为自我批判精神的深度阐释，是新员工、老员工自我批判过程中的指导思想。

**自我批判大会**

华为这些年开过几次规模比较大、影响较为深远的自我批判大会：

1996年，市场部集体辞职大会；

2000年，中研部的"呆死料大会"；

2007—2008年，正值公司创立20周年，举办了5次奋斗表彰大会，但是其内核还是自我批判；

2017年1月，市场部大会，主要强调"狼性"出击，在自我批判中为公司创造更好的业绩。

## 民主生活会

从 2013 年 EMT（经营管理团队）颁布《关于各级管理团队例行开展民主生活会的决议》开始，华为每年从高层到基层部门都会举办不同主题的民主生活会。如今，民主生活会已经形成了从组织、原则、主题、实施、输出、评价、验收到后续改进的闭环，主要由道德遵从委员会负责布置和安排，人力资源部与 OEC 负责组织实施与成果监督。

任正非在提到民主生活会的时候强调："高级管理人员更需要自我批判，民主生活会就是高级管理人员的自我批判大会。在大会上，你可以抛出任何尖锐的问题，然后大家互相辩论、互相讨论，外人看起来觉得华为内斗竟然如此厉害，其实在民主生活会结束之后他们就会带着解决方案一起奋斗去了。"

## 自我批判的支撑平台

华为自我批判的支撑平台包括《华为人》《管理优化报》和心声社区。

《管理优化报》是华为内刊，有时它的一个版面都留给了"自我评判"。2006 年，任正非在与"两报"负责人座谈时表示，公司不是靠批判批倒的，如果真为它好，就说真话，让所有问题暴露出来，然后解决它。

心声社区于 2008 年 6 月上线，它的定位是华为人的"罗马广场"，任何人都可以在上面发表自己的观点。心声社区自上线开始就开辟了一个"自我批判专区"，主要分"组织自我批判"与"干部与员工自我批判"两个板块。截至 2019 年 10 月底，干部和员工自我批判的相关文章有 500 多篇，组织自我批判的文章有 340 多篇。

在这个世界上，只有敢于自我批判的人或组织，才能成为真正的强者，而且强者会在自我评判中变得更强。

自我批判是追赶、超越领先者的利器，同样也是保持领先地位的利器。

## 让听得见炮声的人来决策

任正非有一句名言：让听得见炮声的人来决策。

2006 年，华为在苏丹的项目输得很惨——不但输了项目，还输了"人"。原因是竞争对手想办法降低了客户的运营成本。本来华为是有赢的机会的，但由于华为客户线的人在获取信息后，没有及时、有效传递给产品人员，导致这次项目输了个彻底。痛定思痛，华为苏丹代表处在随后的工作中慢慢总结出了"铁三角"运作模式，并将其推广到全公司。

2009 年 1 月，任正非在销服体系讲话中指出："我们后方配备的先进设备、优质资源，应该在前线一发现目标和机会时就能及时发挥作用，提供有效的支持，而不是拥有资源的人来指挥战争、拥兵自重。谁来呼唤炮火？就该让听得见炮声的人来决策。"

"让听得见炮声的人来决策"一经出现，立刻成了管理界的经典语录。

"让听得见炮声的人来决策"是一种什么样的管理思想，华为又是如何践行的呢？

## 班长的战争

在美军的作战思维中小分队就是一个团体，他们分工协作，有人负责用携带的卫星定位仪器和激光指示器追踪对方的具体位置，有人做出决策，指挥卫星呼唤战机、导弹进行定点轰炸。这时，小分队的队长就扮演着"军长"的角色，他们分析前方传来的最新消息和各种数据，指挥小组行动以取得最终的胜利。任正非深知面对前线的风云变化，等总部开完会，市场早就被竞争对手瓜分殆尽了。

他将现代商战称为"班长的战争"，他希望给"听得见炮声的人"更多权力，让班长在前线拥有更多的决策能力。只有让清楚市场的人领导华为，才能提高华为在市场竞争中的反应速度，抓住最佳时机。

华为总部负责掌握战略的大方向，为一线的员工提供枪支弹药；一线员工负责调度所有的资源，并根据前线的战报来调整具体的行动方案。

华为将汇报的层级控制在三层以内，最大限度提高运营效率。

对此，任正非说："在主航道组织中实现'班长战争'，一线呼唤炮火，机关转变职能；非主航道组织去矩阵化或弱矩阵化管理，简化组织管理。虚拟考核评价战略贡献，抢占战略高地。"

华为具体是这么做的：

第一，简化组织管理，让组织更轻、更灵活是华为未来组织改革的奋斗目标。

公司越大，越需要灵活的组织结构。任正非认为，"班长的战争"可以这么理解：大规模作战就像大船，在航行途中大船难以转舵，而小团队作战就能避免这个问题。战争中讲究的是综合作战能力，一个组织中职能更综合，但是决策人一定不能多。

任正非多次强调，华为未来的战斗方式是小规模作战，这就要求团队的综合作战能力一定要强。除了给前方的班长充分授权之外，华为必须缩编后方的团队人数，同时不断加强小分队的战斗能力。需要注意的是，小团队作战并不是对原有的职能进行划分，而是给原先"小米加步枪"的团队配备重型火力和最先进的武器。

当然，让组织更为灵活是华为适应商业战争的基础，也是未来华为持续改进的目标。

任正非在谈到这种思想转变的原因时表示，一个公司在规模比较小的时候，都会走精细化分工的道路。随着公司逐渐变大，翅膀越来越硬，很多流程也逐渐打通，我们就需要将一些功能组织进行合并，让层级减少，缩小规模，将组织不断合并。比如商务合同评审部门，就应该兼顾运营商 BG 和企业网 BG，从而将两个部门合并为一个部门。

在关键的主航道部门，华为需要花费一定的人力资源去做平衡的工作，但是非主航道部门越简单越好。例如，慧通去矩阵化的两个原则：第一保证华为的服务，不允许慧通自己去市面上招揽生意；第二必须能养活自己。

任正非认为，非主航道部门虽然要弱化矩阵，但是依然要保证流程责任制，在流程的管理过程中依然要遵循矩阵的审批模式。此外，组织的优化并不要求大家一定要齐步走，哪个板块先成熟，哪个板块就可以先走，否则只会拖慢华为的发展速度。

任正非强调，假如有一天华为能撑起万亿美元的年销售额，华为的总人数也不会呈几何增长。每年，华为需要吸纳一些尖子生进来替换一些落后的人员，人数增长一定要控制好，但是作战能力一定要越来越强。华为不提倡通过增加人手来提升公司的业绩，人员也不会总是向市场和研发倾斜，我们要的是用最少的人干最多的事，然后分更多的钱。

第二，注重组织绩效，即根据当期"产粮"多少来确定KPI，根据对"土壤未来肥力"的改造来确定战略贡献，两者要兼顾，没有当期贡献就没有薪酬包，没有战略贡献就不能提拔。

任正非说："我们认为，还是根据产粮食多少来确定KPI，根据对土壤未来肥力的改造程度来确定战略贡献。比如，根据销售收入＋优质交付所产生的共同贡献拿薪酬包，若没有做出战略贡献就不能被提拔。我们现在的KPI也包含了很多战略性贡献，战略贡献要搞KPI我也同意，但要单列，战略KPI和销售收入KPI不能一致。将来公司所有指标都要关注到抢粮食，关注到战略指标。"

任正非还强调，现在的华为虚拟考核方法可以在未来很长一段时间沿用。前方可能有68个战略制高地、200多个战略机会点等着华为，但是抢占这些高地要靠策略、靠方法，完全靠激励是不行的。当然，我们需要激励。虽然有些东西是华为的战略高地，但是利润若是负值，自己都养活不了自己，那么再好看的概念也没用。我们在谈未来如何挣钱时，即使未来这个项目是挣钱的，也不能破坏华为目前的战略平衡。

我们需要设定目标，当然可以设定一定的销售收入浮动比例。针对战略机会点我们可以靠科学的方法攻进去，而不是靠恶性降价，前期允许多付成本，哪怕多派几个少将也可以。华为的 BG 中心一定要有销售收入，但是也要注重对战略高地的抢夺，这些是虚拟考核。华为每个区域的考核同样也要寻求战略和赢利之间的平衡，我们允许薄利，但是一定要赢利。当 BG 和区域的诉求南辕北辙的时候，一切以区域的诉求为主。

### "呼叫炮火"的 4 个层次

2016 年 10 月 28 日，任正非正式发布调令，将 2 000 多名华为的高级干部和专家派往非洲、中东等艰苦的地区和国家，让他们重新回到一线工作。上一次派出如此多的高级干部和专家还是十几年前的事。

2000 年，华为在深圳五洲宾馆为"出征将士"举行送行大会。此时华为已经在全球 170 多个国家和地区建立了武装到牙齿的"铁血团队"。他们是华为的战略预备队，需要在学与教中让"小老师"升级为"大教授"，让"二等士兵"在战争的洗礼中迅速成为独当一面的"大将军"。机会永远留给有准备的人，华为也处在一个重要的转折点上，更多的发展机会将留给大家。大浪淘沙，不能上战场的将军不是好将军，华为的做法是让他下课，只有随时有下台危机的将军，才能在台上站得更久。

任正非一直强调"让听得见炮声的人做决策"，这个理念说起来不难，真正做起来却需要一系列的措施来保证。首先必须保证员工能听见"炮火"，而且能听懂"炮火"，在听懂之后必须能呼叫"炮火"，在呼叫之后"炮火"还能呼之即来，如图13-2所示。

能听到"炮火"      能听懂"炮火"

呼叫"炮火"的权力      "炮火"能呼之即来

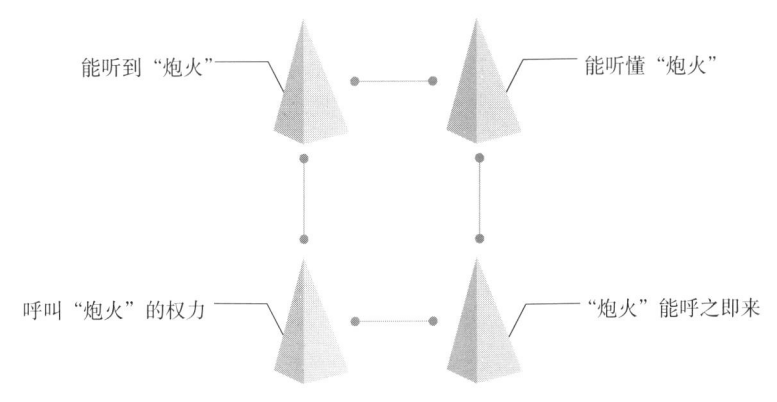

图13-2 华为"呼叫炮火"的4个层次

因此，"让听得见炮声的人做决策"并不是一句简单的口号，而是对公司从上到下权力分配、资源流转、支撑服务、考核评价等一系列用人机制的重新构建，是对每一个功能节点的职能的重新定位和责任赋予。

## 能听到"炮火"

所谓"炮火"，就是指更多、更快、更及时的市场信息，这些信息有的来自客户，有的来自竞争对手，为了能听到"炮火"，华为必须增加能听到"炮火"的人的数量。

他们是与客户紧密接触的人，可以是销售人员、售前技术人员、售后技术人员等。

"炮火"的第一重含义是市场竞争中客户的需求、对方的情报和资源、市场环境等。"炮火"的第二重含义是公司的各类资源，包括团队人员、支撑人员、成本、物流、设备等，这些资源是为了"让听得见炮火的人有权呼叫炮火，在资源有限的情况下，优先、科学、快速地发射炮火，以获得最大收益"。

能听得到炮火的团队包括市场一线团队，也包括支撑服务团队，只有公司内部听到的炮火声音是一致的，大家才能做到理解一致，才能保证呼叫的准确性和支持的及时性。

**能听懂"炮火"**

华为需要培养更多能听懂"炮火"的人，这些人并不是简单执行指令的普通员工，而是有一定的组织协调能力、能与客户沟通、有敏锐嗅觉的员工。总结起来，能听懂"炮火"的人需要具有以下素质：具有培养、锻炼队员和合理组织工作的能力；与客户沟通的能力；将客户需求转化为产品组合的能力；不断学习新知识的能力；敏锐察觉市场变化的能力；能够敢于向不正确指令提出个人建议的能力等。

具备以上素质的人才是华为需要的，也是华为着重培养、打造的团队队长，这些人才的多少，将决定华为能够将战斗单元细分到什么程度，也决定着公司对市场的反馈能不能做到更精细化的管理。

这些人才需要从一线中来，来自同客户密切接触的岗位。华为要给更多的员工去一线历练的机会，以发现并帮助更多员工成长为班长，再予以相关专业培训和实践，引导他们成长。

呼叫"炮火"的权力

给前线的指挥官呼叫"炮火"的权力，使其充分发挥团队优势，否则团队容易陷于"巧妇难为无米之炊"的尴尬。

同时，对授予的权力类型、权力大小、权力使用效率等要做好规划和管理，不能将所有权力都下放，也不可瞻前顾后地不下放，或者让权力下放流于形式。

"炮火"能呼之即来

构建"炮火"能呼之即来的响应体系，让赋予的权力发挥更大的功效，让员工更高效地开拓市场、发展客户，使新的生产关系适应释放的生产力，助力公司在市场中快速响应，重新跳舞。

要构建这样一个高效的体系，华为需要打破旧体系的束缚，采用互联网思维，抛弃"简单地建立一个互联网，做一个 Web（万维网）界面，或借用 IT 手段打通一些流程节点"的简单思路，踏踏实实地用互联网的方式，优化内部供应交易流程，提高效率，逐步实现去中心化、去中介化，建立高效平台。踏踏实实，既指工作态度，也指推进速度，是落实谋事要实、做人要实的一种表现。

以上就是华为"呼叫炮火"的4个层次:"让听得见炮火的人呼叫炮火""让听得懂炮火的人呼叫炮火",让信息准确传递,"让能听懂呼叫的人支持炮火"。

这看似简单,但作为管理者,必须从系统的角度考虑问题,只有基于问题根源提供解决方案,才能避免"只见树木不见森林"的尴尬。

**干部每年要保持 10% 的淘汰率**

在华为,管理层并不意味着高枕无忧,因为华为的干部每年要保持 10% 的淘汰率。

## 不打粮的干部要下台

很多企业都存在末位淘汰制，但华为的与众不同之处在于末位淘汰制不只针对普通员工，华为针对中高层管理人员的淘汰制度更为严格，在华为，如果业绩垫底，哪怕是资历十几年甚至几十年的管理者也会被淘汰。

所以，华为的末位淘汰制最成功的地方在于任何人都要接受末位淘汰的考核，这也是任正非多次强调的"不打粮的干部要下台""强化绩效承诺制""不用没作为的干部"。在华为，包括任正非本人在内，一旦犯了大错，都要请辞，没有任何借口。

在任正非看来，末位淘汰制之所以领导先行，是因为干部更需要压力。有些干部有了一点成绩就开始滋生懒惰的情绪，所谓"上梁不正下梁歪"，如果一个公司里的领导都很懒惰，员工就更容易得过且过。

华为干部层面10%的末位淘汰制是硬性执行的，但华为在对干部实行末位淘汰时，除非干部犯下重大错误，否则他们不会被直接淘汰出企业，而是会面临下调职位、下调职级或下调薪资的情况。

干部后备队学习营是被末位淘汰的领导的归属，在那里，他们将进行三个月的脱产学习和改造。如果在"毕业"考试中不能通过，或者"毕业"了但仍然没有被部门录用，那么其工资将被降低两成，然后进入第二轮脱产学习，如果仍然不合格，那么其工资将继续减少。

华为认为，末位淘汰是对干部的一种鞭策，督促他们重新磨枪，让他们上战场后再创辉煌。

2001年，任正非在《雄赳赳气昂昂跨过太平洋》一文中强调："若3~5年内建立不起国际化的队伍，中国市场一旦饱和，我们将坐以待毙。今后，我们各部门在选拔干部时，都要以国际化为标准，对那些不适应国际化趋势的，要逐步下调职务。"

在华为，副总裁可以代表任正非出去洽谈大型业务，接洽各省的电信局局长，甚至某国的部级领导。但是，一旦考核不合格，该降职、该减薪的处罚一个都不会少，而且职位越高，降职的幅度越大。昨天还是副总裁，今天就变成了小主任，这样的大起大落一般人恐怕很难承受，为了尽快摆脱这种尴尬处境，被降职的人势必会使出浑身解数，争取做出突出的成绩。

事实上，华为的干部末位淘汰制是很多企业不敢尝试的，毕竟一家企业的管理者大多是有经验、有资源、有技术的人，在大起大落后产生嫌隙，他们可能会去竞争对手那里或者自行创立公司。

但华为不搞终身制，让每个人都紧张起来的淘汰方式是值得所有企业借鉴和尝试的。

## 干部末位淘汰要日常化

华为的末位淘汰制中有一个非常重要的说法——"末位淘汰日常化"。

所谓"末位淘汰日常化"，就是说要将这种危机感渗透到所有员工的日常工作。任何工作、任何部门都存在末位淘汰和一定的淘汰比例。比如，华为培训班的规模一般在20~30人，就算全班成绩都过了

80分，最后一名也会被淘汰。所以，千万不要认为经过了层层面试，走进华为的大门就万事大吉，因为这只是淘汰的开始。

在华为，每位干部都会对下属的工作态度、工作能力和工作业绩进行评价和排序，这种评价是不定期进行的，是管理者的日常工作。管理者不仅要实时掌握员工的工作情况，还要肩负起培养下属、指导下属的责任，一旦发现有员工无法胜任其工作，就要随时将这一情况报给人事部门，将其列入待定名单。所以，华为的考核不是以日、周、月、季度、年为周期进行的，而是无时无刻、无处不在的。

华为对12级及以下的员工执行绝对考核制度，对13级及以上的员工执行相对考核，对担任行政管理职务的员工考核更严，员工稍有松懈就有"下课"的风险。

华为的淘汰机制体现在干部培养的方方面面，采用对干部的淘汰和动态筛选相结合的方式，如图13-3所示。

图 13-3 华为的淘汰机制

2014年，在华为后备干部项目管理与经营短训项目座谈会上，任正非公开表示：华为要坚定不移地执行末位淘汰，无论是代表处还是地区的总裁，任何达不到标准的干部都要下台。

为了使整个干部体系活起来，华为通过末位淘汰制，建立起了一套干部的新陈代谢机制，包括设立后备干部资源池，不断营造危机感，让干部永远处于紧张状态。华为的干部分为上中下三类：上层干部是在各种考核中排名前30%的干部，他们将有机会进入华为大学参加进一步的管理培训，优秀毕业生在下一届职务分配时就有可能享有实践的机会；在考核中排名中间50%的是中层干部；排名在末尾20%的干部被认定为后进干部，将直接面临淘汰。

后进干部要想摆脱现在的困境，只能拼命挤进中层干部的行列。这就给中层带来了巨大的危机感，这样一来，不论是处于中层还是后进层的干部都要时刻保持战斗力，创造更多的业绩，以保住职位。

这样一来，干部队伍层层追赶，所有人的工作热情都被调动起来了，奋斗的干部多了，企业自然更加繁荣。

很多企业在实行末位淘汰制时，目光只停留在基层管理者身上，忽略了中高层的管理者，这就产生了"刑不上大夫"的现象，使得整个管理团队趋于懈怠。

华为恰恰相反，华为认为干部的末位淘汰不能停留在基层主管的层面，而要更多地指向高级管理人员。只有根据各个层级制定淘汰机制，才能避免中高级管理人员推脱责任，或者不经调研就不切实际地制定某一方面的目标，最后导致整个项目或整个目标执行不下去。

华为的末位淘汰制并非心血来潮,而是华为在长期的公司管理中得出的宝贵经验。

2009 年,华为明确指出,末位淘汰要基于制度和数据进行量化,一切以数据说话。所有考核要根据一定比例进行末位淘汰,并且将这种不合格干部和员工的清理纳入日常工作,形成从上到下的管理体制,而不是独立地开展工作。

2015 年,任正非又在讲话中强调:"不合格干部的清理和员工的末位淘汰要形成制度和量化的方法,立足于绩效,用数据说话。面向未来,要逐步把不合格干部的清理和员工的末位淘汰工作融入日常绩效管理工作体系中,形成一体化的工作模式,而不是独立开展的工作。华为要继续坚持以有效增长、利润、现金流、提高人均效益为起点的考核,凡是不能达到公司人均效益提升改进平均线以上的,要对体系团队负责人、片区、产品线、部门、地区部、代表处等各级一把手问责。在平均线以上的部门中,要对正利润、正现金流、战略目标的实现进行排序,坚持对高级管理干部进行末位淘汰。"

末位淘汰制让华为的管理更加高效和扁平,同时强化了干部的责任感,也鼓励了干部为华为创造更多的价值,从而有效提升华为的管理效益和综合竞争力。

# 第14章
## 加快干部的"之"字形成长

华为一直强调干部和人才的流动,并要求不拘一格地从有成功实践经验的人中选拔优秀专家及干部,推动优秀的、有视野的、意志坚强的、品格好的干部走向"之"字形成长的道路,培养大量的将帅团队。

——任正非

## 干部的"之"字形成长

为什么任正非对"之"字情有独钟呢？事物的发展是波浪式前进和螺旋式上升，干部的成长也不例外。烟囱式直升的方式尽管可以更早、更快地提拔优秀干部，为人才提供机会，也为公司发展提供更大的能量。但是，这种直线提拔上来的干部，没有经过复杂、横向业务的锻炼，虽然他们在一个部门、一条岗位线上是非常优秀的人才，但如果换个部门、换条岗位线他们可能就一知半解或者一无所知了，当面对全面发展、协调性强的工作任务时他们常常会感到心有余而力不足，这对华为的长期发展不利。

鉴于此，华为自2009年开始使用干部的"之"字形培养机制。

### 干部要走"之"字形路线

为了让大家直观地感受到什么是"之"字形路线，在这里节选一段任正非先生在2013年5月在片联开工会上的讲话。

最近中国航母选人的方式对我启发很大。中国航母选的人都是"疯子"，不是"疯子"不要。选的就是那些终生热爱航母、具有献身精神的人员。不然干十年，你要转业，烧这么多油培养的经验全没用了。美国选航母舰长，一定要选有"之"字形路线的。我们公司要加强制度建设，坚持从成功实践中选拔优秀干部，干部流动是为了形成一个有力的作战群，选拔优秀的人才上战场。

从美国航空母舰舰长"之"字形成长的培养机制中，任正非受到启发，他认识到现代企业想要发展也需要走"之"字形干部培养路线。只有这样，才能打破各部门之间无形的壁垒，建立起相对透明的网状组织，培养出真正对业务有全局性了解，可以促进企业内部协同发展的优秀干部，有效避免烟囱式直升干部因为缺少多样性实践经验、没有全局发展观而可能存在的缺漏或不足。

因此，想要培养出一批高级干部人才，就要完善"之"字形成长路线，不断提升人才的宽度。华为经过多年实践，在干部的"之"字形成长路线方面已经有了可落地推广的经验，并总结了需要注意的三个问题。

### "之"字形成长不是人人都适用

"之"字形成长是针对将帅之才的，它适用于培养为企业发展出谋划策的高级管理者、综合性专家，不能广泛用于企业中的每一个人。

### "之"字形成长路线要有一定的弹性

基层干部和员工的工作具有局限性，因此，他们很少出现跨领域、大范围的职位流动，也很难在短时间内成为企业的领袖，为了保证企业整体流程的高效运转，公司还是先让基层干部和员工专注于自身岗位，不要强用"之"字形成长路线为好。

不过，公司也可以利用"之"字形成长路线，让基层干部和员工在小范围内流动和晋升，发掘他们更多的能力，使之进入人才储备库，以便于企业更好地发现、选拔人才。

## "之"字形成长因为干部职级不同而路线不同

"之"字形成长并不意味着所有干部要在把所有部门业务了解透彻后才会被提拔。在这一点上，华为结合自身特点，提出了两条可供借鉴的路线：

一条是管理人员的"之"字形成长路线。对于基层管理人员，华为不鼓励大范围内的岗位流动，而是让他们先在一个岗位上钻研透了，不断提高业务水平和绩效产出，成为优秀储备干部。中高层管理人员可在一定体系范围内，根据业务管理需要循环流动，这样既能提升干部能力，又利于企业均衡发展。

另一条是技术人员的"之"字形成长路线。技术是华为公司的命脉，技术型人员、干部是华为的重要人才。让技术型人员、干部在研发、生产、服务等相关岗位内流动，可以加深他们对公司产品的理解和优化，提升产品市场化运作能力。

总而言之，华为倡导的"之"字形路线，于员工而言，可以积累更多工作经验，开阔眼界，让自己走向更高、更广阔的职场天地；于企业而言，可以拥有更优秀的干部来带动企业发展，也可以避免干部长期待在一个岗位上可能出现的停滞不前等现象。

## "喜马拉雅山的水流入亚马孙河"

"流水不腐，户枢不蠹，动也。"意思是说流动的水不会腐败，经常转动的门轴不会被虫蛀蚀，其"不腐""不蠹"的关键就在于一个"动"字。企业也是如此，只有让干部流动起来，企业的脉搏才能跳动起来。

如何让干部实现"之"字形成长？最好的方式就是对干部进行岗位循环与轮换。

为此，任正非常用"喜马拉雅山的水流入亚马孙河"来比喻干部的流动方式。而这样的流动方式，得益于互联网时代的"零距离"。

那么，如何让喜马拉雅山的水流入亚马孙河呢？华为通过对重大项目部、重装旅、项目管理资源池等各种战略预备队加强建设，有效推动干部的循环流动，让整个队伍充满生气与能量。

**制定干部流动机制**

2016年12月11日，华为召开董事会常务委员会，会上就加强干部流动机制建设提出了指导意见，主要包括以下内容：

第一，干部流动强调自上而下，只有高层干部开始进行制度化流动，各层级干部流动的土壤才能形成。

第二，干部流动要以实际的业务战略及管理需求为方向，结合干部资格管理、任期管理、预备队训战等，坚持制度化运作，实现干部流动管理的持久性和有效性。

第三，干部流动要通过任期管理进行有序流动，通过干部资格管理进行主动流动。

**建立三类循环流动机制**

2018年，华为建立了"三类循环流动机制"，具体内容如下：

第一，针对基层员工开展"认知型"周边流动，帮助其了解工作场景，掌握岗位必备技能，熟悉周边岗位技能。

第二，针对中层骨干员工开展"赋能型"前后流动，公司专家按需到一线作战，中基层干部按需在一线与机关间轮岗，以了解一线作业，积累专业能力。

第三，针对高层领导开展"领导力发展型"流动，以任期及继任计划为牵引，进行跨业务、跨区域、跨职能流动，或通过阶段性承担重大项目的方式，促使高层领导了解一线，拓展业务视野，积累复合型领导经验。

## 通过片联组织推动干部循环流动

2013年7月19日，任正非在华为内部会议上宣布成立片联组织。"片联"是华为自创的名词，片联组织由华为资历、经验、威望兼具的资深管理层组成，其主要职责是管理华为内部干部队伍的循环流动，加强干部的"之"字形成长制度建设，帮助公司从实践中选拔出优秀的管理层，消除地方主义和部门利益对公司发展造成的阻碍或损害。具体来说，其内容主要包括三方面。

第一，干部循环流动要有的放矢，应根据业务需要，为了打造一支有视野、思路开拓的实战能力队伍而进行的。简单来说，就是让可能当上"航空母舰舰长"的干部进行循环流动，这样既能给流动的部门带来新的生气，又能空出位置提拔新的有能力的人才。在流动过程中，其他不需要进行循环流动的职员仍然要坚守在自己的工作岗位上。当这些职员的能力强到可以流动时，公司自然会给予其循环流动的机会。

第二，循环流动的人员在进入新部门后，要努力学习，适应新工作。同时各级组织要对新流入的人员赋予职责，多给予锻炼，帮助其成长。一旦发现新流入的人员确实不适合新工作，公司要及时止损，将其退回战略预备队为其重新寻找机会。

第三，片联作为公司的"总干部部"，公司所有的干部流动都归其管理，所以片联要充分发挥自己的能力，加快干部的循环流动，并与作为公司"总政策部"的人力资源部展开积极、有效的合作，在规则确定的基础上，及时发现人才，并且灵活考查和使用人才。

坚持进行干部循环流动，让"喜马拉雅山的水流入亚马孙河"，从实践中选拔可以流动的优秀干部，让整个公司充满生命力。建立片联组织，让干部循环流动有规章可依、有部门可管，消除不利于公司的利己主义、地方主义和内部板结。

## 培养最合适的接班人

一家公司的生命力是否持久，取决于这家公司是否有合适的接班人。只有合适的接班人，才能带领公司走得更高、更远。合适的接班人要怎样培养呢？华为的经验是通过轮值CEO制度来培养。

轮值CEO制度源自轮岗制度，即岗位轮换制度。这种制度并不是华为一家独有，像西门子、爱立信、IBM等很多成功的公司都在使用。

华为在1996年1月以一场"市场部集体辞职"事件，开启了轮岗制度。当时，任正非要求市场部所有办事处主任给公司提交两份报告：一份是辞职报告，表明如果能力不再适应公司发展需要，愿意把位置让出来给更优秀的人；一份是阐述报告，表明如果公司继续让自己担任此职务，自己将如何改进，为公司带来更好的发展。整个高管层几乎都加入了轮岗队伍。任正非通过这样的方式，激励干部持续保持斗志。

轮岗制度的最终目的不是让干部辞职，而是通过实践丰富干部的经验，通过锻炼提升干部的能力，把合适的人放在合适的位置上。

2003年，任正非考虑到集体决策机制和培养接班人的问题，在IBM顾问的帮助下建立了EMT。EMT有8位成员，采用集体决策，每人每6个月轮流出任主席的方式进行决策与运转。经过8年摸索、实践与改善，2011年华为的轮值CEO制度正式诞生。

轮值CEO制度在董事会的领导下进行。在轮值期间，轮值CEO是公司的最高行政首长，主要职责是着眼于华为的战略与制度建设。与此同时，轮值CEO制度推动着当值CEO将日常经营决策权进一步下放给BG或区域，以推动华为公司的迅速发展。这比将公司的成功与失败系于一个人身上要好很多。任正非先生表示，让一群"聪明人"成为轮值的CEO，让他们在一定的边界内，有权面对多变世界做出决策，以操纵企业不断地适应环境的变化。因为他们的决策是集体做出的，这样能够避免个人因素带来的公司僵化。

轮值CEO制度是华为在发展阶段探索出来的一种交接班模式，

就像任正非所说的:"华为的交接班,是要建立一个文化、制度、流程的交接班,通过轮岗,让干部轮流支撑公司发展,而不是要交接给某一个人。不管谁来干,都不会改变公司的核心价值观。"

简单来说,轮值 CEO 制度可以充分发挥集体智慧,避免权力高度集中在某一个人手中而给企业带来风险,即使这一任的轮值 CEO 的决策有误,下一任轮值 CEO 可以对其进行纠正,这样最大限度地保证公司决策的合理性和方向的正确性。而且在此过程中,每一位轮值 CEO 都能得到充分锻炼,为接班人储备力量。

**如何培训高级干部**

谈到华为是如何培训高级干部的,这就不得不说说华为的高管研讨班了。

## 将领是这样培训出来的

华为内部一直流传着一句话:"将领要在茫茫的黑暗中发出生命的微光,带领着队伍走向胜利。"这句话出自克劳塞维茨所著的《战争论》,也是任正非对整个华为管理层的要求。

那么,如何培养"将领",令其带领队伍走向胜利呢?这里就要提到华为的高管研讨班。高管研讨班是华为培养高级管理层的收费项目,其是华为大学相对成熟的项目,培养"将领"的过程上主要分为三个阶段。如图 14-1 所示。

图 14-1 培养"将领"的三个阶段

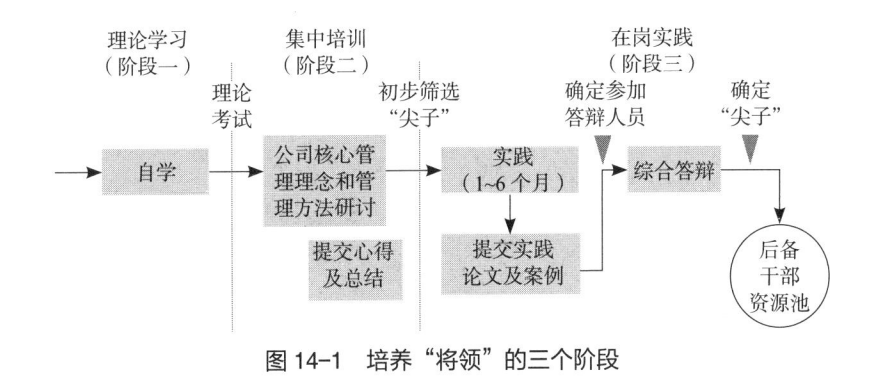

## 第一阶段：理论学习阶段

理论学习是华为各级管理干部在参与培训时的必经阶段，这一阶段是通过自主学习和反转课堂的形式呈现的。所有参与高管研讨班的高管要先在 eLearning 平台上自学公司的干部要求文件、管理课程、业务知识等，在通过考试后，才有进入下一阶段的资格。

所谓反转课堂，就是学员把理论学习放在课前，课堂上更多的是大家进行研讨和培训导师解决问题，以对理论学习进行指导和补充。

## 第二阶段：集中培训阶段

集中培训阶段又分为三个子阶段，每个子阶段的培训为 7~9 天。三个子阶段的学习内容各不相同，主要围绕三本内部资料来开展，分别是《以客户为中心》《以奋斗者为本》《价值为纲》。

### 第一个子阶段：以客户为中心

以客户为中心是华为核心价值观的第一条，也是华为的业务管理纲要。此阶段所学内容主要分为三部分：

第一部分是以客户为中心，让干部深刻理解华为的价值主张、质量管理战略和"深淘滩，低作堰"的商业模式，并将之真正嵌入日常工作和业务流程。

第二部分是增长，通过长期有效的增长让干部切实感受华为业务的管理战略和政策。

第三部分是效率，围绕"未来的竞争是管理的竞争"这一主题，学习华为在组织设计与运行、端到端流程的持续改进、建设数字化企业等方面的政策、原则以及华为管理变革的指导方针等。

**第二个子阶段：以奋斗者为本**

以奋斗者为本是华为核心价值观的第二条，其展现的是华为在人力资源管理方面的一系列政策。此阶段的学习内容主要分为两部分：

第一部分是价值分配，包括全力创造价值、正确评价价值和合理分配价值。

第二部分是干部成长，包括干部的要求与标准、使命与责任、使用与管理、队伍建设等。

就像任正非所说："资源是会枯竭的，唯有文化生生不息，一切工业产品都是人类智慧创造的。华为没有可以依存的自然资源，唯有在人的头脑中挖掘出大油田、大森林、大煤矿。"

**第三个子阶段：价值为纲**

价值为纲包括以奋斗者为本的价值内容，以及华为的管理哲学、演进和策略。

在集训阶段，高管研讨班围绕这三本书，由华为核心高管，如经济管理团队成员等进行授课，由华为大学专业的引导员组织学习研讨，将业务与文化完美相结合，形成良性互动，通过培训让干部得以成长。

### 第三阶段：在岗实践

所有的理论学习都是为实践服务的，在每一阶段的集训结束之后，参与培训的高管都要进入在岗实践阶段。在这一阶段，他们会把学习到的知识、技能和自己的心得等应用到岗位实践中，之后还要结合案例，把这一阶段的所思、所做以论文的形式提交给华为大学专家组进行评审，评审不通过的会被打回重写，最终评审通过的学员需要参加论文答辩。

评审及论文答辩结果会在华为内刊上刊登出来，这几乎是一个全透明的过程，优秀的高管会进入华为后备干部预备队，有可能在新的岗位和机会出现后得到选拔和晋升。而某些负面案例也会刊登出来，让大家知道问题出在哪里。这样的透明度给参与培训的高管们施加了一定压力，同时这也给他们提供了动力。这些案例和经验还为基层管理干部提供了多样的学习资料，促进基层管理干部的成长。

高管研讨班通过以上三个阶段培训高层管理干部，同时在基层、中层、高层管理干部之间实现联动，让整个华为充满生命力，这就是高管研讨班的魅力所在。

## 支持短训班，绝对不支持长训，将军不是培养出来的

任正非认为，培训无法培养出将军，将军不是被动培养出来的，而是自我培养、自我成长而来的。"我更支持短训班，绝对不支持长训，将军不是培养出来的。一个月、两个月就够了。学一点、学个方法就上战场。"

华为培训高级管理干部有以下几个主要策略。

### 培养要有针对性

对于在岗干部来说，长期培养固然可以提升其能力，但是这对公司来说投入非常大，所以在岗干部参与短期、有针对性的培养即可。比如对选拔上岗的干部进行重点培训，有针对性地查漏补缺，让培养能够急干部之所急、想干部之所想，精准弥补或者提升他最需要却欠缺的能力。

### 培养要务实

我们提升自己的能力不是为了履历好看，而是能对自己的工作有所助力。所以培训要讲究务实。对此，任正非曾说："培训不是在培养美国总统，而是在于教会干部怎么做事。"这也是华为一直以来都在倡导的踏实作风。

所有的培训都要与任职资格、具体工作相结合，要学以致用。为了真正落实"务实"这一培训政策，华为大学在短期干部培训中，一直坚持案例式教学。案例有两种类型：一种是故事型案例，比单纯的

理论更通俗易懂，可以让受训干部更容易看懂教材；另一种是表格化案例，简单明了地将科学的工作方法呈现出来，让受训干部直接应用到实际工作中，这样省时、省力、效果好。

**培养要有考核支撑**

如果只参加培训却没有考核，那么培训的效果便无从得知，为了检验培训的成果，考核必不可少。任正非曾说过："我们公司很多高级干部根本不学习公司文件，他们是凭着自己的经验在干活，这样的干部是一定会被淘汰掉的，如果他们不淘汰掉那么公司是没有希望的。经营管理团队做的那些决议和各种文件，代表了高层智慧的精

华,但我们的干部根本没有认真学习。所以,400多个经营管理团队的文件,一个个考,考不及格的高级干部不能调待遇。让高级干部处在可能淘汰的边缘,一定要有这个危机感。大家以为胜利了,以为有功劳了,以为自己的屁股就坐稳了,我觉得没有这回事。"

这样的考核能时刻鞭策干部学习、进步,为自己和公司发展提供源源不绝的动力。

短期、有针对性的培养,既可以有的放矢地解决干部存在的问题,又能最大限度地保证工作效率,降低培训成本,可谓一举多得。

## 建设后备干部队伍

马云曾经说过:"如果企业发现了一个人具备某方面的特质和才能,却不能将这个人的才能最大化地利用起来,那么企业就等同于没有发现或造就这个人才。"确实如此,千里马不遇伯乐,着实可惜。而通过建设后备干部队伍,华为有效地避免了这种遗憾。在这一机制下,华为的许多"偏才"都找到了最适合自己的岗位。

陈山在入职华为市场部一年后,成了软件工程师中的一员。但他发现自己并不适合这个岗位,他反而对市场部的数据调研工作更感兴趣。

为了不被淘汰,他不敢把这一想法告诉自己的领导,只是每天默默忍耐着。一天,他的领导对他说:"你下周去参加一个数据模型考试,如果过关,你就可以去数据分析科工作了。"

原来，陈山的领导早就发现他的兴趣不在软件工程师这一岗位上，看到陈山面对自己不感兴趣的工作还努力着，领导认为他是一个可塑之才，于是，悄悄地把他的资料放到了人力资源池，帮他寻找到了机会。

后来，陈山成功换到了自己感兴趣的工作岗位上，并立刻展现出了他的天赋。在年终部门表彰大会上，他一人独得了"金牌数据员"和"华为奋斗者"两项大奖，成为了华为后备干部的有力人选，也为部门发展做出了突出贡献。

这就是一个管理者培养后备干部的过程，也是华为建设后备干部队伍的重要环节。

## 每一位干部都要认真地去培养接班人

华为EMT纪要［2008］028号文件明确指出："我们要加快新干部的选拔，要给新人机会。新干部的提拔是公司的一项战略政策。公司在发展的过程中到处都缺干部，干部培养不起来那我们就可能守不住阵地，可能要败退。"

华为为什么如此重视新干部选拔？因为一个企业只有拥有源源不断的优秀新人尤其是优秀干部，才能充满生机。

华为建立了人才资源池，为公司储备后续人才尤其是干部人才。在此基础上，每一位干部如果能在日常工作中善于发现和培养比自己更加优秀的接班人，那么对于建设后备干部队伍来说，都是一件好事。

对此，任正非也明确表示："每一位干部都要认真地去培养接班人。我们的事业要兴旺，就要后继有人。工作成绩优秀的干部，在接班人培养上搞不好，就不能提拔，否则您走了，和尚如何吃水？我们要有博大的胸怀，去培养我们事业的接班人，只有那些公正无私的人，才会重视这个问题。只有源源不断的接班人涌入我们的队伍，我们的事业才会兴旺发达。在这些接班人中，应包括反对过自己而犯错了的同志。没有这种胸怀，何以治家？不能治家，何以治天下？"

华为《基本法》第101条明确规定：进贤与尽力是领袖与模范的区别。只有进贤和不断培养接班人的人，才能成为领袖，成为公司各级职务的接班人。中、高级干部任职资格中最重要的一条，是能否举荐和培养出合格的接班人，不能培养接班人的领导，在下一轮任期时应该主动引退。仅仅使自己优秀是不够的，还必须使自己的接班人更优秀。

这一规定，把每一位干部都要认真培养接班人列入了任职资格考核条件，这反映了华为注重人才、坚持长远发展的战略观。

纵观企业的发展史，向来是创业艰难，守业更难。好不容易做起来的企业，如果因为没有后备力量而发展乏力，那就太可惜了。只有跟华为一样，想方设法寻找、培养源源不断的新鲜"血液"，为企业注入生机与活力，才能保证基业长青。

## 通过关键岗位群储备干部人才

华为成立华为大学，在长期的实践中逐渐摸索出一套选育结合、训战合一的人才储备机制，同时华为结合自身特点、人才要求等，通过关键岗位群储备干部人才的方法,将干部人才储备制度化,方便内部培养、储备干部人才。

经过多年的探索与完善,华为逐渐找到了自己的人才储备思路。

**与循环流动相结合**

前文已经说过,对干部进行循环流动是华为帮助干部人才成长的一个重要方法。华为在确定以关键岗位群选拔储备干部人才的方法之后,便将之与循环流动结合起来,进一步完善干部储备方法。

比如,华为在每个体系中选择一些关键岗位,每个关键岗位数有几十甚至上百个,凡是任职于关键岗位的人员,都作为储备干部进入公司资源池,并在关键岗位上进行循环流动,提升业务能力。当目标岗位出现空缺时,公司便可以优先从关键岗位群储备的干部人才中进行资格认证和选拔,这大大减少了广撒网造成的效率低下和成本浪费。

以华为员工霍陈家为例。霍陈家原本是华为刚果代表处网络规划岗位的员工,其在工作三年后进行岗位轮换时调回深圳工作,恰逢后备干部总队成立,于是他进入公司储备干部资源池重新学习,竞聘关键岗位并上岗,成为深圳移动 TD 项目的项目经理。

在职期间,霍陈家带领后备干部中的 6 名队员组成核心团队,与其他项目组配合,克服暴雨、台风等意外影响,在不到两个月的时间里完成中国移动要求的 1 447 个站点建设,赢得了中国移动的高度赞扬。

从以上案例中可以看出,循环流动与关键岗位相辅相成,可以让有能力的员工进入干部储备库,并且从干部储备库竞聘关键岗位,让他们成为真正的干部人才,这是一种利于公司发展的良性循环。

**善于利用子公司**

如果你的公司有总公司和子公司,那么就要像华为学习,充分利用子公司的董事会。子公司虽然规模不如总公司,但是"麻雀虽小,五脏俱全",子公司的董事会是关键岗位群中非常重要的一个组成部分,其成员作为子公司的高级管理者,同样拥有管理公司的全局观和大局意识,作为储备干部再好不过,而且是"将军"类型的储备干部。

需要注意的是,企业在构建人才储备体系时,一定要结合自身情况,不要照本宣科,避免因为不合适的人事流动而影响企业的稳步发展。

# 第 15 章

## 笑傲江湖,十年荣辱锤炼出华为人

不为诱惑所动，像傻子一样坚持，像疯子一样拼命，这就是华为人。

——任正非

## 当人们认不出你是华为人的时候，你就是华为人

老蒋曾经给我讲过一件事：

20世纪90年代，李玉琢还是中关村四通公司的副总裁，当他跳槽时，四通的CEO问他："你准备去哪里？"

李玉琢回答："去华为。"

四通的CEO很纳闷："华为是什么公司？没听说过呀。"

此时的华为已经研发出自己的交换机，在市场上引起了很大的反响。但即便如此，很多人对它依然知之甚少。

2015年前的华为，一直在"隐藏"自己，很低调，它的身上体现了中华民族那种内敛、勤奋、有韧性的特质。每个企业多少会带有创始人的特质，华为也一样。华为的低调，源于任正非的低调。在2015年之前，任正非很少接受媒体采访，也不愿暴露在聚光灯下。他当过兵，接受过严格的训练和艰苦的劳动，从而养成了隐忍不发、低调踏实的个性，而这一切都被他注入了华为的企业文化。

华为的管理者要求员工在下班离开华为后，把灰色的工牌取下来，不要让人看出你是华为人。任正非曾向华为的高层下过命令："除非重要客户或者合作伙伴，其他活动一律免谈，谁来游说我就撤谁的职。"任正非这样低调的个性让很多试图了解华为的人感到无奈。对此，他曾经说过这样一段话："我为什么不见媒体？因为我有自知之明。见媒体说什么？说好恐怕言过其实；说不好别人又不相信，甚至还认为虚伪，只好不见为好。因此，我才耐得住寂寞，甘于平淡。

我知道自己的缺点并不比优点少，这并不是所谓的刻意低调……媒体记者总喜欢将成绩扣到企业老总一个人头上，不然不生动，以虚拟的方法塑造一个虚化的人。我不认为自己像外界传说的那样有影响力，但是很敬业、无私、能团结人。这些年华为有一点成绩，是在全体员工的团结努力以及在核心管理团队的集体领导下取得的。只是整个管理团队也很谦虚，于是就把一些荣誉加到了我的头上，其实难副。"

或许是受任正非低调行事作风的影响，或许是受华为企业文化的熏陶，大多数华为人也很低调。从新员工入职培训那一天起，"低调做事"就是被不停灌输的主流价值观以及行为准则。

记得当华为第一次进入《财富》世界500强时，Sam走进办公室对我们说："告诉大家一个消息，公司进入《财富》世界500强了。"

Sam在说这句话时，语气平静得像在发布一个平常的通知一样。而我们坐在办公桌上，没有欢呼，也没有鼓掌喝彩。大家只是微微点了点头，然后继续忙各自的工作。当一个企业可以做到如此镇定和低调的时候，它的发展必定更加沉稳。

最近几年，华为突然高频率、大密度地出现在公众视野中。比如参加大型通信展会，每年频频亮相几十次。在近几年的巴塞罗那通信展，华为6 000平方米的展会面积，让其他参展品牌黯然失色。这是华为在业界的一次自信展示。

然而，华为在高调亮相的闪光灯下，依然保持着低调。

任正非曾在《华为的冬天》里这样说道："每个员工都要把精力用到本职工作上去，只有本职工作做好了才能获得更大的效益。只有这样我们的公司才能安全、稳定。不管遇到任何问题,我们的员工都要坚定不移地保持安静,听党的话,跟政府走。我们华为人都是非常有礼仪的人。当社会上根本认不出你是华为人的时候,你就是华为人;当这个社会认出你是华为人的时候,你就不是华为人,因为你的修炼还不到家。"

## 《基本法》要融于每一个华为人的行为和习惯

华为的《基本法》有6章,共103条,从追求、员工、技术、精神、利益、文化、社会责任等7个方面阐述华为的核心价值观,烹制了属于华为人的"一道菜"。这道菜是所有华为人都爱"吃"也必须"吃"的,它是华为人认同的行为规范和习惯尺度,使华为从"人治"迈向"法治",进而达成"心治"。

## 《基本法》是什么

华为的《基本法》从1996年起草,到1998年3月27日完成,历经三年,改了8稿。那么,华为的《基本法》是什么呢?

### 《基本法》是对过去的总结、反思

我国有句话叫"好汉不提当年勇",勇可以不提,但我们不能忘记自己是如何成为好汉的。华为的《基本法》就是以过去的成败为思考基点,反思过去,总结经验,使过去的成功成为可复制的资源,使过去的失败成为前车之鉴。

当年起草《基本法》时，起草小组曾提出《基本法》要回答三个问题：

- 华为为什么能成功？
- 华为过去的成功是否能使华为在未来获得更大的成功？
- 华为要取得更大的成功还需要什么？

这些与任正非的"自我批判"的管理理论有很大的关系。

### 《基本法》揭示华为的未来之路

华为的《基本法》非常具有前瞻性，它不仅总结、反思过去，更是对未来的探索。从某种意义上来说，《基本法》揭示了华为的未来之路，比如：华为如何避开企业发展的陷阱，建设更美好的全连接世界；华为未来成功的源泉是什么，应该如何重新积聚和配置资源；如何在新的基点上，进一步扩大成功的规模，提高成功的可能性等问题。

每一个华为人眼中都有一个未来的华为，《基本法》将大家心中的华为聚焦，让华为未来的形象更加清晰、更加可信。

### 《基本法》体现了一种敢为天下先的创新精神

在华为，《基本法》是以企业内部宪章的形式出现的，这体现了一种敢为天下先的创新精神。其目的有二：一是对企业的管理思想和政策进行系统整理，温故而知新；二是要摆脱人的依赖，提高管理体系的继承性。

## 《基本法》是一份庄重的契约宣言

《基本法》是对华为人、对客户、对社会做出的一份庄重的承诺。它铭刻于每一个华为人的心里，是所有华为人将以实际行动来践行的心理契约。

《基本法》向未来承诺："要在未来'成为世界级先进企业'。"

《基本法》向全体员工承诺："尊重知识、尊重人格、尊重个性。""奉献者定当得到合理的回报。""我们谋求公司员工整体利益的最大化。"

《基本法》向顾客承诺："我们的目标是以优异的产品、可靠的质量、优越的终生效能费用比和周到的服务满足顾客的最高需求。""我们要以世界级通信企业的服务标准为基准，建立我们的顾客服务标准和推行标准化服务。"

《基本法》向全社会承诺："我们以产业报国、以科技兴国为己任……为伟大祖国的繁荣、为中华民族的振兴、为自己和家人的幸福而不懈努力。"

## 《基本法》是融入每一个华为人的行为和习惯

当初在讨论《基本法》的基本框架设计时，任正非就提出要求，希望《基本法》能够确立企业处理内外矛盾关系的基本法则，确立明确的企业共同语言系统即核心价值观，以及指导华为未来成长与发展的基本经营政策与管理规则。

如果你想知道华为人是什么样的，细读《基本法》你就能找到答案。《基本法》的每一条都是对华为人的注解、提炼和概括。

有了《基本法》，华为人就知道自己该持什么样的工作观、价值观和思维方式，它融入了每一个华为人的行为和习惯。华为一位领导曾说：《基本法》将使华为人同过去一样，依然很忙、很累，但忙得有序，累得快乐，步履依然匆匆，但眼前有开阔的道路、有明确的目标、有共同的观念和语言，有整齐统一的步伐。

## 《基本法》也有泡沫

任正非曾在一次讲话中说过："《基本法》值一个亿！没有《基本法》，华为会崩溃。"

在《基本法》制定过程中及之后的时间里，华为进入了高速增长时代，从一个默默无闻、偏居深圳的小公司，开始引起国内及国际的关注，从"超越四通"到"三分天下"，再到进入"无人区"。

《基本法》起草前一年（1995年），华为的销售收入为14亿元，员工人数为800人。

《基本法》起草当年（1996年），华为的销售收入为26亿元，员工人数为2 400人。

《基本法》制定过程中（1997年），华为的销售收入为41亿元，员工人数为 5 600 人。

《基本法》审定通过当年（1998 年），华为的销售收入为 89 亿元，员工人数为 10 000 余人。

2018 年，华为的销售收入达 7 212 亿元，员工人数为 18.8 万人，净利润达 593 亿元，如图 15-1 所示。

**2018 年整体经营结果健康，财务稳健**

销售收入
7 212 亿元人民币
↑ 19.5%

净利润
593 亿元人民币
↑ 25.1%

经营活动现金流
747 亿元人民币
现金流健康

图 15-1 华为 2018 年财报

图片来源：华为官网

这些数字并不能说是《基本法》成就了今天的华为奇迹，但任何奇迹中必有关键成功要素的累积。

任正非曾指出："《基本法》里也有泡沫。"

首先，随着华为的不断壮大，90% 的员工基本属于"后《基本法》时代"员工，也就是在《基本法》实施后才进入华为的。

相较于"《基本法》时代"的员工，"后《基本法》时代"的员工对《基本法》的感知会淡化很多。

对于《基本法》的"泡沫"，华为认为这是一个正常的现象。因为《基本法》是华为战略性的管理策略，对于大多数新员工特别是基层员工来说，只需要把自己的本职工作做好即可，至于能否完全读懂《基本法》，这并不是最重要的。

其次，《基本法》本身是一个过程，并不是一个固定不变的教条。任正非曾说："《基本法》真正诞生的那一天，也许是它完成了历史使命之时，因为《基本法》已经融入华为人的血脉。"

《基本法》真正的价值，并不是那一页一页的纸，而是其制定的过程。历经三年，八易其稿，这本身就是企业文化培育和认同的过程。

最后，《基本法》是阶段性的产物。《基本法》从制定到实践，是一个不断扬弃的过程，任正非将其定位于"模糊、混沌中的一条光束"。有了这条光束，企业就有了未来的确定的方向。

《基本法》不仅有历史意义，还有其现实意义；不仅有实践意义，同时还有其理论意义。后者的意义，要大于前者的意义。可以说，《华为基本法》促使华为达到了从心所欲而不逾矩的管理境界。

当年为庆祝《基本法》的诞生，任正非特意撰文《由必然王国到自由王国》，其中写道："一个企业能长治久安的关键，是它的核心价值观被接班人确认，接班人又具有自我批判的能力。《华为公司基本法》已阐明了我们的核心价值观，我们的数千员工现已认同它，并努力去实践它，实践中把自己造就成各级干部的接班人，这就是希望，这就是曙光。"

正因为《基本法》已经融入每一个华为人的行为和习惯，才让华为员工成为华为人。规章制度不过是白纸黑字，而其关键在于用它的人。

烙在心中，可以谓之文化。

落在实处，方能成就伟大。

## 华为人的纠结

"忠孝难两全"的感觉相信很多华为人都有体会。

我在华为工作的 6 年，每年只在春节期间回家 6 天，家中诸多事宜也都无法顾及。就算是家人生病，我都没有休过一天假。

在当时我觉得这些付出是理所应当的，因为我在为事业打拼、为事业奋斗。2012 年，奶奶中风，等我赶回去的时候，她已经不认识我了。我从小是奶奶带大的，所以对于奶奶的感情胜过父母。当看到奶奶向我伸出颤颤巍巍的手时，我万般后悔在心头，以至于到现在都无法原谅自己。或许这也是我选择离开华为最真实的原因之一吧。

在华为，很多人都拼搏在异地，与家人的团聚少之又少。对于华为人的家人来说，一次次的分别似乎也成了生活的常态。其中有无奈，也有心酸，很多人都把这看作正常的事情。家人认为我们在外拼搏是正常的，连我们自己也认为我们牺牲与家人的团聚时间，选择拼搏是正常的。在华为人看来，一线的工作远比个人的生活甚至一些人生大事更重要。《华为人》曾刊登过一篇文章，大概内容如下：

> 当初我拿到了华为的录用通知，告诉爸妈自己要去深圳，还要经常出差。父亲没有直接反对，但是眉头皱得很紧，母亲倒是

很开明，非常支持我的决定。在机场的时候，父母送我到安检口，我头也不回地过了安检，因为不知如何面对父母眼中的关爱和不舍。进入公司两年多，我在9个国家支持过项目，如果算上转机落地的国家，就有11个了。

华为公司曾在深圳举行过一次GSM技术培训的动员大会，赵博（化名）是此次培训的主要负责人之一。在会议准备工作最为关键的时刻，他接到家人电话说他的老婆正在医院待产。赵博只能暂时放下工作，赶到医院。在等待孩子出生的那几个小时，他坐立不安，因为负责会议检查工作的人员不足，他担心会出问题。

赵博的心里很矛盾，一边是正在痛苦待产的老婆，一边是关键的会议准备工作，在思量了一番之后，他匆匆离开医院，赶到会议举办地，按照会议的安排进行细致检查，最终发现了几处问题。在赵博与同事及时更正后，会议正式开始了，他的儿子也终于降生了。当太太用虚弱而又兴奋的声音告诉他生了一个7斤多重的儿子时，赵博激动得流下了眼泪。

2012年年底，我意外结识了一名法国人，在聊天中，我告诉他自己独自在深圳工作，父母和家人都在湖北。他表示很不能理解我的做法。他问我："你工作的目的是什么？"

我说："希望通过努力，让父母生活得好一些。"

他接着问我："你觉得你现在这样的生活，父母过得怎么样？"

我哑口无言。但我内心里还有一个声音在告诉我：华为人都是这样的，不都活得挺好的吗？

在华为，针对市场和研发部门曾经有一个"非本地化原则"，以招聘外地员工或外派员工为主。这个原则的好处显而易见：当没有其他需要耗费时间的事件和场合时，员工就会将时间和精力全部奉献给华为；当圈子里都是华为人的时候，员工就不得不去全力了解华为、去为公司考虑；当话题总是紧紧围绕华为的时候，员工就会更加依赖这个圈子。于是，华为人的大部分社交渐渐只用于公司内部。当时，华为员工的年龄大多在25岁左右，大多数市场人员和研发人员都是单身。即使成家，华为一个员工的收入支撑一个家庭的开支没有太大问题，所以，这个原则大家都默认遵守了。

正是因为当时华为人的收入还不错，所以同期还有一个不成文的原则——夫妻双方不能同时在华为。后来，因为华为人的社会圈子太小了，导致很多华为人都是单身，为了避免这一情况，这一原则被淡化了。后来，华为甚至还举行过一些内部的联谊会，目的就是解决员工的个人问题。

其实，关于家庭与工作的平衡问题，不只发生在华为，也发生在其他的企业里，同时，这也是所有职场人士都会面临的问题。

华为对员工家庭的关心力度一直在慢慢加强，比如现在每个月华为都有家属参观日，也会组织家属一起参加活动，员工在得到嘉奖的时候，公司也会邀请家属发言。

2004年中秋节，为了回报和感恩员工的家属，当数千华为儿女还在世界各地奋战的时候，华为公司给那些回不了家的员工的家庭寄去了月饼和慰问信，以表示公司对员工家庭节日的问候和衷心的谢意。很多家属在收到这份意外的礼物以后，通过回信的方式表达了他们的感谢，其中有一封信的内容是这样的："我们一遍又一遍地阅读了公司的慰问信，了解了公司艰苦的创业史，信中把公司的发展与每一位员工的努力、员工家属的支持紧密联系在一起，我们看后十分感动。我们的儿子仅仅做了他应该做的，我们会不断地鼓励他努力工作、不断进取，为公司的发展贡献一份力量。"

听老蒋说，有一名丈夫为了协助在华为上班的妻子，卖掉了车子、房子和店铺，带着三岁的女儿一起跟随妻子去非洲。在非洲代表处，他默默从事后勤工作，给那些"华为随军"的孩子捣鼓玩具、做吃的、接送上下学。华为也会为"随军"家属提供一些保障，比如医疗保险等。

在华为心声社区的"华为家事"里，我看到过一个员工家属写给老公的信——"做好大后方"。

### 做好大后方

亲爱的老公：

近来一切都好吧？近期你给家里打电话的次数比之前少了，是不是工作很忙？怕你担心家里的事情，所以给你写这封信，给你念叨一下家里的情况。最近看到华为所处的国际环境，我作为华为家属，心情久久不能平静。

我是一个普通妇女，不会用专业的理论来评论政治。我只知道这场战役已经打响了，我们没有退路，我们必须奋力拼搏，坚决打赢这场战争，向世界第一前进。作为华为家属，作为你的大后方，在战争面前，在生死存亡之际，我唯一能做的就是自己咬牙扛下你后方这面大旗，让你没有任何后顾之忧地全力投入工作，投入这场没有硝烟的战争。

今年老大要上初中了，我费尽周折，联系好了一所重点中学，离家也比较近；老二也快要上幼儿园了，我也已经联系好了市里最好的幼儿园，我会尽最大能力让孩子在一个安全、优越的环境中成长。

咱爸妈的身体虽然都有些毛病，但我会督促他们正常用药，该检查的时候带他们去医院检查。前几天母亲节我还带妈去商场买了件品牌衣服，她一个劲地说："好看，喜欢，就是太贵了。"我说："妈，只要您喜欢就不贵。"老妈像个孩子一样乐得合不拢嘴，逢人就高兴地说这是母亲节儿媳妇给买的，一块儿跳舞的老太太都羡慕她。

这一刻我觉得自己是幸福的、是富有的，能把老的、小的照顾得周到、开心，就是我最大的成就。而且我在工作上也不认输，工作兢兢业业，踏实肯干，连续多年被市里评为优秀工作者。我是一名妇联干部，我深知一个女人在一个家庭中的重要作用，所以我不断要求自己加强学习，与时俱进，这样才能跟得上前进的步伐，才能让一个家庭和谐、幸福。

所以，老公请你放心，我虽然工作、生活一肩挑，但我向你保证，我一定也必须要扛起这面大旗，保你后方无忧，助你一臂之力，拿下这场硬仗。

华为人的家属应该大多像这位员工的家属一样，毕竟生活在这个社会，要生存下去，人总有些取舍，彼此理解，彼此体谅，彼此信任，家庭和工作才能平衡。

新员工曾问轮值CEO郭平："在华为，关于平衡工作和家庭的关系，您是如何处理的？"

郭平先生回答："我觉得这是一种人生的选择。"

确实如此，选择家庭，那么势必你用在工作上的时间和精力就会少一些；选择工作，你就要付出更多的时间和精力。如何取舍，看个人心愿。

选择华为，就是选择一种生活方式。在别的企业，你或许可以安于做一个普通人，在华为，没有这个选项，大潮会推着你，用你喜欢或者不喜欢、习惯或者不习惯的方式往前，或许，还要将你推到一个你不喜欢的方向和位置磨砺你，但它同时也会给你这个阶段你所渴望的东西。

所以，关于家庭与工作的平衡，这绝不是单纯的时间上的平均分配，更多的是内心的选择。你要清醒地知道，在当时的情况下，哪一个对你更重要，然后用全部的力量去抓住那一点。从来就没有解决不了的问题，最怕的是你不敢迎难而上。成人的世界根本就没有真正的平衡，你无法向外寻求到答案，只能在一遍遍的选择与权衡中达到所谓的动态平衡。

## 为什么离开

2013年10月，我离开了华为。为什么离开？这个问题我一直在问自己。

我最好的年华是在华为度过的。其实不光是我，大多数华为人最美好的年华都是在华为度过的。比如，老蒋在华为度过了 22 年，Sam 在华为度过了 28 年，老余在华为度过了 25 年，他们从雄心壮志的翩翩少年成长为成熟稳重、经验丰富的高层管理者。

在做出离开华为这个决定之前，我纠结了很久——标准的华为人离职前综合恐惧症。

在和 Sam 说出我的想法时，Sam 问我离职原因，我结结巴巴，像个做错事的孩子一样。融入得越深，分离就越痛吧。

有人说，不尝试，你都不知道自己究竟有多强大。换种活法，多些挑战，多些收获，我深以为然。

为什么离开？是钱没到位，还是心委屈了？都不是。离职前的犹豫，除了我前面所说的对家人的愧疚，还有一个听起有点儿"矫情"的原因：华为就像一个象牙塔，无论外面的社会多么凶险，它给予华为人的是相对稳固的环境。或许在踏进华为的那一刻，我们就抱着一种信念在这里拼搏奋斗。

不管"塔"外的世界多么波谲云诡，华为的世界是单纯安静的。每天，我们在清晨走进华为的大门，吃完早餐，坐在工位上认真工作，下午从午休的垫子上起来，卷起铺盖，接杯开水，继续干活，视外界为刍狗。有时候，我甚至觉得自己还生活在大学校园里。我们充分信任自己的上司，相信华为的每一个决定，相信领导的行业洞察与深刻预见。

从踏进华为大门开始，关于华为的一切就一直萦绕在每一个华为人的耳朵里、眼睛里、心里。比如关于工作意义的"修教堂"、精益求精的"降落伞"、区别于螺丝钉的"工匠精神"、质朴的"布鞋院士"李小文、美丽背后的"芭蕾脚"、艰辛付出的"千手观音"、海外艰苦环境的"蚊子龙卷风"与温情的"牵手"……

在一种统一且长期认同的价值观里待久了，当碰撞到新的或者不一样的价值观时，人难免会产生自我怀疑和纠结，分离就像撕裂。

我是新闻专业出身，曾经最大的梦想是做一个记者，后来我发现自己的性格过于软弱，也不擅社交，于是很痛快地放下了这个梦想。从读书开始，我的写作能力与同龄人相比，略胜一筹。在华为工作的6年里，我没有任何娱乐活动，硬要说有的话，就是和男朋友抽空去看个电影，这已经算是很奢侈了。他忙，我也忙。

或许喜欢写作的人，天性情感丰富，华为的工作却需要你做一个理性、职业的人，所以每天晚上工作再忙、再累，我都会坐在电脑前写一会儿自己的文字。2009年，当天涯社区火热的时候，我的小说上了头版，我收获了无数粉丝。

或许从那时起，我发现写作带给我的满足感，已经慢慢超过了秘书工作带给我的成就感。纠结再三后，我决定离开华为。

终于决定离开了，身边的人都羡慕地说："好有勇气。"这是对敢于离开这艘稳定的航母，放弃人人羡慕的高薪，走向不确定性的称赞。然后他们不忘补上一句："出去好好的！"

离开军队的大多数人都会有此感慨：当兵后悔几年，不当兵后悔一辈子。离开华为的人大多也有这样的同感：成为华为人后悔十几年，不是华为人后悔一辈子。身在华为时，我与大多数企业的员工一样，在工作遇到困难时，也会在吃饭时抱怨几句宣泄一下情绪。一旦真的离开了，华为又让我留恋。

在离开华为后，我成了一个职业撰稿人。但华为的奋斗基因像血液一样流淌在我的身体里。即使在家工作，我每天早晨 8 点准时开始工作，每天会写日报和计划，每天的写稿计划一定会在当天完成。身边的朋友都评价我是一个特别自律的人，其实只有我知道自己是在奋斗。几年后，我渐渐有了一些好口碑，也有了一些好的作品，还成立了现在的公司。

从表面看，我离开了华为，但华为赋予我的一切基因，已经深深地烙在我的行为和思维习惯里。

当然，我并非个例。很多华为人在离开华为后，无不带着华为的基因在各自的领域热血沸腾地奋斗着。

P 先生曾经是华为研发部的员工，在华为工作了 12 年，在离开华为后，他成了一家基金公司的创始人。他告诉我，他现在的成功无不来自华为赋予他的做事的行为和习惯。

X 先生和 C 先生曾经是华为供应链的基层管理者，在华为分别工作了 10 年和 8 年，在离开华为后，他们合伙创业，在第一次失败后，又开始了第二次创业。我在深圳见到他们时，他们眉飞色舞地向我描述自己对未来的愿景。透过眼神，我看到了两个中年男人眼里燃烧着的"小宇宙"。他们说，如果没有在华为做过管理者，就没有现在的格局和思维。他们很感谢华为对他们的培养。

如果你问华为给我们这些离开的人带来的最重要的东西是什么？我想应该是随时可以离开的能力。

罗曼·罗兰说："世界上只有一种真正的英雄主义，就是在认清生活真相之后仍然热爱生活。"大浪淘沙，向留下来的英雄致以深深的敬意。

而我，就此别过。

## 再见了，华为

离开华为的人，很少会说它的坏话。

华为就像我们的母校，我们自己人可以抱怨它，但不允许别人说它半句不好。

离开华为以后，我做了自己想做的事，有了家庭和孩子，一切看似"功德圆满"，但每当夜深人静时，我总会回忆起那段拼搏的青春岁月，并在心里提醒自己：我是华为人。

年初，我去上海采访一个企业家，在高铁上，我打开手机，坐在旁边的人瞥见我手机里的"华为××群"，一脸羡慕地问我："你是华为人？"

我回答："我是华为人。"

他开始说起华为诸多的成就，他说得很激动，这让我想起了沉默的华为人和热心的外部世界。所以，如果硬要给这本书加一个目的的话，就是我想让"热心的外部世界"知道一个真实的华为和一群真实的华为人。

在华为的 6 年，我最宝贵的财富是结识了无数优秀的同事、朋友，他们给予我很多启发和帮助。

感谢我的导师老蒋和老余，是他们带我走上了工作岗位，并真诚地帮助我。这么多年来，我和他们一起吃过饭，一起聊过天，向他们发过牢骚，在他们面前哭过。虽然已经离别，但他们是我一辈子的导师。

感谢我的上司 Sam，尽管我曾经被他骂得苦不堪言，但他教会了我成长，教会了我如何成为一个理性的职业秘书。我永远记得这样一个场景：在一次联络大会上，另一个部门的领导说我的工作没做好。Sam 大声地回击："不，她做得很好，是你们没做好。我们部门的秘书，只能我们说，你们不能说。"

是的，Sam 就是这样"护犊子"似的护了我 6 年，让我在一个竞争如此激烈的地方，带着自己"软弱"的个性顽劣地生长着。

感谢我的诸多同事和一起奋斗过的伙伴，曾经的我们，一起为了工作目标奋进。有过争吵，有过拥抱，有过项目失败后一起掉下的泪水，也有过项目成功后一起相拥的喜悦。

我在心中由衷地感谢他们，在记忆中深情地凝视他们。

为了让这本书的视角更全面一些，我逼迫自己主动出击，联系以前的同事，见过面的，没见过面的，我都和他们聊了聊。让我感恩的是，他们无一例外地都答应了。只是有的人目前还在华为就职，出于保密，我在叙述时采用了化名。

大家的积极回应，给了我很大的信心。从他们身上，我又一次感到了华为人的踏实与为人处事的作风。在历经半年的采访、收集资料、整理结构后，这本书终于要交给中信出版社了。

当然，这本书能够出版，也非常感谢中信出版集团的蒋永军老师、邵玥老师、王雨堃老师，感谢他们为这本书辛苦的付出，感谢他们实事求是的态度，最重要的是，感谢他们愿意接受一个名不见经传、做了10多年幕后撰稿人的我的故事。

最后，我想特别感谢一下我的导师老蒋——蒋国强先生，他也是这本书的作者之一。在写作这本书的过程中，每写完一章，我都会发给老蒋审阅，他会一个字一个字地纠正我的错误或不当之处。我常常觉得，一定是自己上辈子做了很多善事，这辈子上天才安排我幸运地遇到了老蒋，让他在工作中帮助我，在思想上指点我。即使离开了华为，他依然用他的方式协助我。我想，我们是一辈子的师友。

卡夫卡有句名言："不是每个人都能看见真相，但每个人都能成为真相。"在这里，感谢所有接受我采访的华为人，你们的叩击，必有回响。

在写作的过程中，我几乎把《华为人》和华为心声社区翻"烂"了，情感流露，嬉笑调侃，故事启迪，我冒昧引用，在此一并感谢。

事实上，作为这本书最后一部分的文字，写到这里，我已经思绪万千。

严格来说，写书于我而言，并不是太困难的事情，因为在过去的时光中，我写过许多书。然而，当我提笔写这本书的时候，我依然会紧张，因为这里面的每一个字、每一句话，都是我在华为的成长记录和真情流露，都饱含了我的情感和我想传达给你们的故事、思想和方法。

最后，衷心祝愿正在读这本书的你、华为人、前华为人平安、喜乐、健康。

最后，我要说上一句：再见了，华为。